ENTRE CIÊNCIA E IDEOLOGIA

A PROPOSTA DE FLORESTAN FERNANDES DE CIENTIFICIZAR AS DISCIPLINAS SOCIAIS

ENTRE CIÊNCIA E IDEOLOGIA

A PROPOSTA DE FLORESTAN FERNANDES DE CIENTIFICIZAR AS DISCIPLINAS SOCIAIS

ALBERTO OLIVA

70

ENTRE CIÊNCIA E IDEOLOGIA
A PROPOSTA DE FLORESTAN FERNANDES DE CIENTIFICIZAR AS DISCIPLINAS SOCIAIS

Autor: Alberto Oliva

Diretor da Almedina Brasil: Rodrigo Mentz
Editor: Marco Pace
Editor de Desenvolvimento: Rafael Lima
Assistentes Editoriais: Larissa Nogueira e Letícia Gabriella Batista
Estagiária de Produção: Laura Roberti
Revisão: Tamiris Maróstica e Mirian Furtado

Diagramação: Almedina
Design de Capa: Roberta Bassanetto

ISBN: 9786554271295
Julho, 2023

Dados Internacionais de Catalogação na Publicação (CIP)
(Câmara Brasileira do Livro, SP, Brasil)

Oliva, Alberto
Entre ciência e ideologia : a proposta de Florestan Fernandes de cientificizar as disciplinas sociais / Alberto Oliva. – São Paulo : Edições 70, 2023.

Bibliografia.
ISBN 978-65-5427-129-5

1. Ciências sociais 2. Epistemologia social 3. Fernandes, Florestan, 1920-1995 4. Filosofia 5. Sociologia – Teoria I. Título.

23-153010 CDD-300

Índices para catálogo sistemático:

1. Ciências sociais 300

Eliane de Freitas Leite – Bibliotecária – CRB 8/8415

Este livro segue as regras do novo Acordo Ortográfico da Língua Portuguesa (1990).

Editora: Almedina Brasil
Rua José Maria Lisboa, 860, Conj. 131 e 132, Jardim Paulista | 01423-001 São Paulo | Brasil
www.almedina.com.br

Tendemos a engrandecer a nossa literatura, a nossa filosofia, a nossa ciência [...] Toda nossa cultura é pobre. E nós temos de aprender a dar sentido a esta cultura pobre. Ou seja, não é um mal que ela seja pobre. O mal é a gente não pensar em torná-la mais rica. A nossa função está em enriquecê-la. Agora, para enriquecer, é preciso lutar contra a fantasia. É preciso ser duro na crítica do trabalho feito tanto quanto na crítica do trabalho que se está fazendo. É preciso, em suma, ser exigente.

(FERNANDES, 2011, p. 40)

PREFÁCIO

Este livro é fruto de uma longa pesquisa apresentada como tese de doutorado em 1986. Bastante modificada, esta nova edição retoma as principais teses originalmente veiculadas no livro *Ciência e Ideologia* publicado pela EDIPUC/RS. O objetivo aqui é analisar de que forma, na história da formação das ciências sociais no Brasil, o problema da cientificidade foi enfrentado por um de nossos maiores sociólogos: Florestan Fernandes.

A existência de diversas Escolas em sociologia – com suas diferentes propostas de justificação dos resultados alcançados – tem historicamente mantido acesa a chama da discussão relativa aos tipos de procedimento aptos a infundir credibilidade científica aos vários e variegados tipos de teoria que têm sido construídos para explicar a ação humana, as estruturas e processos sociais. A *Escola Paulista de Sociologia* teve reconhecidamente uma atuação marcante com sua diligente preocupação em definir a metodologia capaz de conferir cientificidade aos trabalhos de pesquisa (social) realizados no Brasil.

Este livro devota-se a identificar e aquilatar os fundamentos epistemológicos e os pressupostos filosóficos dos procedimentos metodológicos propostos por Florestan Fernandes (doravante Fernandes) como indispensáveis para inocular valor científico aos estudos sociológicos. Fernandes ocupará o centro de nossas atenções críticas por ter, em nosso país, encarnado de forma ímpar a preocupação com a cientificidade das disciplinas sociais. Poucos autores se empenharam como Fernandes em livrar a pesquisa das formas especulativistas e ensaísticas muito difundidas à época. Poucos cientistas sociais se debruçaram mais detidamente sobre a problemática do que confere credibilidade explicativa à pesquisa. São historicamente importantes as críticas candentes que Fernandes dirigiu ao "impressionismo interpretativo" divorciado de protocolos científicos de pesquisa. Como contribuição ao debate "ciência versus ideologia", endêmico nas ciências sociais, este livro promove uma avaliação crítica do modelo de ciência defendido por Fernandes para a sociologia e, extensivamente, para as disciplinas sociais. Confrontando os ataques que Fernandes dirige à "sociologia bacharelesca e beletrista" com as críticas que faremos à sua proposta de *cientificizar a sociologia,* o leitor poderá identificar as qualidades e os defeitos contidos nas diferentes formas com que têm sido abordados e explicados os fatos que formam nossa realidade social.

À diferença dos "positivistas" que criticam a intromissão da filosofia nos assuntos da ciência, Fernandes faz um convite à discussão das questões abordadas neste trabalho: quando em entrevista à revista *Trans/Form/Ação* declara em alto e bom som:

> É claro que [a reflexão epistemológica] tem um papel próprio porque se ela não o tivesse, o próprio sociólogo, o economista, o antropólogo fariam essa reflexão. Isto quer dizer que se eles não fazem tal reflexão, alguém devera fazer. Esse alguém é o filosofo das ciências [...] A epistemologia procura dar um balanço crítico dos resultados, discutindo os princípios, a natureza dos princípios, as hipóteses, os conhecimentos conseguidos. Fernandes (2011, p. 92)

De forma lapidar, Fernandes ressalta: "é claro que, pelo fato de ter uma autonomia relativa, isso não significa que o epistemologista deva se separar do cientista social. Esse é que é o problema". Este trabalho procurou atender a uma convocação de debate acadêmico feita por Fernandes (2011, p. 92) quando, em continuação, propala:

> O epistemologista dá uma contribuição que é vital, pois onde ele não opera, corre-se o risco de negligenciar, de maneira permanente ou esporádica, a necessidade de submeter-se o aparato teórico e conceitual das ciências sociais a uma crítica sistemática. De outro lado, o epistemologista pode perder terreno se ele não estiver com o horizonte aberto, não só para as explicações que os cientistas sociais podem dar a respeito das transformações das pesquisas, como também para a contribuição que os cientistas sociais podem dar especificamente à crítica do conhecimento, inclusive o científico e o filosófico.

Com o propósito de entabular intercâmbio crítico com as teses metodológicas professadas por Fernandes, buscaremos avaliar o substrato epistemológico de cada uma delas. Isso nos fez colocar em cena as principais discussões travadas no século passado em torno dos procedimentos imprescindíveis à realização da pesquisa social digna de ser qualificada de científica. As várias correntes de pensamento aqui apresentadas servem de contraponto à concepção empirista de ciência que logramos identificar subjacente à teoria metodológica professada por Fernandes. O empirismo deixa de ser assumido como uma *filosofia* da ciência em virtude de Fernandes confundi-lo com a racionalidade científica. Essa "naturalização" do empirismo impediu Fernandes de buscar uma efetiva interação com as visões metodológicas alternativas, que historicamente se devotaram a combater a hegemonia do fatualismo que, na fase pioneira em que as disciplinas sociais começaram a postular cientificidade para suas explicações, pouca ou nenhuma autonomia concedia à teoria.

SUMÁRIO

CAPÍTULO 1

EM BUSCA DA CIENTIFICIDADE DAS TEORIAS SOCIAIS: MUITAS AS CRIADAS, POUCAS AS ESCOLHIDAS

> O estado caótico e frequentemente incoerente da sociologia moderna, refletido em sua anarquia teórica e na coexistência em seu seio de posições radicalmente heterogêneas e comumente incompatíveis, é agora amplamente reconhecido e assiduamente deplorado. (HINDESS, 1973, p. 9)

Em ensaio sobre a obra etnológica de Fernandes, Peirano (1992, p. 11) observa que "no Brasil dos anos 30 e 50 'sociologia' era equivalente ao que hoje chamamos genericamente de 'ciências sociais'". Fundador e principal figura da *Escola Paulista de Sociologia,* Fernandes (1920-1995)[1] realizou importantes esforços no sentido de identificar a forma adequada de conduzir a pesquisa sociológica de modo a fazê-la granjear estatuto científico livrando-a das práticas até então hegemônicas de "análise ensaística" baseadas em ópticas impressionistas de interpretação de nossa realidade social. Ao longo de sua prestigiosa carreira intelectual, Fernandes devotou especial atenção à problemática dos procedimentos metodológicos aptos a conferir cientificidade às teorias sociológicas. Seus escritos propugnam por um modelo de cientificidade que exige que a sociologia se torne *empírica, observacional e indutiva.*

---

[1] Sucintos dados biográficos sobre Florestan Fernandes podem ser encontrados em Ianni (1986, p. 8). Um *curriculum vitae* resumido foi veiculado no número 26 (janeiro-abril de 1996) da revista *Estudos Avançados* (p. 55-62) do IEA da USP.

Em artigo no *Caderno Especial* do *Jornal do Brasil* (28/03/82), Simon Schwartzman apresenta Fernandes como ex-catedrático da USP, fundador da "Escola Paulista" de sociologia, sem deixar de acrescentar que, "vitimado pelo AI-5, foi afastado de sua cátedra e abandonou suas antigas ideias sobre a possibilidade de uma sociologia cientificamente neutra". Nesse mesmo *Caderno Especial*, Fernando Henrique Cardoso recorda-o como "um professor severo, sempre de avental branco, porque era então um 'funcionalista' e acreditava na sociologia como uma ciência". Para Fernandes, essa sociologia cientificamente neutra, a que alude Schwartzman, só pode ser alcançada caso sejam adotados os cânones estatuídos pela chamada concepção indutivista de ciência umbilicalmente ligada ao empirismo.

Em entrevista ao Caderno *Mais* da *Folha de São Paulo* (20/8/95), Fernandes assinala que "na faculdade de filosofia, o que se ensinava era realmente o conhecimento científico da realidade. Não entrava em conexão com nenhuma prática [...] o professor era alguém que ensinava sociologia. E só. Era preciso manter-se dentro de um terreno científico tido como estritamente acadêmico [...] naquela época, as duas coisas (a ciência e o engajamento político) corriam paralelas. Elas só se interpenetraram na década de 60". Isso, em parte, explica por que Fernandes sempre manteve, mesmo quando foi completo seu envolvimento com o funcionalismo/empirismo, uma militância política trotskista, com destacada atuação durante o Estado Novo, no Partido Socialista Revolucionário. Reportando-se a Fernandes, Sacchetta (1996, p. 51) declara que "se a ditadura Vargas era seu alvo imediato, a revolução proletária começava a se desenhar como um objetivo essencial e permanente". Em seu livro-entrevista, há uma passagem bastante elucidativa:

> Apesar de estar envolvido no plano político com o movimento marxista, eu não impugnava nem os outros métodos nem as outras teorias. Eu compreendia Marx e Engels em termos da contribuição que eles davam às ciências sociais e não tentando confundir o socialismo com a minha atividade docente. (FERNANDES, 1978, pp. 18-9)

Fernandes sempre se sentiu dividido entre o pesquisador, que se obriga a seguir determinados protocolos na formulação e avaliação de hipóteses, e o militante que adota uma posição política fixa e rígida derivada do envolvimento com um Ideal de Sociedade. Isso fica patente quando Fernandes (2011, p. 62) declara: "me sinto muito insatisfeito pelo fato de que não consegui superpor os dois papéis que gostaria de preencher. Eu gostaria de ser um cientista social ao mesmo tempo vinculado com a universidade e com o socialismo. Todas as tentativas que fiz para combinar as duas coisas falharam. E falharam porque não existe movimento socialista bastante forte na sociedade brasileira que sirva de substrato e de apoio para os intelectuais que tenham uma posição socialista. Muitas vezes, quem vê de fora a minha carreira, fica com a impressão de que eu privilegiei a ciência contra o socialismo. É claro que isto não aconteceu".

Até meados da década de 60, Fernandes vive uma mais nítida cisão entre seu posicionamento político e seu trabalho acadêmico, entre teoria e prática, de tal modo que sua militância esquerdista corre paralela à defesa ardorosa de posições metodológicas manifestamente empiristas. Não se pode, contudo, deixar de reconhecer que em um ambiente intelectual como o nosso, dominado pelo ensaísmo e especulativismo, a defesa da imperiosidade da observação, do império dos fatos, possuía grande relevância. O empirismo oriundo de Bacon é crucial à formulação da proposta de Fernandes de *cientificizar* a sociologia. É importante ter presente que Fernandes jamais levou em consideração que o empirismo foi acusado pelo pensamento de matriz marxista de dar azo a projetos políticos regidos pelo interesse de *conservar* a ordem de regularidades vigente entre os objetos estudados em detrimento da atenção às potencialidades históricas privilegiadas pelos projetos de transformação revolucionária da sociedade. Talvez por isso Fernandes nunca tenha se deixado perturbar pela "dissonância cognitiva" entre o pesquisador e o militante.

A elaboração de um estudo devotado à análise da fundamentação da produção metodológica de Fernandes se nos afigurou relevante em razão do valor acadêmico de sua obra e da forte influência que exerceu sobre toda uma geração de pesquisadores a ponto de muitos colegas o considerarem o pai das ciências sociais no Brasil. Quando da morte de Fernandes (11/8/95), Roberto da Matta deu a seguinte declaração ao jornal *O Globo*: "O Brasil perdeu um de seus grandes cientistas sociais". Ianni (1986, p. 8) afirmou que "a sua influência se estende por todo meio intelectual brasileiro, espalhando-se pela América Latina e Caribe, e ressoa na Europa e nos Estados Unidos. Formou escola. As controvérsias sobre seu pensamento também refletem sua influência". Weffort (1996, p. 49) assim se pronunciou: "acho que Florestan é certamente a figura mais importante no processo de fundação da sociologia moderna no Brasil, talvez o maior deste século". Hobsbawm chegou a colocar Fernandes, no início da década de 80, entre os dez intelectuais vivos mais importantes do mundo.

Ainda que justo o valor acadêmico que Ianni e outros pesquisadores atribuem à obra de Fernandes, este livro tenciona fazer uma avaliação crítica de suas contribuições metodológicas. Com esse propósito procurará determinar em que medida suas contribuições à sociologia representam efetivamente um momento privilegiado de incorporação do método científico pelo pensamento social brasileiro. Ademais, esta obra ambiciona também escrutinar se a metodologia de Fernandes tem como se legitimar como expressão *normativa* da racionalidade (universal) da ciência. Nosso objetivo final consiste em demonstrar que suas posições correspondem a uma vigorosa defesa de um modo de caracterizar a ciência comprometido, no essencial, com o ideal empirista clássico de ciência, e não com a ciência enquanto tal. Tendo em vista a perseguição dessas metas, a parte final ambiciona tornar patente que a pretensão de Fernandes de qualificar indistintamente como indutivos os modelos explicativos adotados por Durkheim, Weber e Marx, carece de fundamentação epistemológica. No fundo, Fernandes faz uma discutível releitura, com lentes empiristas, das especificidades metodológicas da sociologia *compreensiva* de Weber e da *dialética* de Marx.

Cabe ressaltar que devassar criticamente a obra de Fernandes em busca dos fundamentos filosóficos das posições metodológicas que assume não significa diminuir a relevância de seus "trabalhos empíricos", no que tem de original, como contribuição ao entendimento do funcionamento de nossa sociedade, da velha e da atual. Aliás, em artigo da década de 70, quando procurava integrar programaticamente, ainda que não epistemologicamente, sociologia e socialismo, o próprio Fernandes estimula a avaliação do estatuto filosófico e epistemológico de seus escritos metodológicos:

> Poderão objetar-me que essa orientação crítica militante não aparece de maneira tão clara nos escritos que vão de 1942 a 1960. Pediria a esses leitores que procurassem ler melhor o que escrevi e ver se, por trás do aparente empiro-criticismo ou de um sociologismo "experimentalista" não havia uma firme intenção que cresce aos poucos, na medida em que abria espaço para defrontar-me com as inibições de uma sociedade tão opressiva e repressiva quanto a brasileira. (FERNANDES, 1977, p. 140-1)

Há passagens da obra de Fernandes que podem levar ao estudo da relação entre o aparato metodológico escolhido e as condições sociais reinantes em determinada etapa da história da formação intelectual brasileira:

> Deve-se observar que uma técnica de explicação racional do comportamento humano e da origem e do funcionamento das instituições, como a sociológica, encontrava natural resistência em uma sociedade na qual as atitudes aprovadas diante desses objetos eram pautadas pelas tradições, por interesses conservadores e por valores religiosos. (FERNANDES, 1977, p. 30)

Em vez de realizar um estudo devotado à relação entre as posições metodológicas de Fernandes e determinados condicionamentos próprios à formação social brasileira, preferimos mostrar de que modo suas escolhas metodológicas, mesmo as assumidas depois dos anos 60, têm parcial ou total comprometimento teórico com a filosofia da ciência empirista. Isso se nos afigurou fundamental para explicitar o tipo de justificação metodológica que Fernandes oferece para suas *teorias sobre a sociedade brasileira.*

Nosso objetivo maior é o de tornar patentes as fragilidades de fundamentação dos posicionamentos metodológicos defendidos por Fernandes a fim de levar a cabo seu projeto de *cientificizar a sociologia.* Atendendo à provocação teórica do próprio Fernandes, tentaremos esclarecer até que ponto o empirismo, que ele mesmo reconhece estar presente em sua obra, é puramente adventício ou estruturalmente formador de suas principais posições. Do ponto de vista do debate intelectual, este livro é original e relevante em virtude de Fernandes sempre ter movido críticas às formas precedentes (e até contemporâneas) de fazer sociologia a partir de seu modelo de ciência calcado na imperiosidade da verificação das teorias, no irrestrito poder da observação de formar e justificar teorias e no primado da indução como procedimento inferencial capaz de conduzir com confiabilidade dos fatos às generalizações:

> É possível distinguir três espécies de noções extracientíficas de "estudo sociológico" correntes nos círculos letrados brasileiros. A mais generalizada e simples faz dele um equivalente de qualquer sorte de reflexão sistemática sobre temas ou problemas "sociais" do país. Por isso, políticos, jornalistas, ensaístas, romancistas, historiadores, folcloristas, qualificam como "sociológicas", com a maior boa-fé, produções intelectuais que não têm nenhuma relação com os propósitos da investigação sociológica propriamente dita. Uma segunda representação, menos divulgada, mas relativamente enraizada, converte a sociologia em polarização intelectual de atitudes e convicções ideológicas. Ensaios inspirados pelo liberalismo, pelo integralismo, pelo socialismo, etc., são encarados como "contribuições sociológicas". Por fim, na terceira modalidade de definição societária, a sociologia é aceita como disciplina autônoma, com intuitos cientificizantes, a ser utilizada, com a cooperação de "especialistas", como recurso racional de compreensão do presente, de propaganda e de acomodação intergrupal [...] Essas três noções colidem, naturalmente, com a definição positiva de estudo sociológico. Os sociólogos pretendem

> investigar e interpretar, segundo modelos científicos, as regularidades que se explicam pela existência de uma ordem imanente às condições de manifestação dos fenômenos sociais. (FERNANDES, 1977, p. 56-7)

Para que as restrições a essas três formas de investigação sociológica, vinculadas ao chamado conhecimento de senso comum, se mostrem eficazes, é fundamental que a concepção de ciência defendida por Fernandes encerre a universalidade metodológica que lhe é conferida. Ficando comprovado que seu projeto de cientificização da sociologia está assentado em pilares empiristas, que não têm como ser confundidos com a natureza operacional da racionalidade científica, diminuem a força e o alcance das críticas que dirige às concepções alternativas de sociologia e aos procedimentos metodológicos adotados. Somos de opinião que a concepção de ciência perfilhada por Fernandes é incapaz de conferir cientificidade à sociologia e de rigorosamente diferenciá-la do conhecimento de senso comum. O fato de as formas "especulativas" de fazer sociologia, atacadas por Florestan, se mostrarem manifestamente incompatíveis com um método genericamente classificável de científico não implica que a priorização da observação e da indução tenha, *per se*, o poder de cientificizar as teorias. Tendo presente que, para Fernandes, a única autêntica metodologia é a estribada na observação e na indução, este trabalho pretende submetê-la à aferição crítica apresentando vias alternativas com o fito de contribuir para o debate relativo aos procedimentos adequados para abordar os fatos sociais.

1.1. Como chegar ao conhecimento: caminhos e descaminhos do pensamento social brasileiro

Este estudo não se debruça diretamente sobre as contribuições "empíricas" dadas por Fernandes à história da sociologia/etnologia/ /antropologia brasileira. Por esse motivo, não analisará as teses substantivas contidas, por exemplo, em *A Integração do negro na sociedade de classes* ou *A revolução burguesa no Brasil.* Cumpre, no entanto, ter presente que a metodologia proposta e aplicada é de crucial importância para a validação dos resultados alcançados pela pesquisa. As vulnerabilidades de uma metodologia impactam o valor explicativo das teorias resultantes de sua aplicação. Nossa meta é investigar criteriosamente os pressupostos e fundamentos filosóficos das teses metodológicas de Fernandes. Conhecer o embasamento filosófico tácito de sua metodologia é fundamental para a avaliação crítica de seu projeto de *cientificizar* a sociologia. Ademais, a identificação dos pilares filosóficos de suas posições metodológicas permite avaliar em profundidade o tipo de legitimidade explicativa que Fernandes tentou conferir às teses defendidas em suas pesquisas empíricas.

À diferença do que prega Fernandes, é questionável que a sociologia só logra se tornar *de facto* e *de jure* científica caso faça uso combinado, à maneira proposta por Francis Bacon, de procedimentos observacionais com técnicas inferenciais indutivas. Este trabalho se debruça, no essencial, sobre questões epistemológicas em virtude de não se ter ainda reconhecido o quanto são relevantes para avaliar as teses defendidas por Fernandes em seus trabalhos *substantivos* sobre a realidade social brasileira. O valor explicativo dos resultados empíricos obtidos por Fernandes depende crucialmente da solidez das técnicas metodológicas empregadas. Em entrevista ao caderno *Mais* da *Folha de São Paulo* (20/8/95) Fernandes assim se pronunciou: "*A integração* [do Negro em uma Sociedade de Classes] é o trabalho mais importante que fiz tanto em termos empíricos quanto teóricos. O título já é dialético, pois fala da integração que não houve". Não se tem como avaliar sua solidez explicativa sem colocar em discussão a metodologia empregada.

Este livro privilegia a fase em que o funcionalismo de Fernandes esteve umbilicalmente ligado a uma concepção de sociologia cuja cientificidade é pensada segundo a óptica empirista. Isso não acarreta qualquer delimitação empobrecedora tendo em vista que, nessa fase, Fernandes formulou a esmagadora maioria de suas principais posições metodológicas. Cabe, além disso, ter presente que Fernandes simplesmente reiterou as teses antigas quando já trabalhava sob outro paradigma sociológico substantivo – o da "sociologia crítica". Desse modo, procuraremos tornar patente que se por um lado o comprometimento com uma concepção empirista de ciência aparece explicitamente veiculado em obras como *Fundamentos empíricos da explicação sociológica, Ensaios de sociologia geral e aplicada, A sociologia numa era de revolução social, A sociologia no Brasil,* em especial nos textos anteriores à década de 70 veiculados neste livro, *Investigação etnológica no Brasil e outros ensaios, Elementos de sociologia teórica* etc., por outro, as posições metodológicas *fundamentais* perfilhadas nesses escritos serão simplesmente *reafirmadas* na fase em que o sociólogo paulista intenta libertar-se do que seria o fardo ideológico da fase funcionalista:

> Os leitores que estejam interessados em minha própria orientação metodológica e no modo pelo qual tenho tentado aproveitar as contribuições dos autores clássicos mais importantes, poderão esclarecer-se lendo outros trabalhos de minha autoria (no plano teórico e metodológico cf. especialmente *Ensaios de sociologia geral e aplicada*, cap. 1 e 3; *Fundamentos empíricos da explicação sociológica*, parte II, *passim*; *Elementos de sociologia teórica*, caps. 3-5) (FERNANDES, 1981, pp. 115-6)

Em outra obra, de uma fase intelectual posterior, reitera:

> O leitor que se interessar pela orientação [metodológica] do autor deverá recorrer às seguintes obras: *Fundamentos empíricos da explicação sociológica* [...], Ensaios de sociologia geral e aplicada [...] A sociologia numa era de revolução social. (FERNANDES, 1975a, pp. 19-20)

O trabalho que ensaia uma revisão crítica de suas antigas concepções metassociológicas é *A Natureza Sociológica da Sociologia,* que só veio a público no início da década de 80. Mesmo aí, Fernandes não realiza um exame crítico dos postulados metodológicos esposados anteriormente. Independentemente de se manter preso ao quadro de referência funcionalista, Fernandes sempre acreditou que a teoria sociológica que pudesse receber três predicados essenciais – *empírica, observacional e indutiva* – teria credibilidade explicativa para postular cientificidade. Ao ignorar a impregnação filosófica contida nesses atributos, as controvérsias epistemológicas que geram, Fernandes acreditava que seu emprego genérico na qualificação da natureza do *ser científico* seria suficiente para tornar a sociologia ciência.

1.2. As ciências sociais no Brasil: entre o interpretativismo e o fatualismo

Visto que do século XVII até o início do XX prevaleceu a concepção verificacionista, observacionalista e indutivista de ciência, Fernandes viu equivocadamente nesse tripé a codificação metodológica das práticas de pesquisa consagradas. Apesar de apresentado por Fernandes como espelhando a estrutura conceitual e o funcionamento argumentativo da ciência sociológica, esse tripé, como nosso trabalho tornará patente, está umbilicalmente ligado à tradição empirista de pensamento. Mesmo sendo os três pilares sobre os quais se erigiu historicamente o edifício da filosofia da ciência empirista, Fernandes em momento algum reconhece isso. Seu projeto de cientificização da sociologia apresenta esse tripé como se representasse a racionalidade operacional da ciência. Curiosamente, o empirismo, que cumpriu papel secundário na evolução das ideias filosóficas no Brasil, encontra em um cientista social do porte de Fernandes a entusiástica defesa por ser confundido com a racionalidade científica. Fernandes tenta esconder seu empirismo apresentando sua metodologia como "reflexo" normatizado da racionalidade operacional da ciência. Nossa contribuição se pretende original em razão de identificar, no projeto de cientificizar a sociologia de Fernandes, a existência de uma filiação filosófica nunca explicitada porque a metodologia é apresentada como reflexo do que a racionalidade científica exibe como sua funcionalidade operacional.

Os mais importantes pensadores da Filosofia Moderna mostraram especial preocupação em compreender e fundamentar a racionalidade funcional da ciência da natureza então emergente. Com a proposta baconiana de um *novum organum,* a filosofia passa a ter também a missão de apontar e embasar os procedimentos *metodológicos*[2] que devem ser empregados na pesquisa para que o conhecimento seguro seja conquistado. Na Filosofia Moderna, caracterizável como *era* da epistemologia, se destaca a preocupação em elaborar cânones de pesquisa capazes de viabilizarem a mais fácil obtenção e a mais adequada validação da modalidade de saber que começava a ganhar destaque com Galileu. O que distingue a Filosofia Moderna dos períodos anteriores é a pretensão, entre outras, de enunciar um corpo definido de regras em condições de gerar uma forma de conhecimento digna de irrestrita credibilidade explicativa. Além de ser apresentada como capaz de forjar explicações bem fundamentadas, essa nova forma de saber é distinguida com o apanágio da vocação instrumentalista. Por esse motivo, a metodologia moderna almeja estatuir regras que ensejem a fabricação de um tipo de conhecimento com inquestionável fundamento empírico e com poder para alterar, sempre que possível e desejável, as causas responsáveis pela (forma de) ocorrência dos fenômenos investigados.

Quando a ciência da natureza estava em sua fase embrionária, eminentes pensadores se empenharam na confecção de regras do método

---

2 Apesar de sua polissemia, "metodologia" pode ser definida de duas formas principais. Pode-se encará-la como o conjunto de técnicas particulares de pesquisa ou associá-la à discussão de questões gerais de fundamentação dos procedimentos operacionais colocados em prática em pesquisas específicas. Raramente, a metodologia se envolve diretamente em controvérsias como a concernente, por exemplo, à da justificação da indução, às complexas relações entre teoria e observação e aos modelos "compreensivos" ou "causais" de explicação. Por adotar o pressuposto de que técnicas particulares de pesquisa não se fundamentam em sua estrita funcionalidade operacional, este trabalho entenderá metodologia de um modo que a vincula à problemática dos fundamentos epistemológicos do que tende a ser apresentado como mera técnica de investigação.

que almejavam apressar seu desenvolvimento. Com a afirmação do poder explicativo, eventualmente preditivo, da ciência moderna se multiplicaram os sistemas metodológicos. As regras do método científico começaram a ser propostas como máximas de comportamento intelectual cuja legitimidade deriva de sua suposta capacidade de representar a racionalidade científica. As grandes vertentes epistemológicas da modernidade se apresentaram como proponentes dos únicos procedimentos eficazes de elaboração e validação das teorias capazes de aspirar à condição de científicas. De Bacon aos nossos dias, a maioria das metodologias é normativista no sentido de que acalenta a pretensão de estatuir regras para a produção do conhecimento entendidas como imperativos categóricos da racionalidade. Em poucos casos, se manifesta a preocupação em buscar respaldo em como a ciência *de facto* é praticada. O caráter normativo das metodologias com pretensões a se aplicar à ciência deriva de estarem atreladas a tradições epistemológicas, predominantemente racionalistas ou empiristas, que sempre se encarregaram de definir *o que deve ser feito* para se chegar ao conhecimento. Enquanto as regras do método enunciadas por Descartes em nada influenciaram a obra de Fernandes, os cânones estipulados por Bacon no *Novum Organum* têm presença marcante em sua principal obra metodológica: *Fundamentos Empíricos da Explicação Sociológica.*

Quando está em questão a sociologia, a questão metodológica se torna ainda mais desafiadora, já que é pouco defensável apresentar um sistema de regras do método como reflexo de uma unidade nas práticas de pesquisa. Apesar dos estáveis consensos reinantes entre seus praticantes, do amplo acolhimento de seus resultados, resultantes de modos bastante homogêneos de conduzir a pesquisa, até mesmo as ciências naturais têm suscitado reconstruções metacientíficas[3]

---

[3] Seguindo Radnitzky (1973, p. xi), o termo metaciência é aqui empregado como delimitando um campo de reflexão que vem *depois* da ciência por ser *sobre* a ciência. Trata-se de domínio que pode abarcar desde aspectos lógico-epistêmicos até histórico-sociológicos no estudo dos processos e produtos científicos. O contexto de uso definirá o significado do termo.

bastante díspares. A maioria das teorias *sobre* a ciência concede amplo destaque à física sem lograr chegar a formas compartilhadas de conceber seu método e suas práticas. Por essa razão, desponta forçada e artificial a proposta de Fernandes de se extrair uma metodologia unitária – de extração empirista – de ciências como as sociais cindidas em Escolas com linhas de pesquisa apoiadas em *pressuposições absolutas* – a exemplo da psicanálise e do behaviorismo – divergentes e até excludentes.

As diversas Escolas de metaciência que se formaram ao longo do século passado foram submetidas a fundadas críticas que tornaram problemática a pretensão de se legitimarem como propositoras dos imperativos categóricos da racionalidade ou como espelhos da razão operacional posta em ação pela ciência. Chegou-se ao extremo de considerar mera idealização filosófica a postulação de uma Lógica da Ciência. As metodologias que procuraram se basear nas *práticas* de pesquisa *das* ciências sociais enfrentaram dificuldades adicionais para ser universalmente aceitas em virtude de cada uma estar atrelada a uma Escola de pensamento cuja identidade é definida pela concepção de conhecimento adotada e pela missão atribuída ao saber produzido. As diversificadas e desniveladas práticas de pesquisa dos sociólogos, psicólogos, economistas etc. não se prestam a dar sustentação à reiterada pretensão dos filosófos de forjarem uma metodologia unitária portadora de validade universal.

A sucessão de polêmicas em torno do que pode transformar em ciência uma disciplina como a sociologia tem refletido a oscilação entre os que reconhecem a dificuldade de conferir-lhe uma identidade baseada em sua própria história, marcada por cisões substantivas e metodológicas, e os que tentam forçá-la a imitar os métodos, de *suposta* aplicação universal, usados pelas ciências naturais, em particular pela física. A diversidade teórica encontrável tanto na história da filosofia quanto na das ciências sociais sugere a falta de crivos com poder para selecionar a melhor dentre as concorrentes. Como advogam Nisbet (1967, p. 7), Tiryakian (1969, p. 23) e Brown (1977, p. 45), a sociologia, se mostra, em aspectos importantes, mais próxima da filosofia, e até mesmo da arte, que de ciências duras como a física. De acordo com visões "unificacionistas" como a de Neurath (1960, p. 282-317), a única maneira de tornar a sociologia explicativamente respeitável é fazê-la usar as vestimentas naturalistas costuradas segundo o figurino fisicalista. Essa seria a única forma de conferir cientificidade aos corpos teóricos das disciplinas sociais.

O intento de produzir uma metodologia capaz de se legitimar como expressão normatizada da razão operacional da ciência esbarra em vários obstáculos. Na sociologia, em particular, são diversificadas as práticas teóricas e variados os modelos de explicação propostos. A pretensão de uma metodologia, como a proposta por Fernandes, de espelhar a racionalidade operacional da ciência se revela parcial na medida em que representa, de forma velada, o endosso a certa concepção de sociologia vinculada a determinada Escola. Uma metodologia sociológica que se pretenda derivada de uma suposta racionalidade unitária da ciência natural tem de ignorar qualquer possível singularidade do fato social como, por exemplo, a de que se oferece à observação prenhe de *significatividade*. A história da sociologia contraria a visão de que toda ciência está submetida às mesmas regras de produção, de tal modo que metodologicamente só há *uma* ciência. Por esse motivo, têm-se revelado inócuos os esforços no sentido de lidar com os problemas sociais lançando mão dos métodos presumidamente empregados pelas ciências naturais.

Propalada desde o *Leviatã* de Hobbes, a tese da unidade do método científico vem sendo defendida por pensadores bem diferentes como Comte (1908, p. xiv), Popper (1976, p. 130) e Hempel & Oppenheim (1960, p. 19-29). É bem sintetizada por Homans (1967, p. 3-5): "essas ciências [as sociais] são de fato uma única ciência; compartilham o mesmo objeto – o comportamento dos homens; empregam, sem que sempre o admitam, o mesmo corpo de princípios explicativos [...] as diferenças [entre as ciências sociais e as naturais] não são de espécie, mas de grau; o empreendimento científico enfrenta em todos os campos os mesmos problemas característicos". A metodologia que intenta se afirmar como normatização de *toda* e qualquer pesquisa ignora que as disciplinas sociais abrigam diferentes Escolas com teorias substantivas conflitantes ou mesmo excludentes.

A existência de diferentes modos de desenvolver as práticas de pesquisa é consequência, entre outros fatores, da opção por recomendações metodológicas cujos pilares estão fincados nos solos de diferentes teorias do conhecimento. Cada metodologia sociológica se envolve, na escolha dos componentes constitutivos de sua identidade, com diferentes conceitos e categorias *filosóficas.* Os objetos das disciplinas sociais e as várias possíveis formas de abordá-los têm suscitado questões com nítida e forte impregnação filosófica. Mais que alhures, os estudos sociais fomentam distintas metodologias, que se diferenciam pela variedade dos substratos filosóficos que cada uma adota. Inexistindo metodologia capaz de se legitimar como expressão normativa da ciência *em si*, desponta fundamental identificar seus pilares filosóficos ocultos:

> Essa concepção segundo a qual a metodologia é uma ciência empírica – estudo do comportamento efetivo dos cientistas ou dos procedimentos reais da "Ciência" – pode ser rotulada de "naturalista" [...] Contudo, o que denomino "metodologia" não deve ser considerado uma ciência empírica. Não acredito que seja possível decidir, usando métodos de uma ciência empírica, questões controvertidas como a de saber se a ciência realmente usa ou não o princípio da indução. (POPPER, 1959, p. 52)

Filiadas a distintas tradições epistemológicas, as metodologias são levadas a abraçar diferentes pressuposições filosóficas em busca da *fundamentação* das *técnicas* que defendem. Isso as leva a tentar encontrar uma justificação última para os procedimentos de pesquisa que propõem. Desse modo, quando está em questão, por exemplo, identificação dos fundamentos da inferência indutiva, pode-se, como faz J. S. Mill, recorrer ao *princípio do curso uniforme da natureza.* Quando se concede prioridade à observação no processo de produção de conhecimento, como faz Fernandes, costuma-se adotar uma concepção *passivista* sobre o funcionamento da mente, e encarar o registro perceptual como capaz de refletir especularmente as formas de ser e de ocorrer encontráveis no domínio dos objetos estudados.

O modelo de cientificidade perfilhado por Fernandes sustenta que a sociologia precisa adotar uma metodologia *que a livre* das esterilidades especulativas da filosofia. A autêntica metodologia, a capaz de gerar ciência empírica, tem de refletir as práticas da ciência real. É questionável que em sociologia seja possível e recomendável construir teorias substantivas expurgadas de todo e qualquer ingrediente filosófico, isto é, livres de pressuposições de natureza epistemológica, ontológica e axiológica. As longevas polêmicas relativas, por exemplo, a se cabe conceder prioridade explicativa ao Todo, ao Sistema, a estruturas autossubsistentes ou à soma institucionalmente integrada das ações dos indivíduos, demonstram que o ponto de partida ontológico – individualista ou holista – é fundamental para definir *o que* será escolhido como fato e fator determinante e, por via de consequência, para a opção por um método às expensas de alternativas.

Nosso principal objetivo é identificar a *base epistemológica* subjacente à proposta de Fernandes de *cientificizar a sociologia*. No Capítulo I, destacaremos as dificuldades enfrentadas pela tese que encara a metodologia como uma espécie de normatização da razão operacional detectável nas práticas das ciências naturais. É preciso ter presente que sem localizar a filosofia da ciência, oculta sob as prescrições de uma metodologia que pretende *falar em nome da* ciência, não se tem como mover críticas embasadas ao modelo adotado por Fernandes para cientificizar a sociologia. A avaliação crítica do projeto de Fernandes de *cientificizar* a sociologia só pode ser viabilizada atentando-se para os fundamentos da filosofia da ciência que latentemente lhe confere identidade. Por essa razão, nossa aferição do programa advogado por Fernandes para conferir cientificidade à sociologia se debruçará sobre seus fundamentos epistemológicos, uma vez que fazer críticas adstritas à indigitação de falhas meramente funcionais ou operacionais envolve aceitar o empirismo abraçado, *mas não assumido*, por Fernandes.

Estando a proposta de *cientificização* da sociologia de Fernandes apoiada em última instância em uma filosofia da ciência cujo embasamento epistemológico é o provido pelo empirismo clássico, a metodologia é insuscetível de ser ser legitimada como o único conjunto de imperativos categóricos da racionalidade capaz de viabilizar a produção do conhecimento científico. Pressuposições filosóficas se fazem presentes nos modos com que Fernandes define, por exemplo, como deve ser dar o relacionamento entre teoria e observação. Por mais que práticas científicas modelares sejam sistematicamente acompanhadas, são reconstruídas pelos que as invocam para recomendar a adoção de determinadas normas epistemológicas. A crítica à proposta de Fernandes de *cientificizar* a sociologia precisa se escorar na identificação das vulnerabilidades de fundamentação da *filosofia* da ciência tacitamente operante. Em razão de naturalizar a metodologia, Fernandes deixa de identificar seu substrato filosófico e de dar atenção às vias alternativas. Estando os pilares do programa de Fernandes de cientificização da sociologia fincados no território de uma filosofia da ciência, as críticas mais efetivas possuem natureza epistemológica:

> A recente edição de *Fundamentos empíricos da explicação Sociológica* oferece-nos uma oportunidade especial para considerações acerca de alguns aspectos de uma fase determinada da incorporação do método científico pelo pensamento social brasileiro. Não somente pela posição especial que os seus trabalhos ocupam na história das ciências sociais no Brasil, como também pelos tipos de preocupações que orientam suas reflexões, a obra de Florestan Fernandes exerce uma influência decisiva no desenvolvimento da sociologia brasileira. (IANNI, 1971, p. 116)

A rejeição da tese de que a metodologia nada mais é do que a expressão normativa da racionalidade operacional da ciência, abre caminho para tratá-la como um espaço de reflexão no qual o acompanhamento de práticas científicas tidas por modelares se mistura com conceitos vinculados a determinadas vertentes epistemológicas. A presença na metodologia de conceitos portadores de impregnação filosófica torna complicada a avaliação de suas prescrições a ponto de deixar de ser justificável imputar as diferenças fundamentais entre as diversas metodologias a uma maior ou menor fidedignidade ao que as ciências efetivamente fazem. Sendo as práticas científicas reconstruídas a partir de distintas ópticas filosóficas, os sistemas normativos propostos por diferentes metodologias refletem isso.

O ponto de vista defendido neste trabalho é o de que qualquer projeto de cientificização de uma disciplina, mormente de uma disciplina como a sociologia, cindida em Escolas, está necessariamente enraizado no solo de alguma vertente epistemológica. Sendo assim, é crucial investigar o substrato filosófico do programa de Fernandes de *cientificizar a sociologia* a fim de criticá-lo no terreno em que estão assentados seus alicerces. As deficiências detectadas na filosofia da ciência latentemente operante afetam diretamente a metodologia propugnada por Fernandes e indiretamente a solidez explicativa dos resultados alcançados por suas "pesquisas empíricas". As críticas à metodologia defendida por Fernandes repercutem sobre toda obra por mais relevante que tenha sido sua contribuição à construção do pensamento social brasileiro.

Este estudo recorrerá a diferentes escolas metacientíficas com o fito de identificar as peculiaridades do sistema metodológico adotado por Fernandes e de indigitar, através de análise comparativa, suas dificuldades de fundamentação. Desse modo, queremos demonstrar que é insustentável a pretensão à absolutização que determinadas *filosofias* da ciência acalentam quando tentam fazer passar por universais seus normativismos, quando se apresentam como porta-vozes das técnicas metodológicas *da* ciência ou quando se autoproclamam *ciências da ciência*:

> Não basta ocupar-se com metodologia: ela deve também afirmar-se como teoria do conhecimento [...] O positivismo nasce e declina com o princípio cientificista segundo o qual o sentido do conhecimento é definido pelo que as ciências produzem, e pode, pois, ser suficientemente explicado através da análise metodológica dos procedimentos científicos. (HABERMAS, 1973, p. 69-70)

O fato de nos servirmos de formulações metacientíficas elaboradas pelo Empirismo Lógico, Racionalismo Crítico, *Nova Filosofia da Ciência* e *Escola de Frankfurt*tem por objetivo mostrar em que extensão outras ópticas epistemológicas conseguiram tornar patentes as deficiências funcionais e fundacionais do empirismo tradicional com base no qual Fernandes construiu seu modelo de *sociologia científica*. Goldmann observa que:

> colocar o problema das relações entre ciência e filosofia consiste, em última análise, em enfrentar o problema de saber se é possível comprovar um fato isolado, se um fato é uma realidade objetiva, independente do homem, e, sobretudo, se é possível fazer sua verificação e estudá-lo independentemente de qualquer reflexão filosófica. (GOLDMANN, 1984, p. 136)

É comum nos trabalhos de ciências sociais a assunção de determinados pressupostos filosóficos – como, por exemplo, a opção por uma ontologia holística – como se fosse uma inevitabilidade derivada de como são os fatos, como se a proposição de alternativas – a individualista – envolvesse sair do território da ciência. Nada justifica absolutizar pressuposições como a de que as estruturas e os sistemas sociais *programam* as ações dos indivíduos, ou a de que se deve dar prioridade à identificação de regularidades/uniformidades coletivas, como se outras ópticas estivessem condenadas a ser pré-científicas. Privilegiar o estudo do comportamento exterior em detrimento da apreensão dos significados presentes no agir intencional movido a razões e valores envolve questões epistemológicas e ontológicas. A crença em nexos causais, na determinação do todo, a sociedade, sobre as partes ou da classe social sobre seus membros, envolve preferências metafísicas que vão além de possíveis constatações empíricas. A metodologia proposta também é fruto da escolha de pressuposições ontológicas, como o evidencia o longevo debate entre individualismo e holismo, que contribuem para direcionar o curso da pesquisa e definir o tipo de tratamento a ser dispensado ao material empírico.

Há uma tendência – cristalizada, sobretudo, a partir da contraposição introduzida por Hume (1952, p. 458-60) entre *matters of fact* e *relations of ideas* e por Leibniz (1949, p. 310-11) entre *verités de fait* e *verités de raison* – a sustentar que todo conhecimento é empírico ou demonstrativo, que o resto é sofisma e ilusão. Nesse sentido, a atividade de busca de conhecimento fora da lógica e da matemática, ciências formais, terá de ser empírica. Fernandes acredita que basta estribar a teoria em itens fatuais generalizáveis para que se dissipem todas as controvérsias relativas ao que torna possível a cientificidade. Como veremos no Capítulo II, a banalização da aplicação do predicado *empírico* tem levado trabalhos de metodologia, como o de Fernandes, a usá-lo abusivamente como se fosse unívoca sua natureza e clara sua participação no processo de construção e validação das teorias aspirantes a ser científicas. O modelo de cientificização adotado por Fernandes o conduz a definir a sociologia como uma ciência empírica sem dispensar maior atenção ao fato de que o atributo "empírico" se tornara, especialmente a partir dos anos 20, objeto de caudalosa polêmica metacientífica e até política. A generalidade com que Fernandes emprega o termo '*empírico*' permite depreender que se compromete com uma concepção verificacionista de cientificidade. Como mostraremos, a verificabilidade se revelou uma baldada tentativa de destronamento das pretensões cognitivas da metafísica e uma fracassada tentativa de identificar o que é condição necessária, ainda que não suficiente, a ser preenchida por um enunciado para que possa aspirar à cientificidade.

Destacando a dificuldade de se legitimar uma metodologia encarada como reflexo da razão operacional posta em prática pela ciência, recorreremos a formas não verificacionistas de se entender *empírico* como, por exemplo, a carnapiana, a popperiana, a quineana e a da *Nova Filosofia da Ciência*, que representam alteridades fundadas em diferentes plataformas "filosóficas". Mostraremos, além disso, que por trás de concepções com aparência estritamente metodológica ocultam-se modos políticos de lidar com a ordem de coisas encontrável no mundo social. Baseando-nos em distinção feita por Horkheimer, apontaremos como a crença no empírico genérico, associada à obsessão de decalcá-lo, pode configurar conformismo ao que é tal qual é. No afã de espelhar o "mundo" tal qual desponta na sua atual configuração histórica, poderiam ser ignorados potenciais *modos de ser* alternativos. Princípio pétreo do empirismo, a defesa do império do dado o leva a confundir, no plano da História, atualidade com ser social sem se dar conta de que o conhecimento se articula a propostas de ação que se prestam a inibir ou liberar as melhores potencialidades humanas.

A superioridade explicativa da ciência em relação a outras modalidades de saber costuma ser creditada à meticulosidade com que se devota à observação dos fenômenos investigados. Sua humildade em identificar e acompanhar observacionalmente o que há e ocorre no objeto de estudo geraria a acuidade descritiva essencial para se chegar à explicação embasada. Essa crença tem induzido um bom número de metodólogos a exagerar o papel desempenhado pela observação no processo de produção de conhecimento. O ideal de cientificização da sociologia acalentado por Fernandes leva-o a defini-la como uma *ciência de observação*. Ocorre que qualificar como observacional uma ciência envolve pensar, como demonstraremos no Capítulo III, que tanto os mecanismos de criação quanto os critérios de validação das teorias haurem sua legitimidade epistemológica da observação. Com isso, resvala-se para o observacionalismo, para a "absolutização" da observação que não encontra respaldo nas práticas científicas tidas por modelares. O observacionalismo está atrelado a uma metodologia filiada a uma tradição filosófica que, invocando o sucesso da física clássica, defende que o conhecimento só pode ser obtido pela identificação de regularidades ou uniformidades empíricas.

Colocada por Fernandes no coração do projeto dedicado a conferir cientificidade à sociologia, a observação tem sido nas últimas décadas amplamente repensada. Tanto seu poder de formar quanto sua capacidade de validar teorias têm sido bastante questionados. A filosofia da ciência que anima a definição da sociologia como uma ciência de observação tem sido acuada por resultados obtidos em domínios como a psicologia (da percepção), a linguística, a antropologia etc. Esses resultados, juntamente com importantes debates ocorridos no âmbito mesmo da filosofia da ciência, têm servido para problematizar a conveniência epistemológica de se dar primazia à observação. Indigitando as deficiências basilares do observacionalismo e seus vínculos com uma versão bastante criticável de empirismo, rejeitaremos a pressuposição de que a teoria autêntica é uma espécie de "consequência direta" de observações generalizáveis. A posição observacionalista de Fernandes parece se aproximar da visão objetivista, da ideia da completa *impessoalidade do dado*, expressa por Carnap (1967, p. 103) por meio da tese de que "o dado é sem sujeito" (*das gegebene ist subjectlos*).

Rechaçaremos a concepção objetivista de conhecimento do mundo social, que faz do cientista uma espécie de *espectador* devotado a acompanhar o comportamento manifesto dos *socii* a fim de identificar padrões traduzíveis em generalizações, sem dispensar qualquer atenção à dimensão da significatividade/intencionalidade da ação humana. No plano da ontologia social, a tendência a transformar o agente em objeto sobre o qual se produzirão teorias confinadas a seu comportamento publicamente observável se compromete com um modelo de conhecimento incapaz de lidar com o chamado sentido subjetivo da ação social. A despreocupação em entabular diálogo com os sentidos subjetivos dados pelas pessoas às suas ações leva à construção de um modelo de ciência social incapaz de se perceber como criador de *metateorias*, ou seja teorias sobre as "teorias" espontâneas que os membros de uma comunidade elaboram sobre si mesmos, as relações interpessoais e os *fatos* institucionais. O observacionalismo de Fernandes desemboca em uma espécie de aprisionamento à experiência que parte da priorização do imediatamente dado. Em certas versões, as configurações históricas atuais são tratadas como se representassem estados definitivos do mundo social. Desse modo, o observacionalismo acaba assumindo, ainda que involuntariamente, uma posição "conservantista", tal qual discutida por Nisbet (1970, p. 73-90) e Mannheim (1966, p. 74-119), que ignora a dinâmica transformacional dos constantes processos de construção da realidade social. Afasta-se assim da concepção de ciência social como diálogo entre as "teorias" de senso comum, que acompanham as ações, e as teorias reconstrutivas dos pesquisadores.

Desde Aristóteles, a dedução tem sido apresentada como uma forma de argumento em condições de ensejar a derivação *necessária* de uma conclusão a partir de certas premissas. A inferência demonstrativa, no entanto, se faz ao preço de jamais a conclusão poder ampliar o conteúdo informativo veiculado nas premissas. A incapacidade da dedução de lidar com *conteúdos,* com itens fatuais, estimulou a elaboração de outros modelos explicativos. A partir de Bacon começou a predominar a visão de que o modelo indutivo de explicação é o único apto a prover conhecimento sobre fatos. A capacidade da indução de alcançar justificação para suas inferências – que operam aumento de conteúdo na passagem das premissas para a conclusão – teve início com Hume e se aprofundou no século passado quando, mais que antes, se passou a buscar modelos explicativos alternativos. Fernandes erige o emprego da inferência indutiva em traço distintivo da cientificidade sem levar em conta as controvérsias epistêmicas suscitadas pelas inferências ampliativas. Partindo do pressuposto de que esse modelo explicativo é universal, entronizado pela ciência moderna, Fernandes ignora as dificuldades especiais que sua aplicação à pesquisa social tem gerado. Ignorando a precariedade epistêmica da justificação racional da indução, Fernandes define a sociologia *sic et simpliciter* como uma *ciência indutiva.* Invoca os Pais Fundadores com o intento de oferecer a comprovação de que, a despeito da diversidade de suas ópticas filosóficas, Durkheim, Weber e Marx fizeram maciço uso da indução.

Com o objetivo de demonstrar como a proposta de Fernandes de *cientificizar a sociologia* encarna uma preferência filosófica, apresentada dissimuladamente como normatividade metodológica lastreada na ciência real, indicaremos no Capítulo IV como e por que a inferência indutiva desencadeia intermináveis celeumas epistemológicas. Não por acaso, essas polêmicas têm levado à adoção – proposta inclusive por teóricos empiristas – de modelos alternativos de explicação como, por exemplo, o nomológico-dedutivo. Por fim, dedicaremos essa parte substancial deste trabalho à demonstração de que é parcamente defensável a reconstrução indutivista, levada a cabo por Fernandes, dos modelos de explicação propostos pelos pais fundadores da sociologia. Com o propósito de provarmos que os construtores dos primeiros "paradigmas" da sociologia – Durkheim, Weber e Marx – não devem ser rotulados de indutivistas, à maneira de Fernandes, faremos no Capítulo V uma análise pormenorizada dos tipos de explicação perseguidos por cada um deles mostrando que só Durkheim pode ser *programaticamente* considerado indutivista. Alcançada essa meta, tornar-se-á patente que o projeto de cientificizar a sociologia a partir do modelo empirista clássico é passível de críticas severas e deixa de se respaldar nas formas de explicação perseguidas pelos *pais fundadores*.

À diferença do que pensava Fernandes, a adoção do indutivismo não se confunde com a racionalidade científica enquanto tal, uma vez que decorre do endosso de uma versão do empirismo muito dependente do instrumental de pesquisa proposto por Bacon. Em certo sentido, o indutivismo associa-se também a uma visão "estatística" do mundo social para a qual a importância dos acontecimentos reside em sua recorrência ou taxas de frequência, e não em sua inserção em uma história passível de ser vista não só como o que foi/é, mas também como o que poderá/poderia vir a ser. A estrita preocupação em detectar frequências entre fatos ou ocorrências pode ser vista como atrelada a um projeto bem sucedido nas ciências naturais de acompanhamento minucioso de como os fenômenos se reproduzem para explicá-los de modo embasado e sobre eles exercer controle preditivo. Devido a peculiaridades, como a de que os fatos se oferecem pré-interpretados à observação do pesquisador, as disciplinas sociais elaboram teorias gerais incapazes de comprovarem de modo consensual seu poder explicativo. Mesmo nos casos em que pretendem ser um saber de intervenção, as teorias sociais têm-se mostrado impotentes para exercer algum tipo de controle sobre os objetos estudados.

A avaliação crítica da filosofia da ciência subjacente à concepção de s*ociologia científica* esposada por Fernandes permite identificar as dificuldades de se forjar uma metodologia com o estatuto de reflexo da racionalidade operacional detectável nas práticas científicas. Como adverte Habermas (1973, p.69), "o positivismo exprime ainda uma posição filosófica com relação à ciência". Mesmo porque "a autocompreensão cientificista das ciências, por ele elaborada, não coincide com elas". Em nome da exclusão da filosofia do domínio da reflexão metacientífica, "o positivismo, dogmatiza a fé da ciência nela mesma atribuindo-se a tarefa negativa de defender a pesquisa contra uma autorreflexão gnosiológica". Nesse caso, só sobraria, como arremata Habermas, "de filosófico aquele momento único necessário de imunização das ciências contra a filosofia".

As críticas à filosofia da ciência empirista feitas por outras vertentes servirão para demonstrar que a adesão de Fernandes ao indutivismo não se arrima nas práticas teóricas das ciências consagradas. Por trás de toda metodologia, há uma filosofia (da ciência) operando por meio de pressupostos raramente problematizados. No caso da *sociologia científica* de Fernandes há uma questionável recusa *in limine* a reconhecer como filosóficas categorias equivocadamente apresentadas como derivadas, de modo especular, da ciência real. A concepção de metodologia como normatização da racionalidade operacional da ciência *desconhece* a existência de uma plataforma filosófica a moldar muitas de suas formulações. Ao encará-las como portadoras de estatuto puramente técnico, Fernandes concede às regras do método imerecidamente valor universal, incontroverso. Pensar a indução como provedora de um tipo de inferência (ampliativa) sem a qual não se tem como fazer ciência empírica a desconecta de qualquer tipo de questão ou questionamento epistemológico.

Rejeitando a visão de metodologia que a apresenta como expressão normativa da razão operacional da ciência e, eo ipso, livre de pressupostos filosóficos, este trabalho acalenta a pretensão de identificar a epistemologia subjacente ao projeto de cientificizar a sociologia propugnado por Fernandes. Como a filosofia da ciência que enforma as preferências metodológicas de Fernandes jamais é assumida, procuraremos identificá-la e criticá-la em seus fundamentos. Assumiremos, assim, posição contrária à tendência de encarar a metodologia como expressão normativa da racionalidade operacional da ciência. Na metodologia proposta por Fernandes, o que é apresentado como descrição da ciência real é questionável. No entanto, cumpre a função prescritiva de definir o único modo certo de se fazer ciência. O problema é que até hoje inexiste concordância quanto à exata natureza e fundamentação do método científico.

CAPÍTULO 2

A FILOSOFIA TÁCITA NA DEFESA DE UMA METODOLOGIA PARA AS DISCIPLINAS SOCIAIS

> Toda sociologia provém, em última análise, de uma filosofia da história; a sociologia em todos os países surgiu como resultado do esforço de ir além dos confins da filosofia pura. Mas as sociologias em todos os países se diferenciam a partir dos modos pelos quais ultrapassaram esses limites. (MANNHEIM, 1966, p. 214)

Este capítulo tem por meta demonstrar a natureza problemática da tese que reduz a metodologia à expressão normativa da racionalidade operacional da ciência. Qualquer postura metodológica que se proclame simples normatização dos rituais colocados em prática pela ciência esconde as pressuposições filosóficas latentemente abraçadas. A metodologia faz escolhas filosóficas quando, por exemplo, concede papel determinante à observação sacrificando a autonomia relativa da teoria, quando entroniza o dado sem qualquer preocupação com o que afeta sua captação e catalogação. Definir a metodologia como imagem normatizada do *ser* da ciência implica que só há um modo de fazer genuína pesquisa. É crença "positivista" supor que categorias filosóficas jamais se imiscuem na atividade dedicada a identificar os traços distintivos da racionalidade funcional das ciências. Igualmente indefensável é a tese de que a metodologia que se inspira nos conteúdos explicativos providos pelas conflitantes teorias sociológicas possa legitimar-se como uma espécie de *ciência da ciência*. Tudo isso torna descabida a pretensão de se alcançar um discurso unitário *sobre* a cientificidade de uma disciplina como a sociologia cindida em tantas Escolas. Popovich (1966, p. 153-5) afirma que só seis de trinta eminentes sociólogos norte-americanos entrevistados no ano acadêmico 1963-4 eram de opinião que a sociologia ostentava uma postura teórica única e omnicompreensiva. Isso é assim porque inexiste uma metodologia em condições de postular correspondência com a diversidade de linhas explicativas presentes nas disciplinas sociais.

2.1. É a metodologia a ciência de como fazer ciência?

A crítica à metodologia concebida como "reflexo" normatizado da razão operacional posta em prática pela ciência é fundamental porque permite a localização dos componentes filosóficos tacitamente adotados pelo projeto de Fernandes de cientificizar a sociologia. A crítica almeja desvelar, subjacente ao programa adotado por Fernandes para conferir cientificidade à *sociologia*, a preferência por uma *vertente metodológica* afinada com pressupostos filosóficos filiados à tradição gnosiológica empirista.

As urdiduras conceituais desenvolvidas para explicar *conteúdos empíricos* não seguem uma mesma metodologia compartilhada pelas diversas e desniveladas ciências. Isso torna inevitável o recurso a categorias vinculadas a uma ou outra corrente epistemológica. Durkheim desmerece como "filosóficas" as críticas de fundamentação dirigidas, por exemplo, à indução ou à noção de nexo causal para poder adotar dogmaticamente uma metodologia apresentada como livre de componentes filosóficos. Desconsiderar as restrições feitas por Hume à inferência indutiva contribui para a adoção de uma visão ingênua de racionalidade científica e de sua fundamentação. Para contornar a caudalosa controvérsia a que tem dado azo a inferência ampliativa, alguns de seus defensores introduzem, como faz J. S. Mill, pressupostos filosóficos como o de que o *curso da natureza é uniforme.* Isso evidencia que é problemático caracterizar a metodologia como simples propositora de técnicas de pesquisa. Se existisse uma metodologia capaz de ser a expressão normativa da razão operacional da ciência poderia dispensar qualquer participação da filosofia – independentemente do que proponha – no processo de enunciação das regras do método. O completo afastamento da filosofia desponta mais defensável quando, por exemplo, as teorias científicas são vistas como resultando essencialmente da aplicação de procedimentos de generalização.

Einstein (1951, p. 289) chama a atenção para o fato de que "um fatal 'medo da metafísica' acabou por se tornar a doença da filosofia empirista contemporânea; essa doença é a contrapartida daquele tipo de filosofar nas nuvens que supunha poder negligenciar e dispensar o que é dado pelos sentidos". Endossado por Fernandes, o "desprezo" pela filosofia exibido por inúmeros cientistas sociais a partir de Durkheim é assim questionado por Berger (1963, p. 169): "quanto ao saber filosófico, não só evitaria a ingenuidade metodológica de alguns sociólogos como também conduziria a uma apreensão mais acurada dos próprios fenômenos que o sociólogo deseja investigar". Na mesma linha argumentativa, Dahrendorf (1977, p. 254) assinala que é inevitável nas teorias científicas se refletirem constantemente posições filosóficas contrastantes. Em termos comparativos, Bottomore (1972, p. 79) ressalta que "a sociologia suscita, em proporções maiores que as outras ciências, problemas filosóficos [...] que sempre fazem parte do pano-de-fundo da reflexão sociológica". Concordamos *in totum* com Bottomore quando arremata: "grande parte das fraquezas da teoria sociológica se deve à ingenuidade filosófica".

É possível localizar substratos filosóficos, que procuram se manter "entimemáticos", tanto em trabalhos que se pretendem puramente metodológicos quanto em teorias sociais substantivas, empíricas. A visão de que a metodologia é a expressão normatizada da razão operacional da ciência, sem qualquer envolvimento com categorias filosóficas, vem acompanhada em Fernandes da crença infundada de que a sociologia pode forjar teorias derivadas diretamente da observação e livres de pressuposições axiológicas e ontológicas. Nesse caso, o pesquisador nunca dirige seletivamente seu olhar para algumas coisas em detrimento de outras. Não é nosso objetivo defender uma improfícua indistinção entre sociologia e filosofia, mas simplesmente recusar a visão separatista que, impedindo a apreensão de interações latentes, se mostra pouco elucidativa:

> Em primeiro lugar, a sociologia nasceu de uma transformação recente do próprio ponto de vista filosófico [...] O esforço feito pelos autores modernos para libertar a sociologia de hábitos de pensamento que não são inerentes ao método científico ainda não chegou ao seu fim [...] Ora, o respeito aos fatos só pode nascer do trato direto contínuo e cotidiano dos fatos(FERNANDES, 1972, p. 62)

O importante é ter a consciência de que, como nesse argumento de Fernandes, um ponto de vista filosófico foi abandonado para que outro passasse a atuar tacitamente na organização categorial do campo de investigação destacado como *científico*. É ilusória a defesa do total expurgo do componente filosófico da pesquisa social em nome do endosso a um método ao qual se confere aplicabilidade e credibilidade universais. Isto porque a expressão 'método científico', sobretudo quando identificada a um genérico conjunto de normas embasadas no respeito aos fatos, é pouco elucidativa porque, entre outras coisas, deixa de indicar que tradição de pensamento lhe fornece os traços epistemológicos distintivos. Desconsiderar que há várias e conflitantes concepções de método científico permite deixar de colocar em discussão, ignorando velhas e novas controvérsias, o substrato epistemológico de cada uma. As querelas do método e a história das ciências, principalmente o evolver das sociais, não respaldam a crença de que o *Método Científico* só pode ser concebido de uma maneira:

> Pode haver e há uma filosofia da sociologia no sentido de uma filosofia da ciência, ou seja, um exame dos métodos, conceitos e argumentos usados na sociologia. E essa análise filosófica é mais comum e mais necessária na sociologia do que, por exemplo, nas ciências naturais devido às dificuldades peculiares experimentadas com os conceitos e o raciocínio sociológico. (BOTTOMORE, 1972, p.78)

A existência de várias Escolas nas disciplinas sociais é consequência de preferências políticas e axiológicas, da adoção de um quadro epistemológico e de uma moldura ontológica em detrimento de alternativas. Incontáveis têm sido os estudos dedicados a estudar as ramificações da árvore sociológica. A título de ilustração, destacamos Martindale (1960), Sorokin (1928), Bottomore & Nisbet (1980), Coser (1977), Mitchell (1968), Gurvitch & Moore (1947) e Skidmore (1976). Mais que as ciências naturais, as sociais têm historicamente mergulhado em intermináveis discussões metodológicas. O substrato filosófico das divergências metodológicas pode ser paradigmaticamente exemplificado através de três grandes debates metacientíficos ocorridos ao longo do século XX: 1) a refrega entre o materialismo leninista e o empirocriticismo dos machistas; 2) a controvérsia em torno do "positivismo" envolvendo a Escola de Frankfurt e a filosofia *analítica* da ciência, representada por Popper e seguidores, veiculada na obra *Der Positivismusstreit in der deustchen Sociologie;* 3) o embate entre popperianos e kuhnianos no *Colloquium in the Philosophy of Science* ocorrido em 1965 no Bedford College (Londres) veiculado no livro *Criticism and the growth of knowledge* (traduzido para o português com o título 'Crítica e Desenvolvimento do Conhecimento') organizado por Lakatos & Musgrave. Registre-se que essas polêmicas epistemológicas têm como precursor o *Methodenstreit* (a disputa do método) no século XIX entre Carl Menger, fundador da Escola Austríaca, e Gustav von Schmoller, expoente da Escola Histórica.

O eventual papel da filosofia no processo de produção do conhecimento científico é matéria controvertida principalmente quando estão em questão as disciplinas sociais. As teorias das ciências naturais podem manter suas pressuposições metafísicas ocultas em razão de terem conseguido, desde o advento da ciência moderna, formar e firmar uma base epistemológica que se contrapõe à das teorias especulativas. Desde então, a tendência tem sido a de considerar os conteúdos explicativos da ciência infensos a considerações e avaliações filosóficas. No entanto, tem crescido o reconhecimento – destacado por Burtt (1980, p. 36-7), Koyré (1957, p. 28-58), Oliva (1989, p. 249-87) – de que a ruptura com a a especulação metafísica não se deu de forma completa como historicamente se tendeu a enfatizar. O emprego de categorias e conceitos filosóficos não merece ser encarado como entrave à condução científica da pesquisa nas disciplinas sociais. Sempre suscitando polêmicas, os modos de se conceber *método científico* nas ciências sociais acabam desembocando em uma avaliação – positiva ou negativa – do papel nelas cumprido pela filosofia. Isso levou Goldmann (1966, p. 18) a afirmar que "o estudo do método em ciências humanas coloca, *no plano mesmo da ciência positiva,* o problema da inutilidade ou, ao contrário, do valor atual da filosofia". Douglas (1971, p. 49) sublinhou que "no âmbito geral das ciências sociais parece haver um considerável número de significados implícitos para "racional" e "científico" normalmente aceitos sem exame ou acatados como incontroversos". A dificuldade de lidar com eles resulta de "ostentarem a natureza de *ideias metafísicas sobre a ciência* em virtude de amplamente determinarem os mais explícitos e examinados critérios de relevância e verdade apesar de não serem submetidas a escrutínio". Contra a ideia de uma metodologia que se respalda na autoridade dos fatos, Lakatos (1977, p.187) sustenta que "a direção da ciência é determinada principalmente pela imaginação criadora e não pelo universo de fatos que nos cercam".

Conteúdos metafísicos têm, em muitos casos, representado desbravadoras *antecipações* dos sistemas conceituais que formam as tramas explicativas das ciências. A história da ciência registra importantes casos em que a especulação se mostrou importante para o surgimento de uma teoria científica. Vários sistemas explicativos da ciência foram gestados no ventre da reflexão filosófica. Além de sua eventual contribuição para a formação das *teorias científicas*, a filosofia começou, neste século, a ser vista como importante nos momentos de crise de ciências maduras como a física. Nesse caso, as questões de segunda ordem da filosofia, conforme caracterizadas por Ryan (1977, p. 16-18), ajudariam o pesquisador a submeter a escrutínio crítico os fundamentos de um modelo explicativo em crise; além do mais, contribuiriam para a busca de outros modos de pensar a articulação entre teorias, "fatos" e molduras ontológicas no interior das quais se define, por exemplo, o que existe e de que forma:

> Nos períodos de crises reconhecidas os cientistas se voltam para a análise filosófica como um meio de resolver os quebra-cabeças de sua área. Em geral, os cientistas não precisaram nem desejaram ser filósofos [...] Na medida em que o trabalho de pesquisa normal pode ser conduzido pelo uso do paradigma como modelo, as regras e pressuposições não precisam ser explicitadas [...] Não por acaso, o advento da física newtoniana no século XVII e o da Relatividade e da Mecânica Quântica no século XX foram precedidos e acompanhados por análises filosóficas fundamentais da tradição de pesquisa contemporânea. (KUHN, 1970. p. 150)

Este arrazoado contraria a tese problemática de Fernandes de que fazer ciência só é possível quando o pesquisador rechaça a tentação de se envolver com questões filosóficas. Além disso, aponta para o fato de que a filosofia readquire importância até para as ciências naturais nos momentos de crise de um paradigma. Sendo assim, a filosofia conserva sempre uma relevância ao menos tácita. Até porque se passa a ser fecunda nos momentos de crise, é porque, de algum modo, a filosofia opera, de modo latente, o tempo todo na ciência. Do contrário, esse súbito reconhecimento da importância da filosofia não teria, mesmo em situações de abalo de credibilidade de teorias por muito tempo aceitas, como ser operacionalmente feito pela pesquisa científica.

Se invocando as ciências naturais não se tem como apregoar uma objetividade depurada de todo e qualquer ingrediente filosófico, que dizer de saberes como o sociológico nos quais pululam *Escolas* cujas *diferenças* são imputáveis, entre outras coisas, à escolha de distintos pontos de partida (e de chegada) filosóficos. A sociologia pode até tentar forjar uma identidade para suas construções teóricas por oposição aos sistemas especulativos, mas isso não significa que em seus modelos explicativos nada se possa encontrar de filosófico. Por não reconhecer isso, Fernandes deixa de vislumbrar qualquer forma profícua de interação entre filosofia e sociologia a partir do momento em que for instaurado o *ponto de vista científico*:

> Tome-se Augusto Comte como referência. Suas indagações correspondiam a questões que não poderiam ser formuladas e respondidas no âmbito do conhecimento do senso comum ou da Filosofia Pré-científica. O que é a ordem? Como ela se constitui? Como ela se mantém? Como ela se transforma? Em outras palavras, com o aparecimento da Sociologia não só se amplia o sistema das ciências, como se descobrem meios intelectuais plenamente adequados às necessidades de desenvolvimento criador ou construtivo dos modos secularizados de perceber e de explicar o mundo. (FERNANDES, 1976a, p. 279)

Para Fernandes, a filosofia é fonte do especulativismo que impede que a teoria resulte do acompanhamento dos *fatos*. Chega a afirmar, de forma controversa, que os questionamentos por Comte veiculados não podiam ser formulados e respondidos no interior da Filosofia Pré-científica. A questão é saber como poderia um filósofo como Comte entregar-se a questões que não teriam sequer como ser formuladas no contexto do campo teórico a que se dedicava. Fernandes parece não se dar conta de que as enunciações teóricas, mesmo as mais especulativas, estão em sintonia com a etapa de desenvolvimento de determinado tipo de saber, e enfrentam, ainda que de forma tateante e seminal, problemas que posteriormente serão equacionados com os recursos da pesquisa empírica.

Questões do tipo: "qual a natureza da ordem que rege a vida social?" vêm sendo enfrentadas com inventividade teórica desde os primeiros filósofos gregos. As contribuições pioneiras dadas pela filosofia são diferentes das oferecidas pelos sociólogos contemporâneos não tanto porque, por exemplo, Platão elabora especulações, explicativamente inúteis, enquanto depois de Comte se passa a fazer ciência, que se destaca por suas teorias estarem calcadas em evidências empíricas. Distintas modalidades de saber fazem uso de variados procedimentos de investigação que se voltam para diferentes projetos explicativos. É comum uma modalidade diferente de abordagem deixar a impressão de estar lidando com outro problema. Ademais, a adoção de modos secularizados de explicar o mundo é manifestamente insuficiente para colocar a sociologia na senda da cientificidade. Inúmeros empreendimentos teóricos, desde a aurora da filosofia grega, foram responsáveis pelo surgimento e gradual consolidação das formas secularizadas de interpretar o mundo. Por certo, não é nisso que reside, como pensa Fernandes, o traço distintivo da cientificidade da sociologia. Proclamar que certas filosofias iniciaram timidamente esse movimento significa dar-lhes valor apenas "museológico", evitando reconhecer que mantêm contato, em graus variáveis, com a ciência. Quando Fernandes (1972, p. 282) se reporta ao período de transição, é para sustentar que nessa fase a filosofia se imiscuía, de modo marcante, na discussão dos problemas sociais, em especial na primeira metade do século XIX, sem que ainda houvesse, a rigor, uma sociologia científica, mas apenas uma Filosofia da Ação Humana:

> E foi no seio desta que surgiu e se desenvolveu a tendência a considerar as situações de existência através de instâncias empíricas, pelo recurso à análise indutiva e com um sério esforço para conter influências perceptíveis dos sentimentos, de ideias preconcebidas ou valorizações etnocêntricas nas atividades cognitivas [...] Suas limitações e inconsistências acabaram, com o tempo, por entravar o progresso científico das investigações sociológicas, por causa da importância que se chegou a dar a problemas sem significação teórica precisa ou da negligência do valor da pesquisa empírica sistemática. (FERNANDES, 1976a, p. 283-4)

O simples abandono de problemas pretensamente destituídos de escopo teórico unívoco e o devotamento à pesquisa empírica sistemática não bastam para que se inaugure a óptica científica por oposição à filosófica. A questão fundamental é saber se o método indutivo, tal qual concebido por Fernandes, reúne condições para estabelecer inconteste demarcação entre especulação e ciência, filosofia e sociologia.

É questionável atribuir tal missão à indução quando se levam em conta as dificuldades envolvidas em sua justificação epistêmica. Os diversos conceitos de indução suscitam intrincados problemas cujas respostas variam de uma para outra vertente epistemológica. Sem falar que algumas das mais importantes Escolas do Pensamento Sociológico recusam-se a operar com o modelo indutivo de explicação. Cabe ressaltar que as falhas no projeto de Fernandes de *cientificizar* a *sociologia* recorrendo ao indutivismo não diminuem sua relevância no contexto cultural brasileiro marcado pela propensão a privilegiar o ensaísmo em detrimento da pesquisa empírica sistemática:

> Até a década de trinta, de modo predominante, o pensamento brasileiro como um todo está comprometido com correntes nas quais prevalecem preocupações filosóficas, morais, jurídicas ou programáticas. É o que se verifica com as correntes mais em evidência até então, nas quais sobressaem o catolicismo, evolucionismo, positivismo, liberalismo, corporativismo. Não há dúvida de que nessas incluíam-se também preocupações sociológicas. Mas a tônica era dada por formas de pensar relativamente pouco comprometidas com a consistência lógica da análise científica, com as exigências metodológicas da pesquisa de campo ou reconstrução histórica. (IANNI, 1989, p. 86)

Quando indaga a respeito dos resultados a que chegara aquela que denomina Sociologia "Filosófica", Fernandes é de opinião que, na caracterização do objeto da sociologia, continua formalmente a ter grande atualidade, mesmo se materialmente tenha se tornado obsoleta. Segundo Fernandes (1972, p. 284), essa distinção pode ser facilmente entendida porque a caracterização formal do objeto é, no fundo, um problema lógico que pode ser resolvido independentemente do acúmulo de conhecimentos empírico-indutivos. Fernandes crê possível solvê-lo a partir apenas da constatação de que as ocorrências dos fenômenos possuem uma ordem própria, cuja estabilidade, diferenciação e integração se produzem através de processos sociais. O equívoco de Fernandes resulta de ser injustificável qualificar de lógica ou formal a evidência de que as manifestações da existência associativa são portadoras de uma ordem própria.

Cumpre ter presente que nenhuma evidência, nem mesmo a que desponta como irrecusável, pode receber o qualificativo de *lógica*. Na verdade, o pressuposto da ordem imanente e constante possui natureza supra-empírica na medida em que envolve projetar para *formas de existência de social* ainda inexistentes os modos de ser que têm caracterizado as sociedades já conhecidas. Trata-se, em última análise, de um princípio filosófico – insuscetível de ser justificado pela lógica – que se escora no pressuposto de que o que ocorre tem causas, não é filho do acaso, e tenderá a manter-se tal qual tem sido ou a evolver regularmente a partir do que tem sido. No entanto, existe a possibilidade de descontinuidade, de alteração estrutural do que existe, com a emergência de uma ordenação diferente da que antes era tomada por realidade. A aposta de continuidade entre passado, presente e futuro, infunde confiança puramente *psicológica* nos pesquisadores que buscam fazer predições confiáveis que, se confirmadas, podem ensejar o controle técnico-manipulativo dos objetos estudados. Cabe, no entanto, ter presente que o poder do saber instrumental presente nas ciências naturais está ausente das sociais:

> Na história das ciências naturais [...] os juízos de valor têm tendido a ser filtrados à medida que as teorias foram se desenvolvendo. O mecanismo de "filtragem" tem sido intensificado pela adopção universal de um valor primordial para a ciência natural, a saber, o critério cada vez mais bem-sucedido de previsão e controle do ambiente. (HESSE, 1978, p. 2)

Outra crítica que poderia ser dirigida às supracitadas posições de Fernandes tem a ver com o fato de que dificilmente uma concepção logra se manter formalmente atual se ocorreu uma reviravolta teórica nos modos de lidar com os conteúdos a serem explicados. Ademais, é forçado pensar que o enfoque apriorista e a pesquisa empírica sistemática podem compartilhar a mesma definição formal de seus objetos de estudo. O empenho em capturar as nuanças da dimensão fatual que, para Fernandes, antes tinha sido desconsiderada acarreta necessariamente uma ruptura com as modalidades de definição defendidas pelo apriorismo sem que isso signifique que entre eles deixará, em definitivo, de subsistir qualquer forma de relacionamento epistemológico. A instauração da óptica científica envolve o emprego de técnicas especiais de identificação e explicação dos *fatos* sem que isso justifique conferir à ciência o monopólio cognitivo à luz do qual a filosofia, condenada a desenvolver especulações sobre entes nebulosamente identificados, se torna incapaz de executar análises conceituais elucidativas. O que está sempre em questão é a capacidade de as teorias comprovarem que explicam os *fatos* selecionados. A sobrevivência do modo formal de conceber a natureza da cientificidade da sociologia, em contraste com a indução, serve apenas para deixar claro que o modelo de ciência esposado por Fernandes falha em proporcionar uma caracterização distintiva da sociologia. Isso é consequência de Fernandes defini-la genericamente como uma disciplina interessada em capturar regularidades, institucionais e comportamentais, com o fito de formulá-las por meio de teorias concebidas como generalizações empíricas.

Ignora a história da ciência a posição que nega a presença da filosofia na formação e na discussão da justificação epistêmica das teorias sociais. A diversidade de propostas metodológicas evidencia as dificuldades de depurá-las de componentes filosóficos e de encarar a escolhida como expressão normatizada da razão operacional da ciência. Fernandes tenta contornar esse tipo de problemática recorrendo à crença metacientífica de que só a ciência lida com fatos, de que só ela tem condições de forjar teorias capazes de explicá-los e de ser por eles controladas. Por essa óptica, os procedimentos que devem ser empregados pelos cientistas são técnicas que emergem das próprias práticas de pesquisa. Conceder à ciência o monopólio do acesso aos fatos torna irrelevante qualquer proposta de se promover sua interação com as questões conceituais formuladas pela filosofia. Componentes epistemológicos, axiológicos e ontológicos subjacentes podem e devem ser desconsiderados quando se lida com teorias que, em busca de justificação, só precisam se submeter ao crivo dos fatos.

Em razão de diversas Escolas postularem em sociologia, como aponta Mannheim (1982, p. 147), a adoção da metodologia apropriada, a capaz de prover a justificação da explicação dos fatos, cada uma propõe procedimentos de investigação com algum tipo de particularidade para assim poder se proclamar detentora do acesso privilegiado à dimensão essencial dos fatos. A filosofia em geral é depreciada para que seja possível acusar de perniciosa a filosofia particular presente na estruturação das categorias da obra alheia. Os pressupostos subjacentes às metodologias didaticamente expostas são ignorados ou apresentados como desprovidos de teor filosófico.

Do indutivismo professado por Fernandes decorre que a presença constante de ingredientes filosóficos nos debates sociológicos indica afastamento dos requisitos da cientificidade. Esse tipo de avaliação negligencia que é a sociologia, de suas origens até hoje, que se vem alimentando, de modo aberto ou tácito, de conceitos filosóficos. Desde os *founding fathers,* até os mais importantes sociólogos contemporâneos, faz-se amplo uso de categorias filosóficas pertencentes a diferentes tradições de pensamento:

> As ciências humanas é que utilizam as categorias filosóficas e as submetem a seus objetivos. Realizam grande consumo de filosofia. Mas a iniciativa não parece provir da filosofia. De acordo com as *aparências,* não se trata de uma intervenção crítica da filosofia nos problemas ideológicos das ciências humanas, mas, ao contrário, de uma *exploração* por parte das ciências humanas de certas categorias filosóficas ou de certas filosofias [...] Essas categorias filosóficas e essas filosofias assim "exploradas" pelas ciências humanas são por essas ciências praticamente utilizadas como *substitutivo ideológico* da base teórica de que carecem. (ALTHUSSER, 1967, p. 38)

Conceder à ciência, independentemente de se natural ou social, o monopólio de acesso aos "fatos" e, por consequência, a prerrogativa de explicá-los corresponde a uma visão *de* ciência cuja impregnação filosófica deriva de estar escorada em uma epistemologia empirista que define de que forma se pode obter e validar o conhecimento. O fato de a ciência social, mais que a natural, abrigar nitidamente componentes *filosóficos* – nem sempre problematizados – ajuda a *explicar* a sofreguidão com que sociólogos como Fernandes insistem em destacar o papel da observação no combate ao ensaísmo e ao especulativismo dele derivado. À filosofia – independentemente de como é concebida – Fernandes atribui a tendência a desviar a pesquisa dos procedimentos metodológicos em condições de fidedignamente descrever e fundadamente explicar. Sendo encarada como o domínio contra o qual toda ciência teve início, a filosofia jamais é pensada como uma atividade de análise conceitual ou como escavação dos pressupostos abraçados até mesmo por pesquisas que se pretendem empíricas. Qualquer teoria, e mais ainda se social, assume determinada óptica sobre a realidade ao promover a seleção e organização dos fatos sobre os quais se debruça.

Os embates entre holistas e individualistas deixam claro que as escolhas que privilegiam indivíduos ou coletivos na busca de explicação do que são e como se reproduzem as relações sociais são decisivas para a adoção de um modelo explicativo. Não se reduz a uma questão puramente empírica a decisão de conceder prioridade ontológica ao coletivo ou ao indivíduo na explicação dos fenômenos sociais. Valores e preferências políticas contribuem para que se dê primazia às classes sociais ou ao comportamento individual intencional dotado de significado subjetivo pelo agente. Nesse caso, a presença de ingredientes filosóficos não tem como ser ignorada.

É a tentativa de entronizar determinada filosofia (da ciência) que faz com que se deprecie a filosofia em geral. Até porque se a visão metacientífica adotada sustenta, por exemplo, que a ciência consiste em registrar dados com vistas a adequadamente generalizá-los por meio de enunciados legaloides, deixa de se justificar conferir às teorias *papel autônomo,* ainda que relativo, na seleção e articulação dos conteúdos empíricos coletados. O esforço feito por Fernandes, especialmente em

Fundamentos empíricos da explicação sociológica, Ensaios de sociologia geral e aplicada e *A sociologia numa era de revolução social*, no sentido de situar o componente filosófico apenas na pré-história da ciência, não encontra respaldo na história das ciências sociais. É pouco convincente a argumentação de Fernandes que visa a legitimar uma rígida linha divisória entre a filosofia, depreciada como especulativista, e a ciência calcada na observação:

> Apesar da importância histórica da obra de Comte, ela compartilha das limitações inerentes à perspectiva filosófica, que informava sua concepção da natureza e da significação da sociologia. Nesse sentido, sua posição é parecida com a de outros pensadores como Kant, Hegel, Montesquieu, Condorcet, Saint-Simon, Rousseau, Malthus, etc., cujas contribuições possuem um caráter pré-científico. A sociologia permanecia no estado de disciplina filosófica. (FERNANDES, 1976a, p. 34)

A pesquisa sociológica pode marcar uma descontinuidade explicativa frente aos antigos *sistemas filosóficos* de compreensão do fato social, mas muitas de suas categorias brotaram em solo filosófico e a ele continuam presas. Se o que mais define a especificidade de uma disciplina não é *o que* estuda, mas *o modo* com que o faz, então o mais importante não é ficar preso aos fatos, mas sim forjar teorias capazes de comprovar sua capacidade explicativa e preditiva. É injustificável a prevenção de Fernandes contra as teorias acusadas de não terem sido derivadas da observação e de suas conclusões não terem sido indutivamente estabelecidas.

Como sublinham Horkheimer & Adorno (1966, p. 13), "a filosofia ligava-se originariamente à doutrina da sociedade; a novidade da sociologia não está, por certo, em seu objeto". Valendo-se de lentes marxistas, Lukács (1981, p. 585) perfilha a tese que a sociologia como "disciplina independente, surgida na Inglaterra e na França depois da dissolução da economia política clássica e do socialismo utópico", corresponde a uma forma de "tratar um *problema social* dissociando-o de sua base econômica, de tal maneira que a suposta independência das questões sociais em relação às econômicas consistiu no ponto de partida metodológico da sociologia". Nisbet (1971, p. 29-32) faz avaliação bastante diferente quando enfatiza que "mais que qualquer outro evento foi a Revolução, ao fim do século XVIII, que promoveu a ruptura com as principais suposições dos *philosophes* [preeminência ontológica concedida ao indivíduo e descaso pela reflexão voltada para os grupos sociais] e produziu a reação a partir da qual emergiram os principais conceitos da sociologia". No entender de Nisbet, historicamente, a sociologia "estriba-se no conceito de grupo social e no problema da desorganização social".

Visto que suas teorias se socorrem de conceitos filosóficos mesmo quando ambicionam ter natureza estritamente empírica, as disciplinas sociais não têm início com cada uma descobrindo um pedaço da realidade a ser ocupado como sua "propriedade intelectual". É claro que a sociologia pode e deve se diferenciar das grandes tradições filosóficas que produziram teorias da sociedade em que os "fatos" se acomodavam a um ideal supostamente derivado dos princípios organizadores do Ser. Controversa é a proposta de Fernandes de que a sociologia só pode ser praticada seguindo a cartilha metodológica do empirismo para a qual tudo que importa é a constatação de regularidades expressas por meio de teorias indutivamente construídas. A vigência da teorização de tipo metafísico fazia com que os fatos (sociais e naturais) fossem analisados a partir da unidade do Ser, que o Ser tivesse sua estrutura e seus processos determinados pelos princípios constitutivos de sua identidade autogerada. Sob a égide de uma compreensão específica do projeto de saber introduzido pelas ciências naturais, movidas pelo *interesse técnico*, aos fatos passou-se a atribuir a função de crivo das teorias que, possuindo poder preditivo, podem vir a exercer algum tipo de controle instrumental sobre a realidade estudada. Transcorreu algum tempo para que fatos passassem a ter sua significatividade e relevância atreladas às teorias que os selecionam.

As metodologias sociais que invocam o modelo das ciências maduras, como é o caso da de Fernandes, costumam fazê-lo para indiretamente defenderem o fatualismo ou objetivismo. Com isso, podem desconsiderar a intrincada problemática da *significatividade intrínseca* aos fatos sociais. Os fatos passam a ser confundidos com o Ser que, em alguns autores, acaba originando um *dever-ser* que, pensado como derivado da história, serve de modelo para a construção da sociedade considerada ideal. O programa metodológico durkheimiano, com sua retórica observacionalista/indutivista, se faz fortemente presente na proposta de *cientificizar* a *sociologia* assim proposta por Fernandes (1972, p. 68): "o progresso empírico-indutivo da sociologia depende de nossa habilidade em procurar reunir 'fatos precisos'; sem estes nenhuma ciência positiva é possível". O problema é que os fatos não falam por si mesmos. A teoria necessita selecioná-los e interrogá-los de uma maneira que propicie neles detectar seus traços mais importantes. Por mais que a teoria precise se prender aos fatos, é importante que parta de questões bem formuladas que cheguem a respostas com demonstrado poder explicativo. As formas adotadas de reconstrução dos fatos sociais continuam presas a dualismos metodológicos que impõem a necessidade de escolher, por exemplo, entre o modelo compreensivo e o causal de explicação. Uma coisa é intentar produzir uma ciência constatativa/generalizadora do dado empírico, outra é nutrir a ambição, típica do marxismo, de intentar transcender historicamente a atualidade social em busca da construção de uma *forma de vida* tida por superior. Invocando a existência de "fatos precisos" sem os quais não há ciência positiva, Fernandes deixa de indicar precisamente o que são. Genericamente utilizado em diversas de suas obras para caracterizar a cientificidade da sociologia, o adjetivo "*positivo*" é incapaz, *per se,* de cumprir a missão que lhe atribui Fernandes. Além do mais, seu uso vago permite afiliar positivo a positivismo gerando ainda mais imprecisão.[4] Vãos são os esforços de Fernandes de

[4] Comte (1974, p. 64-5) identifica positivo a real, por oposição a quimérico, a útil, em contraposição a parasitário, à certeza em oposição à indecisão, a preciso em contraste com vago, à organização por oposição a *negativo* ou destrutivo. A vinculação de positivo à fatual gera a desqualificação das teorias metafísicas como quimeras especulativas e justifica a incomunicação entre ciência e filosofia.

conferir à introdução do "ponto de vista positivo" o poder de infundir cientificidade à sociologia:

> A revolução copernicana, que proporcionou o advento das ciências sociais: a transição do "ponto de vista normativo" para o "ponto de vista positivo", na interpretação dos fenômenos sociais. É certo que essa transição foi condicionada e impulsionada pela secularização dos modos de conceber e de explicar o mundo nas sociedades modernas. (FERNANDES, 1976a, p. 283)

Visto que a seleção e a caracterização dos fatos sociais dependem da teoria com a qual o pesquisador opera, sendo possível assumir diferentes atitudes explicativas frente aos fatos, nada justifica *naturalizá-los* como se seu acesso pudesse ser feito diretamente sem a mediação de pressupostos ontológicos ou de componentes axiológicos. É pouco elucidativo qualificar uma ciência de positiva ou uma teoria de empírica, como faz Fernandes, simplesmente porque *tem a obrigação* de seguir as pegadas dos fatos:

> A sociologia permaneceu "positiva" não só porque se circunscreve ao dado e quer eliminar o desejo, que é, segundo velho provérbio alemão, pai do pensamento, mas também porque mantém uma relação com o que, bem ou mal, existe [...] Tudo que é diferente desse "positivo" e instiga à formulação de questões sobre a legitimação de qualquer entidade social, ao invés de ater-se à sua constatação e classificação (como dado verificável), é suspeito. (HORKHEIMER & ADORNO, 1966, p. 19-23)

Desembocando na postura antifilosófica adotada por Fernandes, a crença em uma ciência social batizada de positiva por supostamente ficar presa aos fatos leva à concepção de metodologia que aspira a ser a codificação normativa das práticas de pesquisa das ciências consagradas. A metodologia que intenta legitimar-se como expressão normatizada da racionalidade operacional da ciência tem a pretensão de estatuir os únicos procedimentos aptos a infundir confiabilidade explicativa à pesquisa. Nesse caso, os modos existentes ou admissíveis de se fazer ciência (social) são reduzidos a um só. Metodologias alternativas passam a ser vistas como afastadas da genuína busca de conhecimento empírico. Acredita-se que a atividade científica de pesquisa pode se fechar em si mesma, como uma mônada explicativa, porque as questões epistemológicas que suscita têm relevância apenas filosófica. A tese de que os fatos sociais devem ser tratados como *coisas* não tem como ser fatualmente justificada. Mesmo porque se escora na assunção de uma posição ontológica com base na qual se define que só se deve metodologicamente reconhecer o que existe no espaço e no tempo, sendo considerado justificável desconsiderar os voláteis e intangíveis sentidos subjetivos conferidos à ação pelo agente. Com isso, se negligencia que a singularidade de o fato social envolver a *compreensão* da significatividade que lhe é intrínseca exige uma metodologia diferente, ao menos parcialmente, daquela que tem sido historicamente apresentada como a das ciências naturais.

É discutível que careça de relevância para o cientista o enfrentamento de problemas espinhosos como, por exemplo, o da complexa interação entre teoria e fatos, que têm gerado recorrentes debates em que se misturam questões epistemológicos e de psicologia da percepção. O fatualismo desemboca em um simplismo metodológico ainda mais incompatível com as ciências sociais cujas teorias lidam com fatos que se fazem acompanhar das intepretações dadas pelos que os vivenciam. O escopo explicativo das teorias sociais precisa também abarcar as teorias de senso comum que *fazem parte* dos fatos investigados. Ainda que se suponha que as construções científicas em nada se envolvem com categorias filosóficas organizadoras de sua estrutura profunda, os sistemas metodológicos ficam ininteligíveis sem a localização de seus enraizamentos nos solos dos racionalismos, empirismos, materialismos, construtivismos, estruturalismos etc.

2.2. A cientificização por meio de uma metodologia empirista *naturalizada*

Os que depreciam, a exemplo de Fernandes, os vínculos entre as disciplinas sociais, a metodologia adotada e a filosofia (da ciência) subjacente tendem a supor que a pesquisa científica é autogerada e autojustificada, sem qualquer tipo de interseção com qualquer outro domínio do saber, de tal maneira que se submete a processos de investigação que se desenrolam em estrita obediência aos imperativos constitutivos de sua racionalidade. Romper com os esquematismos ideológicos e as especulações metafísicas vazias ensejaria a inauguração do estado positivo, como o classifica Comte, no qual os fatos decidem a aceitação ou rejeição de uma teoria. A credibilidade explicativa das teorias decorreria da adoção de cânones de pesquisa que confinam o cientista ao emprego de técnicas de observação e de generalização capazes de apreenderem os fatores responsáveis pela recorrência de estados de coisas espaço-temporalmente identificáveis. Essa forma de se entender a formação do "ponto de vista científico" desemboca no naturalismo metodológico para o qual ciências consagradas como a física começaram a partir apenas de si mesmas por terem urdido e colocado em prática o método universal, sem concessões ao especulativismo. Nesse caso, um domínio de investigação torna-se científico contrapondo-se à metafísica para poder dedicar estrita atenção aos dados empíricos e às técnicas de catalogá-los e generalizá-los.

Para Fernandes, quem se envolve com filosofismos deixa de empregar os procedimentos que permitem acesso aos fatos e a seus modos regulares de ocorrência. As disciplinas sociais que se desvencilharem dos engodos especulativos passarão a empregar o método empírico na investigação dos fenômenos. Tendo esse método já sido pioneiramente formulado e implantado pelas ciências naturais, tendo validade universal, só resta imitá-lo. Desse modo, para superar o subdesenvolvimento crônico as disciplinas sociais devem adotar irrestritamente o aparato metodológico das naturais e, como corolário, banir de seu seio a marcante presença da filosofia. Diante das dificuldades das disciplinas sociais de produzirem avanços explicativos consensualmente reconhecidos por suas diferentes Escolas, Mill (1949, p. 545-70) prescreveu como remédio a imitação das ciências *naturais*. O emprego da metodologia pretensamente operada por ciências como a física seria viável por que pesquisa social se diferenciaria apenas pela maior complexidade dos fenômenos estudados.

O intento de superar a "balcanização" metodológica que alimentava diferentes tipos, por vezes conflitantes, de teoria nas disciplinas sociais fortaleceu a proposição de programas de importação dos procedimentos de pesquisa (supostamente) empregados pelas ciências naturais sem que os resultados desejados e esperados fossem alcançados. Pela óptica marxista, a tentativa de universalização do método está sujeita a ser vista como portadora de conotação política. Daí Lukács advogar que as bases naturalistas da sociologia como ciência universal têm precisamente a função de banir de seu seio a contraditoriedade do ser social para que se inviabilize a crítica efetiva ao sistema capitalista. Mesmo sendo controverso seu juízo contra o naturalismo, Lukács (1960, p. 29) pondera que "o ideal epistemológico das ciências da natureza que, aplicado à natureza, serve ao progresso da ciência, revela-se, quando aplicado à evolução social, um instrumento de combate ideológico da burguesia. Para esta, é uma questão vital conceber a sua própria ordem produtiva como constituída por categorias atemporalmente válidas".

É importante ter presente que, em muitos casos, o naturalismo metodológico foi proposto com o objetivo de livrar as ciências sociais das deficiências explicativas exibidas pelas teorias resultantes do emprego de procedimentos metodológicos "heterodoxos" como os defendidos pela hermenêutica e a dialética. A aplicação do naturalismo fracassou em demonstrar que a credibilidade explicativa dos resultados obtidos pelas disciplinas sociais deixaria de ficar circunscrita a esta ou aquela Escola caso fossem adotadas as bem-sucedidas técnicas de pesquisa desenvolvidas pelas ciências naturais:

> As mesmas regras fundamentais orientam o ajustamento dos investigadores a diferentes situações de pesquisa, como as que se apresentam na física, na química, na biologia, na psicologia ou na sociologia [...] Desde Comte a Dilthey, Pearson e os modernos estudiosos do conhecimento científico, sabe-se que o método é o mesmo em todos os ramos do saber científico [...] a sociologia poderia aproveitar a lição e a experiência das ciências mais maduras transferindo para o seu campo o procedimento usado nas ciências empírico-indutivas, de observação ou experimentais. (FERNANDES, 1972, p. 3, xviii e 72)

Em boa parte dos estudos sociológicos pioneiros, postulantes a ter estatuto empírico, o naturalismo permaneceu tácito. A maioria dos trabalhos de metodologia das ciências sociais publicada nos EUA, sobretudo até os anos 80, professou alguma forma de naturalismo metodológico. O impacto dessa tendência no Brasil foi expressivo em razão de a maioria dos textos metodológicos aqui editados serem traduções de livros afinados com essa vertente. Fernandes com ele se comprometeu explicitamente quando abraçou o projeto de cientificizar a sociologia tornando-a empírica, observacional e indutiva:

> A transferência do equipamento conceptual e metodológico das ciências naturais para a sociologia e a concepção do determinismo social à imagem do determinismo biológico deram origem a um conhecimento estritamente teórico da realidade social. Este ideal científico não só estimulou a tendência generalizadora na sociologia, como propôs modelos teóricos de reconhecimento da validade do conhecimento sociológico. (FERNANDES, 1976a, p. 418)

A prática de pesquisa aparentemente uniforme das ciências naturais sempre estimulou a proposta de imitá-las para se alcançar sucesso explicativo e, quiçá, preditivo. Uma metodologia unificada resultaria da reunião dos procedimentos efetivamente postos em prática pelas ciências maduras. No entanto, é preciso reconhecer que as próprias ciências naturais têm dado azo a compreensões discrepantes acerca do que é e como funciona a metodologia com que operam. Com isso, tem-se revelado tortuoso o caminho capaz de promover a perfeita identificação do Método Científico. A caracterização genérica que Fernandes fez, na passagem acima, das ciências maduras, descrevendo-as como disciplinas empíricas, observacionais e indutivas suscita atualmente interminável discussão. Visões contrárias têm dado destaque ao papel da teoria na condução da pesquisa e à busca de modelos de explicação alternativos ao indutivo.

As tentativas de imitar as técnicas de pesquisa das ciências naturais geraram, nas disciplinas sociais, resultados muito aquém do esperado talvez porque nunca tenham sido efetivamente aplicadas em razão de jamais terem sido identicadas com fidedignidade. Além de sempre pairar a dúvida relativa a se os métodos imitados eram realmente os utilizados pelas ciências naturais – ou se constituíam uma versão simplista em condições apenas de reproduzir suas mais óbvias, e menos importantes, características funcionais – há a problemática das peculiaridades dos fatos sociais, que podem se mostrar refratários a tratamentos "quantitativos". É problemático sublinhar, como faz Fernandes, a dimensão determinista e a generalizadora do método científico natural como seus traços distintivos. Os mais consistentes ataques ao naturalismo resultaram menos da constatação de que as singularidades dos fatos sociais demandam uma *metodologia especial* e mais da dificuldade de rigorosamente se identificarem os procedimentos metodológicos distintivos das ciências naturais. Quando se fala em seguir o método científico (natural), é cabível indagar: em qual das diferentes versões que têm sido apresentadas como espelhando sua funcionalidade? Quando se apregoa que é imperioso aprender a lição das ciências maduras, é fundamental indagar a que período de suas respectivas histórias devemos nos reportar. São improfícuas as visões panorâmicas ou genéricas das ciências naturais quando está em questão a defesa de sua imitação. Não passa de truísmo advogar, como faz Durkheim (1949, p. 143) que "quando uma ciência está em vias de ser fundada vemo-nos compelidos, a fim de constitui-la, a recorrer aos únicos modelos existentes – as ciências já formadas".

A adoção de uma teoria *sobre* a ciência, epistemologicamente impregnada, pode ser detectada nas várias propostas de reconstrução da racionalidade das ciências naturais. Isso deixa de ser levado em conta por sociólogos como Durkheim e Fernandes que, ao defenderem suas metodologias como portadoras de valor universal, deixam de reconhecer que se socorrem de óculos empiristas em detrimento, por exemplo, de alternativas racionalistas. Se as disciplinas sociais, à espera de seus Galileus e Newtons, devem imitar as naturais, é pertinente indagar a que modelo de conhecimento ciências como a física puderam recorrer em sua fase de formação. Como nenhuma ciência pode apresentar-se como começando exclusivamente a partir de si mesma, é questionável invocar, como faz Fernandes (1976a, p. 34), o *científico* como se por si só especificasse o tipo de pesquisa que representa: "a principal característica do desenvolvimento da sociologia, na última metade do século XIX, está na tendência a substituir os hábitos filosóficos de trabalho intelectual por procedimentos de caráter científico".

Fernandes deixa de indicar que hábitos filosóficos específicos à pesquisa social devem ser combatidos a fim de evitar que se extravie por caminhos especulativistas. Invocar procedimentos considerados distintivos das práticas científicas de pesquisa envolve recorrer a uma uma moldura filosófica, principalmente nos casos em que, como ocorre nas disciplinas sociais, inexiste consenso metodológico e explicativo entre as Escolas de pensamento. Ademais, todo debate metacientífico tem gravitado em torno de quais são e como devem ser aplicados os procedimentos metodológicos reputados indispensáveis. É artificial o confronto entre o "científico em si" e o "filosófico em geral" como se uma eventual interação estivesse condenada a ser perniciosa à ciência. Fernandes (1977, p. 68) sustenta que "as regras e os alvos fundamentais da investigação científica não podem ser alterados, senão sob o risco de produzir-se outro tipo de saber, de caráter extracientífico". Deixa, no entanto, de apresentar boas razões em apoio à tese de que essas regras e alvos são uma espécie de inevitabilidade metodológica e de que inexistem alternativas viáveis. É sabido que toda discussão metodológica gravita justamente em torno da fundamentação epistêmica e da fecundidade procedimental das regras preferidas em comparação com as alternativas.

Sempre que teve de defender a linha metacientífica adotada ou atacar visões divergentes a respeito *do que* estudar e de *como* fazê-lo, Fernandes limitou-se a invocar a autoridade do método científico. *Hipostasiando* o método, Fernandes deixa de reconhecer as controvérsias que têm historicamente suscitado principalmente no seio das disciplinas sociais.[5] Em *O Padrão do Trabalho Científico dos Sociólogos Brasileiros*, reeditado em *A Sociologia no Brasil*, Fernandes ataca a proposta de Ramos (1957, p. 77-8) de dar primazia, levando-se em conta o estágio de desenvolvimento das nações latino-americanas, à formulação de interpretações genéricas dos aspectos globais e parciais das estruturas nacionais e regionais. Eliminar o estudo dos "detalhes da vida social" do campo de investigação do sociólogo caracterizaria, para Fernandes, uma postura que só é recomendada por aqueles que defendem uma espécie de deformação "filosófica" da natureza do ponto de vista sociológico. Equivaleria a um enfoque dos fenômenos sociais dissociado da pesquisa empírica sistemática e representaria o perigo de os sociólogos optarem, por meio dessa orientação, "deliberadamente por modelos pré-científicos de explicação da realidade social". Fernandes (1977, p. 69) arremata que esse tipo de posição acaba por acarretar o desprezo por tudo aquilo que foi conquistado durante o período em que a sociologia tem intentado trilhar o caminho da ciência: "todo o progresso alcançado pelos desenvolvimentos empírico-indutivos da investigação sociológica, nos últimos setenta e cinco anos, seria irrelevante para nós".

Sem entrarmos no mérito da proposta teórica feita por Guerreiro Ramos, discordamos do tipo de crítica assacado por Fernandes. A abordagem defendida por Ramos dá evidentemente azo a questionamentos que podem até mostrar que o recomendável é fazer o

---

[5] Conferir os seguintes escritos: Fernandes (1975, p. 121, 217, 260, 269, 278), (1976, p. 74, 108, 146, 147), (1970, p.12), (1976b, p.70, 273, 275, 276) e (1977, p. 50, 64, 68, 70, 179, 205, 255).

oposto do que propõe. Contudo, a refrega entre Teorias Generalistas X Interpretações Detalhistas não avança minimamente quando se qualifica o ponto de vista do outro de "deformação filosófica" da sociologia por estar pretensamente vinculado a modelos pré-científicos de explicação da realidade social. A dogmatização do indutivismo, confundido com o Método Científico, leva Fernandes a deixar de lado diferenças substantivas entre as Escolas – o que estudar, o modo de produção (capitalista) ou o sentido subjetivo dado à ação? – a fim de se dedicar a apontar os desvios filosóficos pretensamente presentes na via metodológica seguida pelo criticado.

Toda vez que alude ao *Método Científico,* investido de *universalidade*, Fernandes supõe que sua contínua incoporação às práticas de pesquisa das ciências naturais foi condição de possibilidade para a solidez e aceitação consensual dos resultados alcançados. O problema é que esse *Método Científico* está ausente da sociologia não por descaso de seus praticantes, mas em razão de estar historicamente dominada por embates endêmicos em torno das técnicas de pesquisa a adotar, dos problemas legítimos a formular e das soluções aceitáveis a acolher. A defesa genérica do método científico em nada ajuda a identificar seus procedimentos e os modos adequados de aplicá-los à pesquisa social. É questionável que as comunidades de cientistas naturais abracem, adotando procedimentos de investigação imunes a controvérsias, uma concepção una e unívoca de método:

> Tanto a História quanto meus conhecimentos fizeram-me duvidar de que os praticantes das ciências naturais possuam respostas mais firmes ou mais permanentes para tais questões [natureza do método e problemas científicos legítimos] do que seus colegas das ciências sociais. (KUHN, 1970, p. 58)

Apesar de tanto os cientistas naturais quanto os sociais se depararem com dificuldades quando instados a fazer uma caracterização de método científico, é inegável que as práticas de pesquisa em uma ciência como a física se destacam por um elevado grau de uniformidade nos rituais adotados de aferição dos resultados obtidos. No desenvolvimento do trabalho efetivo de pesquisa, os cientistas naturais têm uma visão bastante convergente *do* que estudar, mas ostentam sérias divergências quando se trata de qualificar a *ars probandi*, de especificar as regras de avaliação ou validação que adotam. Têm se mostrado de difícil identificação os fatores que ao propiciarem a convergência básica das ações investigativas nas ciências naturais levam seus praticantes a mostrarem despreocupação para com a problemática dos fundamentos epistêmicos de suas teorias. Em virtude de descurar das dissensões relativas aos modos de os cientistas naturais caracterizarem os *procedimentos por meio dos quais validam suas teorias*, Fernandes defende uma metodologia naturalista generalista apresentada como se fora *a* Lógica da Pesquisa. A crença na existência do Método Universal desaguou no ponto de vista questionável de que sua adoção pelas disciplinas sociais permitiria que neutralizassem os componentes ideológicos e axiológicos.

Com relação às disciplinas sociais, a endêmica polêmica sobre o método tem penetrado nas próprias práticas de pesquisa. A discussão metodológica tem sempre estado na ordem do dia porque, entre outras coisas, jamais se impôs para toda uma extensa comunidade de investigadores um modo de fazer ciência social que gerasse consenso em torno dos problemas a considerar legítimos e dos tipos de solução acolhidos como aceitáveis. A babel de Escolas sociológicas provoca a desorientação metodológica, e vice-versa. Bottomore (1972, p. 29) assinala o fato importante de que “não há no momento nenhum corpo geral de teoria sociológica que tenha sido comprovado ou tenha-se tornado amplamente aceito”.

É sintomático que no século passado os trabalhos de pesquisa social se iniciassem com longas *Introduções* repletas de argumentos preocupados em justificar e fundamentar a metodologia escolhida. Assim se costumava proceder não só para dar credibilidade aos resultados alcançados, mas também para justificar por que enfoques alternativos – baseados em outras metodologias – tinham sido preteridos. Como a disputa se localiza no coração das práticas de pesquisa, no plano das justificações metodológicas, soa improfícuo defender um método salvador – o empírico-indutivo – como faz Fernandes. A unificação artificialmente proposta representa a tentativa de fazer passar por universal um sistema metodológico – no caso de Fernandes, o indutivista – que *de facto* é usado por algumas Escolas e rejeitado por outras, independentemente das dificuldades de fundamentação que cada um enfrenta. As diversas Escolas sociológicas têm movido críticas procedentes ao especulativismo sem que cada uma tenha deixado de acolher, de modo tácito, sua metafísica preferida. Como acontece quando se rejeita o "império do dado" defendido pelo empirismo para, como defende o método dialético, tentar desvelar essências ou desvendar o funcionamento da sociedade na sua Totalidade. Em contraposição ao indutivismo de Fernandes, cumpre reconhecer que importantes diferenças entre teorias sociais dimanam da adoção de distintos pontos de partida filosóficos:

> Coube aos autores que limitaram o campo de suas investigações (como Marx, Le Play, Sumner Maine, Espinas, Durkheim, Tarde, Tonnies, Simmel, Summer, etc.) ou que se preocuparam com a especificidade de suas construções teóricas (como Glumpowicz, Ratzenhofer, Ward, Small, Giddings, etc.) a tarefa de expurgar a sociologia dos resíduos filosóficos mais prejudiciais ao espírito científico. (FERNANDES, 1976a, p. 35)

É de pouca utilidade arrolar esses notáveis pesquisadores, apresentando-os como lídimos representantes da ciência, se seus pressupostos metodológicos e ontológicos são discrepantes e por vezes excludentes. Tendo presente que aquilo que um Giddings, ou um Le Play (1879) com sua posição notoriamente indutivista, despreza como especulativo em nome do método científico, não é certamente o que seria esconjurado por Marx/Engels, fracassa o intento de *unificar* a luta da ciência contra a filosofia.[6] Ademais, os autores acima elencados

---

[6] Le Play descrevia seu método como um instrumento interpretativo capaz de proporcionar uma "representação fotográfica" da realidade social. No entanto,

tinham concepções tão díspares de método que inexiste justificativa para se invocar um espírito científico uno e invariante. Daí se nos afigurar equivocada a perspectiva unitarista que sonha com um modo taxativo e abrangente de se questionar a herança filosófica e de se construir a ideia de método científico universal.

Somente a adesão a um genérico observacionalismo/fatualismo pode levar a pensar que autores tão dessemelhantes como os supracitados elaboram uma crítica diferenciada, mas complementar, aos mesmos *esquemas metafísico-filosóficos* em virtude de possuírem um entendimento convergente de método científico. Buscada por Fernandes, a complementaridade eclética está sujeita a críticas – como as feitas por Flamarion (1982, p. 70-1 e 95) – em razão de as diversas vertentes abrigadas nas disciplinas sociais se estruturarem a partir de princípios metodológicos e ontológicos conflitantes ou excludentes.

No entender de Fernandes, certas filosofias, hegemônicas em determinados ambientes culturais, favorecem a instauração do ponto de vista científico, enquanto outras lhe retardam a plena implantação. Sendo esse o caso, a filosofia só tem serventia até o momento em que são introduzidas as práticas de pesquisa genericamente caracterizadas por Fernandes como científicas. No interior do campo próprio de atuação da ciência, são forjadas apenas teorias que resultam da identificação de regularidades/uniformidades empíricas. Por pressupor que a autêntica teoria do método é uma espécie de expressão normatizada das práticas teóricas das ciências, Fernandes fica sem ter como reconhecer que é *empirista* a metodologia que professa.

---

seus resultados acabam por gerar uma ambiciosa tipologia das estruturas familiares na medida em que acabam por veicular vereditos morais sobre a instabilidade da família moderna junto com propostas para seu aprimoramento. Le Play procurava legitimar seu *ponto de vista* proclamando-o em consonância com os fatos e com seu tratamento indutivo. No entanto, a análise dos "fatos" disponíveis sobre a classe operária inglesa levou Engels (1958) a conceber a miséria, que Le Play atribuía à crescente degradação moral provocada por "descrença e revolução", como consequência da exploração implacável a que o capitalismo submetia os que não detêm a propriedade dos meios de produção.

Sem assumir que o faz ocupando um lugar *filosófico*, Fernandes classifica as filosofias dominantes nos fins do século XIX e começo do XX na França e na Alemanha como formas culturais que respectivamente aceleram ou dificultam a instalação do "ponto de vista positivo". É como se a filosofia tivesse relevância "genética" apenas quando propõe ditames metodológicos inspirados na epistemologia empirista com sua ênfase na observação e na inferência indutiva. Sem a adoção tácita desse tipo de pressuposto epistemológico resulta arbitrária a tese de Fernandes (1972, p. 84) segundo a qual a sociologia já se achava mais emancipada da filosofia na França que na Alemanha. A verdade é que em ambos os países a sociologia vinha sendo produzida em estreita articulação com a filosofia. Só que certas filosofias – como o empirismo que permeia as posições metacientíficas dos primeiros grandes mestres franceses – se esmeram em dissimular sua identidade apresentando-se como metodologias que normatizam os procedimentos operacionais supostamente colocados em prática pela ciência consagrada. Em vez de falar de maior emancipação da sociologia dos liames com a filosofia, mais apropriado seria Fernandes reconhecer que sua avaliação resulta de um comprometimento com uma metaciência escorada no substrato gnosiológico empirista:

> Na França, a sociedade foi compreendida desde o início como parte do *sistema natural* e procedeu-se a analogias e extensões, consideradas legítimas por seus autores, que permitiam uma rápida assimilação da investigação sociológica aos procedimentos das ciências experimentais. O estímulo para orientar o sociólogo no sentido da observação e de remover para o futuro as questões mais complicadas ou discutíveis, cuja solução dependia do progresso empírico-indutivo da sociologia, foi portanto muito maior ali. (FERNANDES, 1972, p. 84)

Weber (1952, p. 148) pondera: "não sei como poderíamos definir 'cientificamente' o valor das culturas francesa e alemã; pois, também nesse embate, diferentes deuses travam entre si uma interminável luta". Complementarmente, Mannheim (1953, p. 221) sublinha que "sabemos que nas teorias alemãs – mais que nas produzidas em outros países – a *Weltanschauung* (a interpretação filosófica da vida) desempenha papel extremamente importante". Sendo assim, é frágil a tese de Fernandes de que a sociologia, à época de sua formação, era mais científica na França que alhures. O fato de na França ter-se concebido o conhecimento social, sob a influência de Comte e Durkheim, mais em consonância com os princípios e pressupostos da epistemologia empirista não significa que aí tenha conseguido melhor satisfazer os requisitos da cientificidade e chegado a resultados comprovadamente superiores. Os exercícios de geografia da cientificidade levaram Fernandes (1976a, p. 98) a afirmar que "o ambiente universitário norte-americano libertou os sociólogos de muitas contingências, associadas à complexa herança pré-científica com que eles tiveram de arcar na Europa". Fernandes sempre reiterou as convicções metodológicas iniciais que o levaram a propor em várias obras uma espécie de "geografia da cientificidade":

> O estado da pesquisa nas ciências sociais na Europa estava relativamente atrasado, em relação, por exemplo, ao estado da pesquisa nos Estados Unidos. A pesquisa na Europa foi largamente negligenciada. Nunca se pensou que o sociólogo deveria constituir a sua documentação e com o mesmo rigor, por exemplo, com que o biólogo reúne a sua documentação. Essa é uma contribuição que se recebe dos americanos e que depois os europeus iriam absorver. (FERNANDES, 2011, p. 28)

Giddens (1971, p. 133) observa que "enquanto Durkheim estava imerso em uma tradição de positivismo, que chegava a ser anterior a Comte, nenhuma tradição diretamente comparável existia no pensamento social alemão". É claro que se o ideal de ciência acalentado for indutivista, a sociologia norte-americana, sobretudo em determinado momento de sua história, parecerá dar o passo crucial para a conquista de sua cientificidade. Resta saber se o modelo empirista/pragmatista, até hoje hegemônico na metodologia norte-americana, é a única via capaz de levar à produção da autêntica ciência social:

> A sociologia americana se caracteriza por encontrar prazer especial em uma forma de empirismo, que denomino "empirismo isolador" em razão de nele a enumeração e descrição dos fatos tornarem-se cada vez mais exatas e refinadas enquanto as bases construtivas da vida social são totalmente ocultadas sob uma massa de detalhes secundários. (MANNHEIM, 1953, p. 224-5)

Recorrendo a uma espécie de "sociologia da sociologia", pode-se detectar nessas grandes diferenças metodológicas a presença de distintas matrizes culturais em condições de afetar o tipo de tratamento adotado para lidar com as complexas interações subsistentes entre as teorias construídas e os fatos constatados:

> Os sociólogos conservadores norte-americanos do século XX preocupavam-se em manter os padrões americanos e em assimilar o grande número de "desviados" (de dentro e de fora) daqueles padrões; já os sociólogos europeus progressistas frisavam a existência de conflitos terminais e irredutíveis entre as classes, que apressariam a reorganização de todo sistema social a partir de uma nova base econômica e social. (BRAMSON, 1963, p. 63)

Conectando as diferentes concepções de sociologia a pendores político-ideológicos, Salomon (1955, p. 22), um sociólogo europeu que se radicou nos EUA, é de opinião que a América do Norte é o único lugar em que a sociologia é praticada sem o socialismo. Esse aspecto passou despercebido a Fernandes a despeito de sua militância política à época em que desenvolveu suas principais teses metodológicas reiteradas até o fim da vida.

O tempo evidenciou que enquadrar a sociologia no esquema metodológico observacionalista/indutivista nunca se mostrou decisivo para sua cientificização. A proposta de Fernandes de cientificizar a sociologia, longe de promover a libertação da "tirania" especulativista da filosofia, se resume à defesa do receituário epistemológico derivado do indutivismo baconiano. Justifica-se pensar que na França, à diferença do que se verificou na Alemanha, a sociologia inicial procurou se desvencilhar do especulativismo abraçando uma espécie de metafísica da *empeiria* que absolutizava o papel dos fatos na construção de teorias capazes de explicá-los. Assinalando que "na Europa do século XIX, e acima de tudo na França, os métodos e ideias das ciências físicas eram geralmente aceitos como única via verdadeira para o conhecimento", Douglas (1971, p. 53) deixa de destacar que havia pouca clareza a respeito da natureza desses métodos.

Fernandes erige uma filosofia da ciência – ou ao menos princípios basilares do empirismo – em modelo metodológico capaz de proporcionar poder explicativo à sociologia. Pouco defensável é sua tese de que as intrincadas questões metodológicas e substantivas enfrentadas pelas disciplinas sociais são passíveis de soluções providas pelo indutivismo. Fernandes se equivoca ao fazer do empirismo metodológico a única via capaz de ensejar a produção de teorias genuinamente científicas. Mesmo dando a impressão de que melhor espelham a racionalidade operacional da ciência, o observacionalismo, o verificacionismo e o indutivismo, conforme pensados por Fernandes, se confundem com a base filosófica da metodologia advogada pelo empirismo tradicional. É prestidigitador apresentar um discurso *sobre* a ciência como se fosse diretamente *derivado* da ciência ou como se pudesse se apresentar como a Lógica da Pesquisa.

Mesmo sendo de início bastante endossado, o observacionalismo defendido por Durkheim vem sendo minado por críticas que se avolumam até no âmbito da própria tradição empirista. Já o "hipoteticismo" mais próximo de Weber – para o qual a atividade científica consiste em enfrentar as *situações problemáticas* por meio de imaginativas hipóteses e não através da simples catalogação de dados com vistas a generalizá-los – tem se fortalecido. Em vários textos, Fernandes encara o que chama de complicação das correntes filosóficas alemãs como uma das causas fundamentais para a preservação de um estado de maior vinculação entre sociologia e filosofia. Parece-nos impróprio falar de "complicação", sobretudo porque Fernandes entroniza uma metodologia que, vinculada ao empirismo baconiano, assume *in limine* uma posição inamistosa para com a filosofia em geral. A opção pelo empirismo leva Fernandes a estabelecer comparações questionáveis entre as sociologias nacionais. É descabido sustentar de modo apriorístico que o acesso ao conhecimento científico envolve afastar qualquer tipo de "complicação filosófica". Acabam sendo propaladas ingenuidades quando se bane a problemática dos diferentes pressupostos epistemológicos, axiológicos e ontológicos latentemente adotados pelas várias Escolas aninhadas nas disciplinas sociais.

Só faz sentido caracterizar como filosoficamente "complicado" – para a cientificidade da sociologia – determinado ambiente cultural quando se supõe, como Fernandes, que a simplicidade metodológica empirista se confunde com racionalidade operacional da ciência. Ocorre, porém, que até mesmo o fatualismo envolve a adesão a pressuposições "metafísicas" quando dá a entender que os fatos falam por si mesmos. Por meio de um esquema de avaliação inverso, poder-se-ia dizer que são simplistas as vertentes metodológicas que advogam procedimentos de pesquisa afinados com o empirismo. Em suma, uma filosofia só é complicada porque sendo, como é para Fernandes, a cientificidade da sociologia calcada na observação e na indução, certas filosofias mantêm-se distantes desse ideal defendendo, por exemplo, uma intrincada forma de relacionamento entre teoria e fatos.

Elogiando o enfoque devotado a lidar com as intrincadas questões epistemológicas, Giddens (1971, p. 133) adverte que "o longo e complicado debate que surgiu na Alemanha com relação ao estatuto das ciências do homem explorava problemas que, em grande parte, permaneceram adormecidos na história e na filosofia social francesas". A título de defender a "filosofia alemã" poder-se-ia lembrar que a partir de Kant tornara-se indefensável, salvo por ingenuidade epistemológica, recuar a versões rudimentares do racionalismo e do empirismo.

2.3. As sombras filosóficas no espelho metodológico

A metodologia não é o lugar teórico no qual se faz *ciência da ciência*, no qual redundantemente se define, em um plano normativo, como a ciência produz seu modelo operacional de racionalidade. A ideia de um discurso metodológico que brota diretamente das práticas teóricas das ciências é professada por Fernandes, como fica claro quando escolhe como epígrafe de *Fundamentos empíricos da explicação sociológica* a tese de Echavarria (1941, p. 17) de que "as questões metodológicas só são infecundas se absorvem toda atenção do cientista, paralisando-o e substituindo-se à investigação concreta". Fernandes (1972, p. xviii e p. xix) mostra sua concordância com Echavarria quando enfatiza que nada justifica o zelo excessivo por questões metodológicas, uma vez que "devem preocupar-nos na medida em que se justifiquem logicamente (em termos das exigências da explanação científica), ou por causa de sua importância instrumental, seja para o conhecimento dos fenômenos investigados, seja para a descoberta da verdade". Fernandes deixa claro que "fora desses limites, *há o risco da disputa especulativa,* que apenas acarreta descrédito". O diagnóstico de Fernandes é falho quando sustenta que "o mal feito pelos debates metodológicos à sociologia não provinha do fato de eles serem numerosos, mas da falta de uma ligação precisa entre os intuitos que os animavam e as possibilidades de desenvolvimento das investigações sociológicas". Se a sociologia tem se envolvido em querelas do método, isso nada tem de extrínseco à busca de sua identidade ligada à consolidação de um modelo explicativo.

O fato de um mesmo teórico poder produzir ciência e discurso *sobre* a ciência gera confusões quando os dois planos são nebulosamente demarcados. Por mais que dialoguem, o plano substantivo e o metodológico se submetem a crivos e critérios de avalição distintos. Metodologias são infensas a crivos empíricos em virtude de estatuírem regras insuscetíveis de aprovação ou reprovação pelos fatos. Por esse motivo, muitos metodólogos buscam a via alternativa de tentar provar que sem a adoção de certos procedimentos o conhecimento científico não tem como ser alcançado. Encarada como discurso normativo de segunda ordem, a metodologia pode subtrair tempo da pesquisa científica, de primeira ordem, com o nobre propósito de melhor realizá-la e justificar seus resultados. Sendo assim, a atividade metodológica não é interessante apenas no caso em que é instrumentalizável e atrelada a pesquisas específicas tornando-se improfícua quando transformada em domínio autônomo fomentador de questões sobre fundamentação. É fácil constatar que a reflexão *sobre* a ciência, apesar de costumar selecionar conteúdos emblemáticos das ciências consagradas para referendar a si mesma, reivindica também a posse de padrões próprios de justificação. O fato de o cientista não ter interesse em se envolver com questões epistemológicas não significa que estão ausentes de suas pesquisas e são irrelevantes para melhor fundamentar seus resultados.

Na continuação da supracitada passagem de Echavarria também é veiculado o ponto de vista de que as questões metodológicas são não apenas úteis, como também indispensáveis, em razão de traduzirem *a reflexão de uma ciência sobre si mesma*. É falseadora essa postulação de uma *ciência da ciência* conducente a uma concepção que se recusa a encarar a metodologia como um domínio híbrido que mistura normatividade, formada por imperativos epistemológicos, com o acompanhamento do que ciência real exibe como seus procedimentos-padrão. A enunciação de um conjunto de regras do método não tem como ser reduzida à expressão normatizada da racionalidade operacional da ciência. Pensar as condições que conduziram à formação de uma disciplina como a sociologia envolve reconstruir o caminho trilhado por suas variegadas linhas teóricas levando em conta as escolhas epistemológicas feitas por cada uma.

Estudos como os da filosofia da ciência, da arte, da religião, da filosofia moral, social e política não devem ser encarados como meras descrições duplicativas de seus objetos – no caso a arte, a religião, a moral, a ciência etc. Mesmo porque constituem campos autônomos de investigação com modos próprios de formular questões e propor soluções. A metalinguagem a que recorre qualquer metodologia para discorrer sobre a linguagem-objeto da ciência dá origem a problemas peculiares irredutíveis à reprodução especular da sintaxe e da semântica da linguagem-objeto. Conceber a metodologia como simples *expressão normativa* da ciência real é uma tentativa de lhe conferir o estatuto de *ciência da ciência* e, com isso, de deixar de lado as dificuldades epistemológicas que se tem de enfrentar para validar os discursos *sobre* a ciência.

A metodologia que se arroga a ser a expressão normativa da ciência acredita que a reconstrução da ciência pode ser feita sem dar azo a controvérsias que envolvam componentes epistemológicos e ontológicos. É ingênuo supor que as divergências entre metodologias podem ser arbitradas apenas pelo acompanhamento do que se imagina ser a ciência praticada. Estão também envolvidas questões epistemológicas nas discussões, por exemplo, entre indutivistas e dedutivistas, de tal maneira que resulta frágil a tese de que a metodologia pode ser legitimada como pura expressão normatizada da racionalidade operacional da ciência. Categorias e conceitos filosóficos se fazem tacitamente presentes até mesmo nos trabalhos que parecem se adstringir à proposição de regras de conduta intelectual indispensáveis à realização de pesquisa de excelência:

> É fundamental atentarmos para o fato, normalmente negligenciado, de que as metodologias também possuem pressuposições perspéticas e filosóficas [...] Da mesma forma que, por exemplo, a estética clássica só era capaz de apreender os princípios da arte clássica, com a qual tinha afinidade espiritual, há, *mutatis mutandis*, métodos e tendências de pensamento na história do pensamento que, de forma vária, veiculam apenas um modo, um lado do conhecimento possível, um lado que mantém íntima relação com a posição filosófica e perspética global vigente em determinada época. (MANNHEIM, 1982, p. 151)

O reconhecimento de que as metodologias sempre tiveram de se situar entre o Cila do descritivismo e o Caribde do prescritivismo – como indicam Ryan (1978, p. 1-20) e Oliva (1999, pp. 39-41) – torna ainda mais questionável a postulação de uma metodologia reduzida a uma versão normatizada da eficiência operacional da pesquisa científica. Quando as metodologias encarnam elevado teor prescritivista/ /normativista estatuem regras que se mostram dissociadas do efetivo proceder dos cientistas e, *eo ipso*, incapazes de interagir dialogicamente com as práticas efetivas de pesquisa. Em contrapartida, quando enveredam pela via descritiva, as metodologias optam por *induzir* um modelo universal de fazer pesquisa a partir dos *casos emblemáticos acompanhados*. Tendem assim a inibir, em nome da apreensão da real natureza das práticas de pesquisa, a formação de pontos de vista críticos voltados para o aprimoramento dos modos atualmente predominantes de fazer ciência e de validar seus resultados. A forma mais ingênua de tentar superar a tensão entre descritivismo e prescritivismo consiste em recorrer à teoria do reflexo, que encara a metodologia como *ciência da ciência*, como se fosse uma metaciência empírica. Para Rex (1961, p. 2), "a metodologia ou a filosofia da ciência empírica deixou de ser uma disciplina principalmente normativa para se tornar empiricamente orientada". Cabe, no entanto, reconhecer que a concepção de metodologia abraçada envolve atrelar a escolha de certas regras a um modelo de cientificidade que só parcialmente é extraível da ciência real:

> Apoiarmo-nos no que cremos serem os fatos, nos enunciados descritivos que indicam como certos empreendimentos de pesquisa "coroados de êxito" realmente procederam, a fim de arrolarmos boas razões que justifiquem o acatamento de certa recomendação metodológica ou a escolha de certo ideal de ciência. (RADNITZKY, 1979, p. 6)

O descritivismo e o normativismo envolvem o endosso a distintas atitudes filosóficas diante da ciência. O primeiro acolhe como imprescindíveis as "regras do método" que supostamente viabilizaram o padrão de desenvolvimento explicativo já alcançado pelas ciências maduras. O método que distingue a racionalidade científica pode ser apreendido nas ações modelares de pesquisa e reproduzido fidedignamente em todas as disciplinas sem envolver espinhosas questões de teor filosófico. Já o prescritivismo envida esforços no sentido de aperfeiçoar a prática real dos pesquisadores pela proposição de formas de conduta intelectual que se pretendem inovadoras e epistemicamente mais seguras que as que têm sido *de facto* adotadas.

Por se filiar a uma Escola, uma metodologia sociológica que se assume como descritivista enfrenta entraves especiais para legitimar seu sistema normativo como apto a cobrir o diversificado campo da pesquisa social. Reivindicando universalidade para uma metodologia específica, projetos como o de Fernandes tentam afastar tudo de filosófico que possa se fazer presente nos quadros expositivos e argumentativos da sociologia para que possa granjear o estatuto de ciência empírica. Uma variante da metodologia de Escola é a metodologia eclética na qual costumeiramente a hegemonia de uma vertente fica pouco visível no interior do Sistema Normativo Geral. Deixando de lado o substrato filosófico das gritantes diferenças epistemológicas, ontológicas e axiológicas ostentadas pelas Escolas sociológicas, Fernandes fica à vontade para universalizar certa óptica metodológica. A leitura indutivista que Fernandes faz de Marx e Weber ajuda a entender sua tentativa de universalizar as regras do método confundindo-as com as programaticamente perfilhadas pelo indutivismo de Durkheim. É isso que permite a Fernandes advogar que na França a sociologia estava mais perto do olimpo da cientificidade do que na Alemanha.

Chama a atenção que em diversos escritos Fernandes (1978, p. 15), (1977, p. 173) e (1972, p. 98) critica as posturas ecléticas de Cuvillier e Freyer, que intentaram respectivamente fundir Marx e Durkheim e Marx e Weber. Parece não se dar conta do ecletismo metodológico, ou unificação forçada, com o qual se enreda ao proclamar *indutivas* as sociologias produzidas por Durkheim, Weber e Marx. Afinal, a diferença subsistente entre Fernandes e Freyer/Cuvillier reside no fato de estes últimos esposarem um ecletismo *substantivo* que, por oposição ao metodológico, tem a preocupação de fundir, conteudisticamente, as principais teses dos pais fundadores da sociologia. Contra a "unificação substantiva", Fernandes (1978, p. 15) deixa claro que "uma das coisas que [o] incomodavam no ensino europeu era o seu caráter eclético, culminando sempre numa síntese falsa". Em outra passagem, Fernandes (1978, p. 79) dá a impressão de se desdizer: "eu acho que, ao tentar combinar influências teóricas que vinham dos Estados Unidos e da Europa e concentrar a reflexão crítica em Marx, Durkheim e Weber, estava fazendo algo de muito sentido para a formação dos sociólogos brasileiros".

A concepção de metodologia como expressão normativa da razão operacional da ciência é incapaz de lidar com as *diferenças filosóficas* entre os sistemas explicativos construídos por Marx, Durkheim e Weber. Estando em questão a sociologia, a metodologia reputada autêntica representa apenas a estipulação de um conjunto de procedimentos escolhido por uma de suas Escolas. A intrincada busca do que pode ser compartilhado tem sido preterida pela predominância dos esforços devotados a artificialmente universalizar a óptica de uma Escola. Subsistindo vários modos de fazer pesquisa no interior de uma mesma ciência, é injustificável forçar uma unidade metodológica concedendo hegemonia a um deles. Descartada a metodologia concebida com *ciência da ciência*, resulta claro que a estipulação de um conjunto de procedimentos para a pesquisa é muito mais que mera descrição do que *de facto* fazem os cientistas. Nas disciplinas sociais, a simples descrição das práticas de pesquisa revela a existência de diferentes linhas de investigação apoiadas em diferentes pressupostos epistemológicos, ontológicos e axiológicos. Uma metodologia carece de legitimidade para postular universalidade quando atrelada a uma teoria substantiva que desponta incomensurável com outras que, ao menos nominalmente, tratam dos mesmos fenômenos da vida social. A unidade metodológica proposta por Fernandes acredita viável superar as diferenças nos modos de fazer sociologia, a diversidade de ópticas, tornando-a uma ciência observacional e indutiva:

> Quer reproduzissem modelos de explicação das ciências naturais, quer tentassem criar modelos de explicação próprios às ciências sociais, os especialistas teriam de submeter-se às regras gerais da investigação científica. (FERNANDES, 1972, p. 5)

As "regras metodológicas" defendidas por Fernandes estão atreladas a determinada tradição metacientífica – no caso, empirista – por mais que isso deixe de ser reconhecido. Quando se teoriza *sobre* a ciência, sobre sua natureza e seus fundamentos, pode-se também gerar efeito ideológico resultante da tentativa de se fazer passar por universal o que é particular. É evidente que se a sociologia fosse uma ciência com resultados avaliados a partir da vigência das mesmas regras metodológicas se mostraria mais plausível a tese de que as controvérsias "filosóficas" podem e devem ser banidas de seu seio. A maneira generalista com que Fernandes define a sociologia como uma ciência observacional e indutiva depende de uma base epistemológica específica, a provida pela filosofia empirista clássica. O substrato filosófico da metodologia considerada a única adequada, a que *pretensamente* decalca a ciência como *de facto* é, foi *artificialmente subtraído* por Florestan.

É problemático renegar as vias metodológicas alternativas escolhendo uma que também fomenta disputas epistemológicas, apresentando-a como se fosse a única em condições de conferir cientificidade às teorias. A "filosofia" que acompanha uma metodologia nunca perde essa identidade por mais que se tente dissolvê-la em nome da vigência da pesquisa empírica. Se a ciência normatizasse a si mesma transmutando-se em metodologia, os prescritivismos dos filósofos da ciência seriam manifestamente extrínsecos e inúteis. Na sociologia, as inúmeras formas de tentar normatizar suas práticas de pesquisa inviabilizam a postulação de técnicas metodológicas livres de controvérsias de fundamentação. É interessante notar que Fernandes atribui a falta de critérios objetivos e universalmente válidos de seleção e verificação de hipóteses, ou de comprovação dos fundamentos empírico-indutivos das generalizações, ao fato de a investigação sociológica não ter ainda progredido suficientemente:

> A crítica dos defeitos e das vantagens de qualquer método sempre descansa em aptidões lógicas pessoais e acaba refletindo, em escala considerável (de qualquer forma mais que seria desejável), preferências

> puramente subjetivas. A única coisa que parece evidente e indiscutível é a necessidade de acumular conhecimentos empírico-indutivos sobre as sociedades humanas. (FERNANDES, 1972, p. 309)

É problemático tornar a detecção dos defeitos de um método dependente da acuidade crítica do pesquisador por mais que a preferência por determinada metodologia também possa refletir gosto pessoal. O fundamental é que as regras do método proposto possam ter sua fundamentação aferida e seu desempenho operacional avaliado para que sua utilização seja *justificada* em termos epistemológicos e práticos. O *núcleo duro* da metodologia propugnada por Fernandes tem provocado caudalosas polêmicas e sua aplicação tem ficado longe de se provar profícua na sociologia. A pretensa necessidade de acumular conhecimentos empírico-indutivos, tida por Fernandes como necessária à cientificização da sociologia, é ignorada por várias Escolas do pensamento social. O discurso metodológico em sociologia que acalenta a pretensão de se universalizar fica longe de propor regras de pesquisa acolhidas por diferentes Escolas. Isso faz com que a justificação dos resultados seja proposta de diferentes modos. Ocorre frequentemente de a metodologia evocar algumas práticas científicas tidas por consagradas para legitimar as regras propostas, por mais que se revele incapaz de provar que se aplicam aos mais variados domínios da pesquisa. No entender de Bourdieu (1983, p.128), subsiste uma interação tácita entre a dimensão política e a epistemológica: "a definição do que está em jogo na luta científica faz parte do jogo da luta científica: os dominantes são aqueles que conseguem impor uma definição de ciência segundo a qual a realização mais perfeita consiste em ter, ser e fazer aquilo que eles têm, são e fazem". Discorrer sobre a ciência buscando definir o que infunde valor cognitivo às teorias também gera posicionamentos de natureza política, como o evidenciam os atuais embates entre os seguidores do criacionismo e os defensores do darwinismo.

Com seu *novo instrumental*, Bacon pretendia no século XVII forjar um critério capaz de distinguir conhecimento autêntico de inautêntico visando a apontar a falência epistemológica dos projetos de saber defendidos pela velha metafísica especulativa. Contemporaneamente, Popper se devotou à problemática da racionalidade científica não só com a finalidade de elucidar sua natureza, mas também para mostrar que determinadas teorias, caso da psicanálise e do materialismo histórico, não têm como se legitimar como científicas. Isso evidencia que o longevo debate metodológico está longe de poder ser apartado de questões filosóficas e políticas. Além de envolver desafios de fundamentação, o debate metodológico é também expressão das lutas pelo poder intelectual travadas entre as várias Escolas abrigadas nas disciplinas sociais. Sem fazer a apologia da filosofia, almejamos comprovar que o banimento dos componentes filosóficos presentes nas teorias *sobre* a ciência os condena a ter atuação clandestina. À diferença do que pensa Fernandes, o respeito incondicional aos fatos não justifica a adoção do observacionalismo/indutivismo.

A maioria das formulações metodológicas ambiciona ter a mesma credibilidade das teorias que se proclamam com direto acesso aos "fatos". Nesse caso, os "fatos" da metodologia seriam a própria ciência. O tipo de legislação embutido em uma norma metodológica supõe que respeitá-la é condição de possibilidade para a existência da ciência e para a boa execução de suas práticas. Decretar, como faz Fernandes, que tudo que não é obtido via observação e indução é "ilusão cognitiva" é um veredicto sem o devido respaldo nas práticas até mesmo das ciências maduras. No fundo, o indutivismo de Florestan se acredita detentor do monopólio metodológico na medida em que é confudido com *o* Método sem o qual não se tem como fazer ciência.

A despeito de navegar entre as variadas práticas de pesquisa da sociologia e a teoria empirista do conhecimento, a metodologia de Fernandes ambiciona definir o que é ciência, como deve ser praticada e rechaçar como incorretas as concepções alternativas. Isso implica que uma filosofia – da ciência – se apresenta em condições de estipular o que é ciência e retirar valor cognitivo à filosofia em geral. A disputa do *Método* que atravessa a história das disciplinas sociais tem um substrato filosófico que tem resistido a todo esforço de eliminação.

Isso faz com que comumente uma teoria *sobre* a ciência, enraizada em algum solo filosófico, tente destronar as demais se definindo como a-filosófica. É o que intenta Fernandes ao dar a entender que a filosofia tem para a ciência apenas valor museológico. Com isso, Fernandes esconde a real identidade do indutivismo – empirista – apresentando-o como representação especular da racionalidade científica. Nesse caso, a metaciência cumpre não só a função de depreciar a filosofia em geral por sua falta de valor cognitivo (para a ciência) como também a de estipular, apresentando-se com a identidade de metodologia, os procedimentos com base nos quais a ciência *deve* ser praticada. Encarar a metodologia como mera expressão normativa da racionalidade operacional da ciência é a forma encontrada por Fernandes para programaticamente apartá-la de escolhas filosóficas que, de modo recalcitrante, subsistem como sua estrutura profunda.

CAPÍTULO 3

O PAPEL DO COMPONENTE EMPÍRICO NA CIENTIFICIZAÇÃO DAS DISCIPLINAS SOCIAIS

> Seu impulso [da teoria crítica] advinha da força com que falava contra os fatos e enfrentava a má fatualidade com as armas das melhores potencialidades. À semelhança da filosofia, opõe-se à transformação da realidade em critério de todas as coisas, como faz o positivismo complacente. Mas, à diferença da filosofia, deriva sempre seus objetivos apenas das tendências presentes no processo social. (MARCUSE, 1972, p. 143)

Na formulação de seu projeto de *cientificizar a sociologia,* Fernandes não se cansa de reiterar que a sociologia é uma ciência empírica. Acredita que, por si só, o atributo *empírico* define de modo essencial a natureza de uma ciência social. Distinguindo as teorias científicas com o predicado *empírico*, Fernandes desqualifica o especulativismo e o ensaísmo, presentes na sociologia brasileira anterior, rotulando-os de pré-científicos. Qualificar de empírica a natureza do saber sociológico significa, para Fernandes, que suas teorias são geradas por meio de procedimentos devotados ao acompanhamento dos fatos. É preciso, no entanto, ter presente que ser *empírica* é condição necessária, mas não suficiente, para uma teoria poder aspirar à cientificidade. O amplo e genérico emprego que os manuais de metodologia científica fazem do termo *empírico* acaba por dar-lhe um significado bastante vago. É comum aparecer como rótulo geral incumbido de distinguir ciências fatuais de formais. Fatuais são as ciências que se destacam pelo papel decisivo que a evidência empírica cumpre nos processos de formação e justificação de suas teorias, ao passo que as formais, matemática e lógica, se devotam primacialmente à construção de linguagens de cálculo regidas principalmente pelo requisito da *consistência.* A caracterização da sociologia como ciência empírica provê a informação de que suas teorias, de alguma maneira, partem de fatos e se submetem a seus crivos. Pouco esclarece a natureza específica da sociologia a pregação de que, tendo a pretensão de explicar *fatos* da vida associativa, precisa submeter permanentemente suas teorias à peneira das evidências empíricas.

Levando-se em conta a tradição do pensamento social brasileiro, é preciso reconhecer que o uso do predicado 'empírico' para qualificar a cientificidade da sociologia marca uma diferença importante. Até porque os primeiros passos da sociologia em nosso país se caracterizaram pela predominância, como assinala Fernandes, de uma análise mais "literária" que científica do mundo das relações sociais. Desse modo, é necessário ter presente que toda ênfase que Fernandes dá a *empírico* tem por finalidade contrapor-se ao que ele chama de sociologia beletrista. Com as exceções notórias, cumpre reconhecer que, até o momento da criação da Escola Livre de Sociologia e Política de São Paulo em março de 1933, integrada em 1938 à Universidade de São Paulo como "instituição complementar", prevaleciam modalidades de teoria social com parca preocupação com a questão da cientificidade. No Manifesto de fundação da Escola (Pinto & Carneiro, 1955, pp. 15-17), é manifesta a intenção de criar uma elite intelectual e técnica capaz de lidar cientificamente com os problemas sociais e de contribuir decisivamente para o crescimento econômico do País:

> Graças à concorrência de diversos fatores favoráveis, entre os quais conta a contribuição de professores estrangeiros de alta competência, pudemos fugir, desde o início [na USP], do estilo predominante beletrista e anticientífico com que é feito o ensino dessas matérias em nossas faculdades de direito. (FERNANDES, 1977, p. 100)

Cumpre, todavia, atentar para o fato de que, em alguns momentos, Fernandes destacou seu enfoque como *empírico* para poder também desqualificar percursos explicativos embasados em pressupostos epistemológicos e/ou ideológicos dissonantes com os seus. Distinguindo a modalidade de pesquisa que realiza com o predicado *empírico*, Fernandes comumente o denega aos trabalhos de outros estudiosos sobre os quais lança a pecha de "beletrismo anticientífico". Nesse sentido, *empírico* serve para respaldar a cientificidade da própria obra por oposição ao predicado antiempírico usado para negar embasamento explicativo a teorias sociais acusadas de sucumbirem ao especulativismo pré-científico.

Fernandes ataca as proposições de Guerreiro Ramos sustentando que não foram obtidas em consonância com os cânones da pesquisa empírica sistemática. Sendo assim, a exigência de uma teoria ser *empírica* se constitui em componente crucial do critério que demarca o científico do pseudocientífico. Desempenhando esse papel decisivo, a empiricidade não pode ser caracterizada do modo vago e genérico como faz Fernandes. Até porque o conceito de empírico a que Fernandes recorre serve não só para infundir credibilidade epistemológica às suas teorias bem como lançar suspeição sobre outras propostas de explicação rotuladas de especulativas. A noção de *empírico* foi utilizada por Fernandes tanto contra tipos de discurso "metafísico-literários" sobre a sociabilidade quanto contra alteridades embasadas em outras metodologias:

> Excetuando-se a produção dos sociólogos estrangeiros, que lecionaram entre nós, as primeiras tentativas de vulto, na exploração de alvos científicos definidos sistematicamente da investigação sociológica, fazem-se sentir em contribuições posteriores a 1930, de Fernando de Azevedo e de Emilio Willems. (FERNANDES, 1977, p. 67)

Com justiça, a Fernando de Azevedo é creditada a realização de importante trabalho de sistematização teórica e a Willems a obtenção de relevantes resultados no campo da pesquisa empírica sistemática.

No entanto, a adoção de outros sistemas metodológicos assentados em outros pressupostos epistemológicos, ontológicos e axiológicos leva outros sociólogos a uma avaliação radicalmente oposta desses autores:

> Nunca foram, não são, porém, propriamente sociólogos, como o foram, apesar de suas normais deficiências, homens como Visconde do Uruguai, Silvio Romero, Euclides da Cunha, Alberto Torres e Oliveira Viana, em suas respectivas épocas [...] Todos esses homens tinham o que fazer – tarefas sociológicas próprias e larga consciência de que a medida por excelência do trabalho sociológico é sua funcionalidade em relação à realidade nacional. (RAMOS, 1965, p. 34)

Como se vê, o endosso a uma óptica filosófica contrária a de Fernandes conduz a avaliações bem diferentes do legado dos pioneiros cientistas sociais brasileiros. O fato é que é injustificável a pretensão de Fernandes de caracterizar esquematicamente as contribuições "pioneiras", e os trabalhos posteriores que a elas recorrem, como formas pré-científicas de fazer sociologia por supostamente carecerem de base empírica. Fica-se com a impressão de que Fernandes abraçou a posição cômoda de proclamar *empíricos* os resultados alcançados por sua obra desqualificando como especulativos os trabalhos de pesquisa feitos com base em *outros* percursos metodológicos. A estratégica relevância dada a *empírico* no plano das disputas explicativas é modelarmente expressa nos ataques desferidos por Fernandes ao que denomina modo *intuitivo* de se obter conhecimento. As ideias de Gilberto Freyre sobre a reação dos povos indígenas aos colonizadores europeus – a de *reação vegetal do índio ao branco* e a relação que estabelece entre a estrutura econômica e a destribalização, sintetizada na metáfora *O açúcar mata o índio* – são por Fernandes (1975b, p. 128) depreciadas – mesmo reconhecendo constituírem duas fórmulas brilhantes portadoras de sua parcela de verdade – por terem sido supostamente alcançadas pela via intuitiva. A essas ideias, Fernandes opõe outras que supõe justificadas por mais que a comprovação deixe de ser empiricamente feita.

Restrições, como as feitas por Fernandes, a determinadas ideias por terem sido formadas pela via intuitiva são contraproducentes na medida em que, epistemologicamente falando, é desimportante questionar uma ideia por ter tido tal ou qual origem. Justificável é problematizar um modo intuitivo de se tentar *provar* a veracidade de um enunciado mostrando que o emprego de procedimentos nebulosos impede o controle intersubjetivo confiável sobre o conteúdo veiculado. Da mesma forma, a pretensa origem empírica de uma proposição não assegura, como supõe Fernandes e alguns velhos empiristas, sua autenticidade epistemológica. As restrições aos modos intuicionistas de fazer ciência não devem desembocar, como ocorre na *sociologia científica* de Fernandes, em uma forma de fatualismo que se escora na crença infundada de que a teoria só é autêntica se sua gênese decorrer da observação de fatos e se puder ser empiricamente comprovada de modo cabal. Afora o bom combate ao verbalismo – com suas pirotecnias retóricas – que se fazia presente na sociologia brasileira, é parcial a serventia de exigir genericamente que seja *empírica* a teoria que postula ser científica. Mesmo se diferenciando dos malabarismos verbais disfarçados por meio de teorias especulativas, a sólida explicação em sociologia não se torna alcançável apenas porque as evidências empíricas passaram a ser vistas como tendo crucial importância.

Chacon (1977, p. 101-2) chama atenção para o fato histórico de que a "Escola de Sociologia e Política preferia seguir uma linha empírica mais anglo-saxônica, com Radicliffe-Brown [...] Lynn Smith [...] Kalervo Oberg [...] Willlard Quine e, principalmente, Donald Pierson, discípulo de Robert Park na Universidade de Chicago". A retórica fatualista, típica das metodologias empiristas tradicionais, pode até ter cumprido a missão de refrear a tendência, forte em nossa Cultura, ao especulativismo. No entanto, é incapaz de demonstrar que a racionalidade científica é essencialmente fruto da meticulosa utilização de técnicas de observação em articulação com procedimentos de generalização das informações providas pelos "fatos". Cabe, além disso, ter presente que o fatualismo, apesar de inspirar justos ataques ao beletrismo impressionista, pode dar azo à concessão de monopólio à concepção empirista de método científico com o consequente menosprezo das metodologias alternativas:

> O que alguns críticos apresentam como simples "especulação", "filosofia social" ou "ensaísmo", muitas vezes são interpretações pioneiras, que abrem perspectivas novas à reflexão e à pesquisa. Acresce, ainda, que a condenação de certos "modelos" de interpretação, como ultrapassados, pré ou paracientíficos, exerce o efeito negativo de intimidar a inteligência de jovens sociólogos, fazendo-os temer o uso inteligente da imaginação sociológica. (IANNI, 1971, p. 19-20)

Em razão de encarar o atributo *empírico* como marca distintiva da cientificidade, aplicando-o à própria obra e acusando sua ausência nas teorias dos rivais, predecessores e contemporâneos, Fernandes faz um uso vago/genérico de *empírico* que o impede de fundamentar suas opções metodológicas. O generalismo desabilita Fernandes a promover uma desqualificação generalizada das *outras* formas de explicar fatos sociais. É possível comprovar, atentando-se para as teorias contemporâneas *sobre* a ciência, que a empiricidade vem sendo caracterizada de modos nem sempre convergentes, tornando difícil a missão de avaliar com justeza as postulações de cientificidade feitas pelas diferentes teorias e disciplinas que se autoproclamam empíricas. Visto que a atribuição de *empírico* pouco contribui para a empreitada de se definir a natureza específica de uma ciência, tem-se chamado de *empírica toda* e qualquer ciência à exceção da lógica e da matemática. Nem os mais acirrados debates metacientíficos registram polêmicas em torno da (in)conveniência de conceder-se ou denegar-se o atributo *empírico* a ciências tão diferentes como a sociologia e a física.

Sobretudo a partir da década de 1930, importantes reflexões sobre a ciência ambicionaram estipular a forma adequada de se qualificar *empírico*. À época, percebia-se quão estratégico era o conceito de *empeiria* para o entendimento que se viesse a ter das ciências não formais. Sua caracterização *unívoca e universal* ajudaria a prover uma apropriada visão de método científico e ensejaria a formulação de um critério de cientificidade com poder suficiente para demarcar ciência de metafísica/pseudociência/não ciência. Por se tratar de um termo equívoco, capaz de se vincular a concepções diferentes do que seja ciência, o atributo empírico ostenta obviedade enganosa quando empregado, como costuma ocorrer nos trabalhos de Fernandes, com a missão de especificar a natureza essencial da sociologia e de rechaçar todo e qualquer ingrediente especulativista. A adesão à concepção de metodologia como expressão normatizada da racionalidade operacional da ciência leva Fernandes a pensar que só há uma forma de inocular cientificidade na sociologia, uma vez que o acesso aos fatos é único e só o tratamento indutivo é adequado para generalizá-los sob a forma de teorias. Negligenciando a existência de diferentes Escolas em sociologia, Fernandes advoga que só há um modo de torná-la ciência em virtude de só existir uma compreensão aceitável do que seja *empírico*. Como se uma disciplina por assumir o compromisso de se debruçar sobre o empírico só tivesse um modo de fazê-lo. Tirante esse entendimento universal de como infundir embasamento *factual às teorias*, tudo mais seria desvio especulativo. Acontece, no entanto, que a necessidade de atrelamento diuturno a um horizonte fatual definido não impõe à atividade de pesquisa, como a história da sociologia bem o ilustra, uma única maneira de se entender a função preenchida pelos fatos no processo de produção de conhecimento científico.

Consideramos fundamental recorrer aos principais modos de qualificar *empírico* presentes na metaciência contemporânea a fim de demonstrar que tal atributo é suscetível das mais distintas caracterizações metodológicas a ponto de se revelar controversa sua natureza e se mostrar insuficiente para definir a cientificidade de uma disciplina como a sociologia. Além do mais, o termo 'empírico' pode-se tornar prestidigitador caso se lhe conceda a força de um predicado de qualificação essencial quando ele próprio está a demandar elucidação metacientífica. Se tal predicado desse azo apenas a um tipo de qualificação metacientífica, talvez ficasse menos manifesto o quanto é vago definir genericamente uma ciência como empírica. Subsistindo esse tipo de equivocidade, pode-se aderir, à maneira de Fernandes, a uma concepção particular de empírico à qual se pretende conferir estatuto universal. Caso empírico tivesse o mesmo significado para diferentes correntes epistemológicas, afirmar que uma ciência é empírica seria uma predicação banal, já que equivaleria à vaga noção de "baseado nos fatos". Sendo assim, cabe questionar a eficácia da definição que genericamente apresenta a sociologia como uma ciência empírica, ignorando o fato de que tal caracterização é feita a partir de certo lugar metacientífico comprometido com determinado critério de cientificidade e com certo modo de conceber a prática científica. Como aponta Mills (1963, p. 459), "muitas diferenças entre as epistemologias resultam dos distintos modos com que encaram a presença dos elementos empíricos no conhecimento".

Desnecessário recorrer a tradições epistemológicas excludentes – como o racionalismo e o empirismo – para se comprovar o quanto é controversa a exigência de empiricidade. Em que pesem as decisivas diferenças entre a filosofia da ciência confeccionada pelo Empirismo Lógico inicial[7] e a urdida por Popper, é inegável que ambas as correntes produzem, no fundamental, um tipo de metaciência voltado exclusivamente para os meios e *modos de validação das teorias*. Isso faz com que encarem os caminhos que levam a *descobertas* como do interesse da psicologia da criação e destituídos de relevância metodológica. A completa separação entre o contexto da descoberta, responsável pelos fatores que levam ao surgimento de uma teoria, e o da justificação

[7] O Empirismo ou o Positivismo Lógico está associado a dois círculos: o de Viena e o de Berlim. O primeiro, o mais famoso, surgiu quando um grupo de filósofos e cientistas começou a se reunir em torno de Schlick entre 1926 e 36, ano do assassínio de Schlick, a fim de discutir problemas atinentes ao método científico, à lógica e à teoria do conhecimento. Entre seus notáveis figuram Carnap, Neurath, Feigl, Frank. O de Berlim resultou da fundação, sob a liderança de Reichenbach, da *Gesellschaft für empirische Philosophie*. Entre seus expoentes destacam-se Hempel e Richard von Mises. Da colaboração dos dois grupos nasceu a revista *Erkenntnis*, dirigida por Carnap e Reichenbach, que veio a se tornar órgão oficial do empirismo lógico de 30 a 39, para posteriormente transformar-se, nos EUA, no *Journal of Unified Science*.

no interior do qual se define a aceitação ou rejeição das teorias, é feita pelas visões internalistas de ciência, que se distinguem também por se aterem aos aspectos sintáticos[8] e semânticos da linguagem da ciência dispensando parca atenção à dimensão pragmática[9]. Apesar de enquadrados indistintamente na mesma tradição metacientífica – a analítica – por críticos como Habermas, o empirismo lógico e o racionalismo crítico apresentam profundas divergências quanto à especificação do que define a empiricidade dos enunciados e teorias. O que permite enquadrá-los em uma genérica teoria analítica da ciência não é, por certo, uma idêntica concepção de empírico, e sim, por exemplo, o papel decisivo que concedem à evidência fatual no processo de justificação, calcado na evidência positiva, de uma teoria (empirismo lógico) e no de refutação de uma teoria decorrente da identificação de contraexemplo (racionalismo crítico).

3.1. A exigência de as teorias científicas serem verificáveis

Em nenhum de seus escritos, Fernandes se preocupou em especificar, de forma unívoca, que uso epistemológico fazia do atributo empírico. Podemos inferir que seu entendimento tácito de empírico é o verificacionista em virtude de ter esposado uma concepção observacionalista/indutivista de ciência. Várias passagens em sua obra e

---

8 Em uma primeira fase, a teoria empirista lógica, na figura de Carnap, propõe a investigação da linguagem da ciência de um ponto de vista estritamente sintático, como o exemplifica a posição veiculada por Carnap em *Logische Syntax der Sprache*. Posteriormente, o próprio Carnap se deu conta, como fica claro em *Introduction to Semantics*, da insuficiência de tal posição e incorporou a dimensão semântica.

9 Terceira das dimensões da semiótica, a pragmática se volta para o estudo do contexto de produção dos discursos, das condições psicossociais do uso e interpretação dos signos ao passo que a sintaxe se ocupa com as puras combinações *formaise regulares* entre os signos e a semântica investiga as relações que vigem entre palavras e seus possíveis *referentes,* entre enunciados e estados de coisas.

declarações em entrevistas deixam claro que Fernandes (2011, p. 33) adota a verificabilidade como critério de cientificidade: "os professores franceses citavam muitos autores, mas eu imprimi outra diretriz ao seu aproveitamento, preocupado que estava com a pesquisa empírica sistemática e com a construção ou a verificação das teorias".

A teoria empirista clássica de ciência perfilhada por Fernandes promove a articulação indissociável do observacionalismo/indutivismo com um entendimento verificacionista de empírico. Por considerá-los derivados das práticas de pesquisa da ciência consagrada, esses procedimentos que inoculam cientificidade na sociologia deixam de ter seus fundamentos discutidos por Fernandes. Nenhuma atenção é dispensada por Fernandes às polêmicas que *empírico* tem historicamente suscitado. Quando esporadicamente faz alusão à *verificação* é apenas para indicar um vago procedimento operacional capaz de controlar o valor empírico das alegações de conhecimento:

> Apenas, o padrão de controle das observações é diverso do das ciências experimentais, por não dispormos de meios eficientes e acessíveis de verificação das constatações positivas e de correção dos erros, baseados na própria observação e na experiência [...] É com base nos dados empíricos que se poderá introduzir maior uniformidade nas teorias sociológicas. Lidando com "fatos precisos", os sociólogos acabarão facilitando a verificação material da legitimidade de suas afirmações e contribuirão para criar o clima de confiança intelectual de que necessitam, mas que constitui o fruto sazonado da prática estrita dos padrões de trabalho científico. (FERNANDES, 1972, p. 24 e 68)

Pressuposta pelo indutivismo de Fernandes, a visão verificacionista de *empírico*[10] recebeu sua formulação mais sofisticada no seio do

---

[10] À guisa de ilustração suplementar confira-se Fernandes (1972, p. xx, 9, 11, 22, 82, 105, 117, 124, 126, 130-1, 135, 137-8, 145, 151, 157, 159, 162, 172, 177, 297-8). Podemos exemplificar essa tendência também em outros escritos: (1977, p. 179-80), (1976b, p. 28 e p. 74) e (1976a, p. 76, 93, 129, 131, 166).

Empirismo Lógico para o qual uma disciplina só pode ser batizada de ciência, empírica ou fatual, caso se componha de sistemas teóricos formados por enunciados suscetíveis, ao menos em princípio, de verificação. Por essa óptica, a problemática da caracterização da empiricidade está diretamente vinculada à formulação de um critério de cientificidade. A compreensão que se tiver de *empiricidade* servirá para caracterizar o que dá conteúdo às teorias científicas em geral e para rechaçar qualquer possibilidade alternativa de lidar cognitivamente com fatos. O veredicto de que um enunciado será considerado empírico se, e somente se, for passível de verificação faz da verificabilidade condição necessária, ainda que não suficiente, para a postulação de cientificidade. Se os únicos enunciados contingentes autênticos são aqueles para os quais se pode reunir evidência capaz de confirmá-los, então o critério de verificabilidade passa a ter força para decretar que *forma* precisam ter as construções explicativas de uma ciência para que possam ser confrontadas com a experiência. Tal critério detém também o poder de desqualificar qualquer modalidade de discurso que desponte impermeável ao crivo empírico. Carece de significado cognitivo – como se empenhou em estabelecer Schilick em *The turning point in philosophy, Positivism and realism, The foundation of knowledge* e *Meaning and verification* – todo tipo de enunciado para o qual não é possível coligir evidência capaz de comprovar sua verdade (ou falsidade). Na melhor das hipóteses, todo enunciado insuscetível em princípio de verificação tem apenas significado emotivo, uma vez que é desprovido de teor cognitivo.

Enquanto o *princípio do empirismo* sustenta que todo conhecimento autêntico promana da experiência, o da verificabilidade estatui que a informação sensorial ou perceptualmente adquirível – virtual ou real – representa a única fonte de significação cognitiva para os enunciados que versam sobre *fatos*. Sendo assim, o princípio da verificabilidade equivale ao do Empirismo elevado à categoria de fundamento último da linguagem voltada para a coleta e veiculação de informações traduzíveis em cognições. Todavia, é preciso ter presente que o princípio da verificabilidade radicaliza o do empirismo na medida em que reduz o que se pode dizer ao que é passível de ser veiculado por meio de proposições confrontáveis com estados de coisas. Só o que é verificável pode aspirar a ter valor informativo e cognitivo. Isso significa que a verificabilidade exige dos enunciados, excetuados os tautológicos e os contraditórios, que se mostrem capazes de passar por crivos empíricos, como assinala Hempel (1950, p. 41-63), a fim de que possam postular valor e significados cognitivos.

Produzir um entendimento verificacionista de *empírico* equivale a decretar, em termos metacientíficos, que todo enunciado que pretenda ser científico deve poder ter sua verdade estabelecida à luz de evidência disponível ou virtual. Em termos epistemológicos, implica negar a *possibilidade* de ser conhecimento, de portar significado cognitivo, às construções teóricas insuscetíveis de verificação. Não é só o enunciado que deseja integrar o sistema explicativo de uma ciência que deve passar pelo crivo da verificabilidade, mas também todo e qualquer proferimento que pretenda veicular algum sentido não emotivo. Trata-se de uma compreensão de *empírico* que enuncia um critério tanto de cientificidade quanto de significatividade: toda construção discursiva não formal que tencione produzir sentido deve ser verificável. Do contrário, justifica-se qualificá-la de reação emotiva a situações e fatos.

À diferença do que pregam muitos trabalhos "didáticos" de metodologia científica, não se exige a verificação *aqui e agora* de um enunciado. Para Schlick, um dos mais fervorosos defensores do critério de verificabilidade, o decisivo é a possibilidade lógica de se resgatar evidência a favor do enunciado e não a exequibilidade de controles empíricos no momento em que é proferido. Pode-se constatar que a verificação efetiva – dados os recursos "técnicos" disponíveis – é em certas condições e circunstâncias impraticável. Está longe de ser fácil decidir se a verificação de um enunciado é logicamente possível ou impossível. A possibilidade depende de se poder especificar que dados precisam ser localizados a fim de se poder assinalar um valor "metodológico", de preferência o verdadeiro ou provável, ao enunciado. Nesse caso, o que está em questão é determinar que observações favoreceriam sua verdade, ainda que se mostre inviável realizá-las neste momento com os recursos técnico-operacionais disponíveis. Pode acontecer de obstáculos práticos ou técnicos impedirem o desencadeamento do processo de verificação efetiva de enunciados do tipo "Há em algum lugar do sistema solar micro-organismos similares aos que deram origem à vida em nosso planeta". Entrementes, construções teóricas desse tipo permanecem verificáveis em princípio.

Apesar de o critério da verificabilidade exigir dos enunciados/ /teorias apenas confirmação potencial acabou por se revelar incapaz de lidar com algumas importantes construções da linguagem da ciência. Uma das principais dificuldades enfrentadas pela verificabilidade – destacadas por Oliva (1990, p. 35-58) – concerne à chamada generalização empírica irrestrita que se aplica a um conjunto potencialmente infinito de casos ou ocorrências. Como se sabe, um conjunto finito de dados observacionais pode propiciar a verificação exaustiva de uma generalização acidental, mas são insuscetíveis de verificação cabal as generalizações categóricas, as que abarcam casos reais e possíveis. É fácil verificar a generalização enumerativa "Todos os livros da biblioteca do IFCS da UFRJ são de ciências sociais ou filosofia" por maior que seja o número de volumes. Em um caso como esse se chega a uma verificação conclusiva, ao passo que generalizações irrestritas como "Todos os metais conduzem eletricidade" não permitem que se defina o ponto em que se pode sustar o processo dando o enunciado por cabalmente verificado. Na melhor das hipóteses, pode o pesquisador se dizer satisfeito com o número expressivo de casos comprovadores a que teve acesso sem que isso vá além de uma firme convicção psicológica ou de uma convenção estipulável por uma comunidade de pesquisadores com o objetivo de fixar os níveis mínimos exigidos para que um enunciado possa ser considerado verificado a fim de ser metodologicamente aceito. A alternativa seria recorrer à estratégia "finitista" segundo a qual a verificação é mensurada apenas relativamente aos casos *até aqui* comprovados. Nada disso supera o problema da inconclusividade do processo de verificação porque, apesar de a generalização ser ilimitada, só se tem acesso aos casos reais – passados e presentes – mantendo-se os casos virtuais, os futuros, por ora inacessíveis.

Essas dificuldades de fundamentação decorrem de a compreensão verificacionista de empírico conferir primazia à evidência positiva, que se mostra incapaz de definir um valor-de-verdade para conspícuos enunciados da linguagem da ciência como é o caso dos universais categóricos, que atribuem irrestritamente um predicado a um ente. Cada caso favorável que se acrescenta aos já encontrados é apenas mais um, sem qualquer poder conclusivo. Ademais, toda evidência positiva recolhida pode-se revelar "tendenciosa" no sentido de que os olhos se fecham para conflitos potenciais com a experiência quando o pesquisador está em busca de *provar* que a teoria defendida é a *correta*. Como demonstraram, entre outros, Hempel (1970, p. 14-21), Goodman (1965, p. 70-100), Quine (1974, pp. 218-20) eScheffler (1966, pp. 147-219), a evidência favorável pode conduzir a situações metodológicas de difícil equacionamento. Sabemos, a partir de famoso argumento de Hempel, que se um corvo negro supre parcial evidência na sustentação da "lei" "Todos os corvos são negros"; então, no mesmo diapasão, um não corvo não negro deveria conceder evidência parcial no apoio à "lei" "Todas as coisas não negras são não corvos". Contudo, essa "lei" é logicamente equivalente a "Todos os corvos são negros". Em consequência, os não corvos não negros atestam a "lei" "Todos os corvos são negros" por meio igualmente de corvos negros.

A verificação também falha em dar conta de enunciados universal e existencialmente generalizados do tipo "*Alguns* papéis não estão presentes em *todas* as sociedades". Defeito igualmente grave concerne à situação em que sendo "P" um predicado observacional (que descreve uma característica observável), então um enunciado puramente existencial "$(\exists x)$ (Px)" é completamente verificável, uma vez que se segue de qualquer enunciado observacional que assevere que algum objeto particular tem a propriedade "P", ao passo que sua negação "$\sim(\exists x)$ (Px)", sendo equivalente ao enunciado universal "$(\forall x)$ $\sim(Px)$", não é verificável. Isso gera a situação logicamente insustentável de que a negação de enunciados empiricamente significantes são empiricamente assignificantes. Pior ainda, chegaria a pôr em questão a equivalência lógica entre "$(\forall x) \sim(Px)$" e "$\sim(\exists x)(Px)$".

Os trabalhos de metodologia das ciências sociais raramente levam em conta as dificuldades lógico-epistemológicas supraconstatadas. Os que mostram preocupação em justificar o uso adequado dos procedimentos de verificação em sociologia, caso do livro de Zetterberg (1965), ignoram os desafios envolvidos nas tentativas de fundamentar o verificacionismo. De praxe, defendem uma vaga versão verificacionista de cientificidade como se fora o único modo de se entender empírico ou de se exercer o controle da qualidade metodológica dos enunciados. Tal qual professada por Fernandes, a visão genericamente verificacionista de empiricidade está sujeita às restrições acima apontadas. Os esforços para prover alicerces seguros à verificabilidade nunca foram completamente bem-sucedidos. Fernandes recorreu à versão forte do verificacionismo, que ambiciona separar rigidamente ciência de não ciência/pseudociência e que decreta ser a filosofia cognitivamente inútil.

3.2. A confirmabilidade como versão atenuada da verificabilidade

As deficiências que evidenciam ser problemático erigir a verificabilidade em critério de cientificidade provocaram sua liberalização. A impossibilidade de se alcançar a verificação exaustiva dos universais categóricos foi percebida como repercutindo diretamente sobre o processo de comprovação das chamadas leis científicas. Tornou-se forte a impressão de que a verificabilidade servia essencialmente para barrar as pretensões cognitivas da filosofia especulativa. Para afastar essa suspeita, Carnap e Hempel abraçaram a tarefa de formular um critério mais elástico que não excluísse como carentes de significatividade e cognitividade construções importantes como os universais irrestritos. Carnap (1936, p. 420-71) parte da constatação da impossibilidade de se atribuir o predicado verificável a um enunciado de universalidade irrestrita, de se chegar à constatação definitiva de sua verdade. A proposta passa a ser a de se exigir que um enunciado se mostre suscetível de confirmação gradual e crescente. A liberalização do verificacionismo conduz a uma avaliação menos rígida do valor semântico-metodológico dos enunciados. Se um enunciado *E* é submetido a observações de teste e é confirmado em certo grau, trata-se de uma questão de *decisão prática* avaliar esse grau como suficientemente elevado para a plena aceitação de *E,* como baixo para provocar um inequívoco endosso de *E* ou como intermediário a ponto de dificultar sua aceitação ou rejeição. Em alguns casos, cumpre "suspender o juízo" até que se venha a dispor de evidência ulterior. Essa nova forma de qualificar metodologicamente os enunciados/ /teorias resulta da necessidade, percebida por Carnap (1978, p. 56-60), de liberalizar a verificabilidade.

No que tange às leis, Carnap é de opinião que não se pode verificá-las, só testá-las, testando sua capacidade de cobrir os casos particulares, testando os enunciados que delas se podem derivar. Os enunciados inferidos são predições acerca de observações futuras. O número de predições que se podem inferir de uma lei é potencialmente infinito. Daí ser impossível a verificação cabal ou exaustiva de um universal categórico. Em consequência, as generalizações nomotéticas, em contraposição às enumerativas, são consideradas apenas *provisoriamente* verdadeiras, sendo essa aceitação temporária função de se conhecerem muitos casos de sua verdade e nenhuma de sua falsidade. Consoante a teoria da confirmabilidade carnapiana, a confiança na lei se fortalece se, na série contínua dos experimentos de teste, não for encontrado nenhum contraexemplo e o número de casos positivos aumentar. O modo verificacionista de definir *empírico* se estriba em um modelo de conhecimento que concede à evidência positiva o poder de definir a aceitação de enunciados/teorias. Segundo tal óptica, só se pode distinguir um enunciado/teoria com o atributo empírico/científico quando se tem condições de recolher da experiência sensível evidências em seu apoio, isto é, quando há a possibilidade de se lhe especificar um valor de verdade. Todos os esforços se voltam prioritariamente para a coleta de informação favorável, quer se queira verificar enunciados existenciais simples quer generalizações irrestritas.

A debilidade dessa proposta reside no fato de que o recolhimento de evidência sustentadora só é decisivo quando se trata de verificar enunciados existenciais do tipo "Algumas sociedades ainda são predominantemente agrárias". A evidência favorável é inconclusiva quando utilizada com o fito de especificar um valor metodológico para universais categóricos do tipo "Toda sociedade é estratificada". Já antes de Carnap, Popper demonstrara que as leis das ciências naturais não são verificáveis por corresponderem a enunciados que "cobrem" uma infinidade de casos potenciais enquanto só é possível realizar um número finito de observações com vistas a lhes especificarmos um valor metodológico. Fernandes ignora que é justamente o problema da "legitimação" epistemológica dos enunciados de universalidade irrestrita que vai desencadear modos bastante distintos de caracterizar *lei, empírico e cientificidade.* Fernandes jamais leva em conta que a evidência positiva é sempre parcial e limitada na medida em que todo dado (ou conjunto de dados) recolhido em apoio a uma generalização irrestrita é insuficiente para recomendar sua incondicional aceitação.

A confirmabilidade conseguiu diminuir as dificuldades envolvidas nas tentativas de comprovação exaustiva dos enunciados de universalidade nômica em virtude de reconhecer a inconclusividade da evidência positiva e a impossibilidade de uma justificação peremptória quando estão em questão os enunciados da ciência que ambicionam ter o estatuto de leis. Só que em momento algum se afasta do tipo de justificação calcado no recolhimento de evidência positiva. Reconhece as limitações da verificabilidade, mas acredita possível superá-las tornando-a mais flexível. Sendo assim, o defensor da confirmabilidade propõe uma compreensão de empírico que se mantém presa aos pressupostos linguísticos e epistemológicos fundamentais da verificabilidade. Como versão liberalizada do verificacionismo, a confirmabilidade reconhece as limitações de justificação da evidência favorável sem recair na crítica radical de Popper, que desemboca no refutacionismo, na priorização da busca do contraexemplo. Em consonância com a confirmabilidade, não se trata de deixar de conferir ao componente empírico função diferente da de fornecer evidências capazes de respaldar as teorias. Isso quer dizer que a verificabilidade e a confirmabilidade pertencem ao mesmo solo de justificação, o do modelo indutivista de conhecimento. O que a confirmabilidade realmente faz é passar a considerar a verdade e a falsidade os limites metodológicos, superior e inferior, do processo por meio do qual os enunciados científicos são aferidos com o objetivo de receber qualificações probabilísticas. Se a própria tradição empirista se viu compelida a atenuar as draconianas exigências baixadas pela verificabilidade, a buscar formas alternativas de qualificar empírico, isso prova que no interior de uma mesma Escola são travados combates pela universalidade metacientífica recorrendo a diferentes ópticas epistemológicas.

3.3. A refutabilidade como traço distintivo da cientificidade

As críticas mais contundentes à verificabilidade e à concepção indutivista de conhecimento foram feitas por Popper que, diante da impossibilidade de verificação cabal dos universais categóricos, optou por privilegiar a evidência desfavorável concebendo o conteúdo empírico como o conjunto de informações capaz de refutar teorias/enunciados, mas não de comprovar sua verdade. Diante da incapacidade de as verificações e confirmações definirem a verdade de universais categóricos, Popper (1971, Vol. 2, 1976, 1977,1978, 1986, 1989 e 1994) sustenta que todo crivo efetivo consiste em diuturnas tentativas de refutar uma teoria. A atenção deve ser dirigida ao universo das evidências empíricas com a finalidade prioritária de tentar detectar contraexemplos aos enunciados de universalidade irrestrita. Nesse caso, um sistema teórico só é empírico se seus enunciados possuem falsificadores potenciais. A empiricidade de uma teoria é decorrência dos conflitos potenciais que mantém com a experiência. A evidência empírica só é decisiva quando se manifesta como caso capaz de decretar a refutação de uma teoria. A realização de severos testes com o propósito de se tentar a falsificação de uma teoria permite apenas lhe atribuir um grau de corroboração proporcional à intensidade dos controles a que foi submetida pelo pesquisador em sua busca incessante de evidência adversa.

Por essa óptica, empírico tem agora uma acepção muito diferente da que tinha para o empirismo lógico. A sustentação que dados podem dar a uma hipótese universal leva, quando muito, ao acolhimento condicional e provisório. A informação empírica só é decisiva quando se manifesta como contraexemplo em condições de precipitar a refutação da hipótese sob teste. Isso significa que uma grande quantidade de casos favoráveis tem escasso poder de decisão epistêmica, ao passo que a evidência de um solitário caso contrário se revela conclusiva por acarretar a falsificação do enunciado/teoria. Por conseguinte, a única evidência que realmente leva a avaliações taxativas é a *negativa*. Uma teoria é científica não por poder se apoiar em casos confirmadores, mas sim pelos conflitos potenciais que seus enunciados têm com a experiência, pelos possíveis elementos refutadores que a experiência pode vir a exibir contra sua pretensão de verdade. Em virtude de estar toda essa discussão ausente de sua obra, Fernandes se limita a fazer uma qualificação genérica de empírico para certificar sua obra e atacar a tradição do pensamento social que o precedeu.

A maneira com que Popper caracteriza o método científico, privilegiando a refutabilidade como critério de demarcação e a busca de evidência adversa, é incompatível com a concepção de empírico abraçada por Fernandes. Para Popper, o que é *irrefutável* possui o defeito metodológico capital de ser compatível com qualquer experiência possível. O crivo empírico continua a desempenhar papel crucial visto ser possível demonstrar, por meio de observações, que uma teoria é falsa. Só que agora o fundamento de todos os controles empíricos não reside na comprovação, via evidência favorável, da teoria e sim na infirmação cabal através da detecção de caso desfavorável. A ênfase a argumentos negativos, à evidência desfavorável e contraexemplos, só parecerá estranha aos que esquecerem ser o interesse pela verdade indissociável da preocupação em detectar a falsidade. Como o evidencia a história da ciência, a eliminação de erros é muito mais comum que a constatação, ao menos temporária, de verdades.

A recusa do entendimento verificacionista de empírico está em Popper vinculada ao seu anti-indutivismo resultante de endossar o veredicto de Hume de que para o problema da indução – concernente a como validar argumentos nos quais o enunciado-conclusão universal busca sua sustentação na base empírica provida pelos casos particulares veiculados pelos enunciados-premissa – inexiste solução baseada em justificação racional. A impossibilidade de verificação cabal de um universal categórico por meio do acúmulo de evidências positivas e o crescente questionamento da validação da transição do particular, dos enunciados observacionais, para o geral, para os enunciados teóricos, levou à busca de modelos alternativos de explicação. O diagnóstico de que a evidência positiva desponta incapaz de prover tanto a verificação conclusiva de um universal categórico quanto de justificar a derivação indutiva de um universal a partir de enunciados singulares conduz a mudanças importantes nos modos de conceber empírico. Depois de ter-se amealhado um número considerável de casos comprovadores, qualquer novo caso será, para efeito de verificação ou de "validação" da inferência indutiva, destituído de valor metodológico decisivo. Tendo condições apenas de verificar enunciados existenciais e singulares, a evidência positiva desponta incapaz de definir a aceitação de universais categóricos vistos como cruciais por terem a mesma forma lógica das leis científicas. Tal fato impede minimizar a impotência da verificabilidade em emitir veredictos sobre universais irrestritos. Em contrapartida, asserções existenciais "irrestritas" do tipo "Existe nas profundezas de algum oceano um meteorito incolor" são irrefutáveis, a não ser que se limite o escopo de abrangência de "existe" a certa região do espaço e a certo período do tempo. No entanto, há autores – caso de Kneale (1974, p. 205-17) – que ressaltam a relevância dos enunciados existenciais e singulares nos sistemas explicativos das ciências a ponto de se recusarem a reduzi-los a "etapas evidenciais" em direção à construção, e posterior confirmação ou infirmação, dos universais irrestritos.

A interpenetração entre verificabilidade e indução deixa claro que a concepção falsificacionista de empiricidade/cientificidade esposada por Popper não poderia associar-se ao modelo empirista tradicional. Daí sua proposta de explicação científica ser hipotético-dedutiva: a verdade de um enunciado singular que veicula um contraexemplo permite inferir *logicamente* a falsidade do enunciado universal correspondente. Esse princípio da teoria dedutivista da ciência está presente em todas as situações de refutação. Com base na linguagem da lógica dos predicados assume a seguinte forma: dado o universal $(\forall x)\ (H(x) \rightarrow I(x))$ equivalente a $\sim(\exists x)(H(x) \wedge \sim I(x))$, então a generalização existencial $(\exists x)(H(x) \wedge \sim I(x))$ do enunciado básico $Ha \wedge \sim Ia$ constitui por *modus tollendo-tollens* uma refutação do enunciado universal. De forma didática, a relação lógica de dedutibilidade permite asseverar a falsidade de certa asserção universal pela constatação da verdade de uma asserção singular que lhe seja contraditória.

Em nenhum de seus escritos metodológicos Fernandes reconhece a existência das dificuldades aqui apontadas. Por essa razão, pode deixar de lado os problemas suscitados por sua caracterização da sociologia como uma ciência empírica. Essa postura de "naturalização" do espaço metacientífico lhe permite introduzir conceitos decisivos como se derivassem direta e especularmente das práticas *consagradas* de pesquisa e não precisassem ter a questão de sua *fundamentação* enfrentada. Apesar de sustentar que as "querelas filosóficas" devem ser mantidas longe do campo da ciência, Fernandes faz prevalecer o comércio clandestino com os conceitos e categorias de determinadas tradições filosóficas. Basta ter presente que sua caracterização da sociologia como ciência observacional e indutiva está atrelada a uma concepção verificacionista de empiricidade/cientificidade jamais explicitada e problematizada. Assumindo os princípios gerais de um genérico empirismo metodológico como *naturais,* Fernandes pode se dar ao luxo de pensar que a definição de uma ciência como empírica é suficiente para distingui-la do especulativismo e do beletrismo. Com isso, deixa de lado as várias formas de se compreender "empírico" e de se lhe atribuir uma função. A noção de "empírico" acaba banalizada quando apresentada como decorrência da priorização da atividade observacional contraposta às mirabolantes construções especulativas. A crença de que só há uma forma de se entender "empírico" pressupõe que, no essencial, cumpre apenas a vaga missão de dar suporte às teorias:

> Nesse sentido, pois, não serão as "noções exatas" que nos levarão gradualmente aos "fatos precisos". Mas, inversamente, a precisão alcançada na investigação direta dos dados de fato é que nos conduzirá a noções mais exatas e nos permitirá completar a transformação, em pleno processo, da sociologia em uma ciência indutiva independente. (FERNANDES, 1972, p. 69)

O afastamento do fatualismo permite reconhecer que a acuidade conceitual da teoria é fundamental para a elaboração de frutíferas explicações de fatos. Caso seja desprovida da capacidade de introduzir formas inventivas de interrogação, a teoria se limita a registrar e catalogar fatos esparsos sem lograr integrá-los de modo a poder explicá-los. No processo de busca de conhecimento, as perguntas formuladas servem de fio condutor capaz de orientar a caminhada em busca da identificação de uniformidades ou regularidades empíricas. A capacidade de formar conceitos em condições de construir articulações entre os fatos é que torna fecunda a teoria e não a função de reproduzir de modo especular o que no objeto de estudo se oferece à observação. A captação dos *sentidos* subjetivos atribuídos às ações e das *funções* latentes cumpridas por alguns tipos de fato social depende não só de acompanhamento empírico, mas também da percuciência da teoria. Como Fernandes usa 'empírico' com a acepção de "não especulativo", "de respaldado no domínio dos fatos", tal atributo só parece incontroverso por ser trivial, por aparentemente deixar de suscitar controvérsias resultantes de qualificações discrepantes.

De modo genérico, Fernandes (1974, p. 54) proclama que "os fatos simples e constantes quase sempre têm uma significação própria; a natureza não se repete em vão; eles são dignos de nota, em particular, quando se repetem em conexão com outros fatos, que sofrem alterações mais ou menos profundas". Contra esse tipo de visão generalista podem ser invocadas divergentes concepções que desautorizam a compreensão de empírico que o apresenta como um dos traços constitutivos da identidade funcional e fundacional da ciência. Mannheim aponta a impossibilidade de se chegar à estipulação do que seja "empírico" sem a mediação de categorias filosóficas:

> Um claro e explícito reconhecimento das pressuposições metafísicas que subjazem ao conhecimento empírico, tornando-o possível, fará mais pelo esclarecimento e avanço da pesquisa do que uma negação verbal da existência dessas pressuposições acompanhada de sua admissão sub-reptícia e entrada pela porta dos fundos. (MANNHEIM, 1940, p. 80)

A despeito de proporem concepções bem distintas de empírico, o positivismo lógico e o racionalismo crítico continuam a reservar papel decisivo à evidência provida pelos fatos. Mesmo porque é à luz da evidência empírica que se atribui um grau de confirmação a uma teoria ou se decreta sua refutação. A diferença reside em priorizar a coleta de evidência positiva a fim de promover a confirmação gradual e crescente da teoria proposta ou em privilegiar a busca obsessiva do contraexemplo em condições de impor seu abandono. Sendo redundante e inconclusivo o acúmulo de casos favoráveis para efeito de verificar a universalidade categórica representada, por exemplo, por uma lei científica, pode-se decretar que tudo que importa é realizar testes concebidos como tentativas de refutação e não como meios de verificação. Isto porque o caso negativo solitário tem o poder de provocar a refutação de uma teoria. Advogar que a empiricidade de uma teoria é sua verificabilidade e que o modelo explicativo adequado é o indutivo tem como alternativa a concepção que atrela empírico à falsificabilidade/refutabilidade em associação com a construção de explicações dedutivamente construídas.

Esse contraste se nos afigura esclarecedor por revelar que inexiste necessidade de desqualificar a função da *empeiria* no processo de produção de conhecimento para que se formulem visões diversas, e até discrepantes, sobre a empiricidade. Apesar de proporem as versões respectivamente verificacionista e falsificacionista de empírico, o neopositivismo lógico e o racionalismo crítico ficam presos ao solo empirista na medida em que conferem à evidência empírica o poder de decidir a aceitação, ainda que provisória, ou a rejeição das teorias. Popper não se enquadra na vertente empirista clássica ou lógica, mas sua maneira de privilegiar a evidência empírica, ainda que *negativa*, filia-o a uma teoria da ciência que pode ser batizada de empirismo *crítico* ou *negativo*. Mesmo quando compartilham o princípio de que só a evidência fatual pode aquilatar, em sentido positivo ou negativo, o valor metodológico de uma teoria, as vertentes metacientíficas elaboram compreensões distintas de *empírico*. Devido a isso, é cabível indagar que utilidade pode ter proclamar, à maneira de Fernandes, que uma ciência é empírica quando ocorre de até tradições afins esposarem visões divergentes sobre o papel cumprido pelo componente empírico. Sendo frágil a crença de que o predicado empírico é passível apenas de uma e apenas uma compreensão metacientífica, caracterizar genericamente a cientificidade da sociologia como empírica, como faz Fernandes, é deixar de reconhecer que a adoção da visão verificacionista coexiste com alternativas como a refutacionista.

Nos trabalhos de metodologia das ciências sociais, é comum certa confusão entre empírico e empirismo. A veiculação dessa identificação abusiva é atribuível à hegemonia da vertente empirista no domínio da metodologia. Segundo a definição de Theodorson (1978, p. 96), *empírico* é o mesmo que "baseado na experiência, observação ou experimentação", e a de empirismo comete o equívoco de identificá-lo como "científico": "em ciência, a concepção de que as generalizações só podem ser válidas quando submetidas a teste por meio de técnicas objetivas e verificadas pela experiência sensível". Ainda mais vaga é a caracterização complementar de Theodorson de empirismo como o que "se baseia na crença de que só é real o que pode ser percebido, e que a comprovação última da verdade científica é a experiência dos sentidos, de tal forma que todas as generalizações devem ser avaliadas pela prova da experiência como, por exemplo, a prova da observação por meio dos sentidos". Ainda mais problemática é sua conclusão de que "o empirismo é básico para maior parte do pensamento científico".

Com a exposição até aqui feita, fica evidenciado que é desnecessário se envolver diretamente com questões filosóficas para se problematizar a natureza e função metodológicas de empírico na caracterização e construção das teorias científicas. Malgrado proponham sistemas de avaliação assimétricos, a verificabilidade e a falsificabilidade estão igualmente preocupadas em determinar a empiricidade dos sistemas teóricos. Por esse motivo, inexiste justificativa para conceber o confronto entre o "positivismo" verificacionista e o "negativismo" falsificacionista como um embate entre uma posição "filosófica" e outra científica.

3.4. A diluição do *empírico* no holismo metodológico

Tanto o empirismo lógico quanto o racionalismo crítico acreditam que evidências discretas, isoladas, podem exercer efetivo controle metodológico sobre cada uma das partes das teorias. Adotam o princípio atomista de que os melhores testes partem da decomposição de uma teoria para que as proposições que a formam sejam submetidas a severos processos de avaliação individualizada. Contra a hegemonia da concepção atomizadora do processo de testagem ressurge, a partir da década de 50, o holismo metodológico. Inspirado em Duhem, Quine perfilha a tese da explicatividade sistêmica com o objetivo de se contrapor ao que chama de dogma verificacionista. O critério da verificabilidade faz a possibilidade de significado cognitivo depender de se poder especificar um domínio de eventos sensoriais que tornaria verdadeiro o enunciado. Quine considera inviável a redutibilidade da ciência a termos da experiência imediata e reputa inadequado falar de confirmação ou infirmação de enunciados isolados. Para Quine, os enunciados sobre o mundo exterior enfrentam o tribunal da experiência sensível não individualmente, mas como membros de um corpo teórico unitário. O lema do holismo de Quine (1963, p. 42) é: "o todo da ciência é a unidade de significância empírica". A fonte de algumas das críticas movidas por Quine aos dogmas do empirismo é o holismo esposado pelo físico Pierre Duhem e das críticas que faz ao *experimentum crucis*. Duhem (1981, p. 303) acredita que "buscar separar cada hipótese da física teórica das outras suposições sobre as quais repousa essa ciência a fim de submetê-las isoladamente ao controle da observação equivale a perseguir uma quimera". Uma parte de um sistema teórico não tem como ser desvinculada das outras às quais está interligada de modo inextricável. Daí Duhem arrematar que "a realização e a interpretação de qualquer experimento em física requerem a adesão a um conjunto de proposições teóricas".

Sob a influência desse tipo de holismo, Quine é levado a afirmar que qualquer asserção pode ser considerada verdadeira, independentemente do que se venha a constatar, desde que ajustes ou mudanças drásticas sejam feitas em qualquer outra parte do sistema explicativo. Pelos mesmos motivos, não haveria proposição imune a correções. A ser procedente essa argumentação, se está diante de uma profunda reformulação na maneira empirista tradicional de conceber a conexão entre teoria e realidade, uma vez que os dados deixam de poder ser invocados para aferir unidades separáveis do todo explicativo. As teorias passam a manter uma relação circundante com o plano observacional:

> Um conflito com a experiência – na periferia – ocasiona reajustamentos no interior do campo. Estando o campo total de tal modo determinado por suas condições de contorno, a experiência, existe larga margem de escolha de quais enunciados reavaliar à luz de qualquer experiência individual contrária. Não existem experiências particulares no interior do campo, exceto indiretamente, através de considerações de equilíbrio que afetam o campo como um todo. (QUINE, 1963, p. 43)

Além da concepção verificacionista de empiricidade, Quine rejeita a tradicional dicotomia entre analítico e sintético. Ambas resultariam de uma visão problemática das articulações entre linguagem e experiência. Costuma-se chamar de sintético o enunciado cuja verdade só pode ser estabelecida recorrendo ao crivo da experiência. Quando independe da experiência, quando sua compreensão se dá no âmbito estrito da linguagem, é analítico. Para Quine (1963, p. 42), baseia-se em tese epistemológica infundada a visão que estabelece uma rígida contraposição entre o componente linguístico e o fatual no que concerne à natureza da verdade, analítica ou sintética, de qualquer enunciado particular: "considerada em sua totalidade, a ciência tem uma dupla dependência: à linguagem e à experiência; contudo, essa dualidade não é significantemente delineável em termos dos enunciados da ciência tomados isoladamente".

As formulações quineanas deixam claro que possui relevância secundária a caracterização de Fernandes da sociologia como uma ciência empírica. Isto porque as ciências, formadas por complexas totalidades teóricas, mantêm tortuosas relações reconstrutivas e reprocessadoras com o material informacional suprido pelas esparsas e fragmentárias percepções e impressões sensoriais. A dificuldade resulta de não se ter como transformar o conteúdo de tais percepções/ /impressões em árbitros das asserções científicas isoladamente consideradas. Cada sistema teórico é um conglomerado de enunciados interligados criador de uma unidade explicativa própria. A pesquisa científica demanda uma forma singular de lidar com o material empírico e não a representação especular de fatos veiculada por meio de proposições individualmente avaliáveis. Isso torna imperioso questionar a serventia de se qualificar como empírica a sociologia. Autoproclamando-se empirista, Quine sustenta teses em profundo conflito com o tipo de empirismo professado por Fernandes:

> Na questão do embasamento epistemológico, os objetos físicos e os deuses homéricos diferem apenas em grau, não em espécie [...] O mito dos objetos físicos é epistemologicamente superior à maior parte dos outros mitos porque provou ser mais eficiente que os demais como expediente para introduzir uma estrutura manipulável no fluxo da experiência. (QUINE, 1963, p. 44)

Descontado o exagero pragmatista que permeia algumas das teses quineanas, é indiscutível a conveniência das principais restrições feitas à crença empirista ingênua de que a dimensão empírica pode ser genericamente invocada para identificar a natureza da cientificidade de uma disciplina como a sociologia. Mesmo sendo metodologicamente controverso, o holismo de Quine serve de importante contraponto crítico à concepção de Fernandes de ciência que a encara como formada por teorias compostas de enunciados aferíveis, um a um, à luz de evidências discretas.

3.5. A interpenetração entre conteúdo empírico e quadro teórico nos paradigmas Kuhnianos

A corrente batizada por Shapere (1966, p. 41-85) de *Nova Filosofia da Ciência* é formada por estudiosos do quilate de Hanson, Kuhn, Polanyi, Toulmin e Feyerabend. Além da originalidade dos enfoques, seus expoentes se notabilizaram pelas críticas candentes dirigidas às visões empiristas. Tanto o verificacionismo quanto o falsificacionismo são recusados como critérios de cientificidade e significatividade. Às insuficiências do empirismo antes apontadas, esses autores acrescentaram a crítica de que a concepção verificacionista/indutivista de ciência não encontra respaldo na história das ciências. O evolver de ciências tidas por exemplares, caso das naturais, não daria ao indutivismo o direito de postular conformidade com a racionalidade científica. Para Kuhn, os modos verificacionista e falsificacionista de caracterizar empírico não passam de idealizações a-históricas e apriorísticas do papel que cabe à experiência desempenhar no processo de produção de conhecimentos científicos:

> A observação e a experiência podem e devem restringir drasticamente o domínio das crenças científicas admissíveis porque, de outro modo, não haveria ciência. Entretanto, não podem sozinhas determinar um conjunto específico de tais crenças. (KUHN, 1970, p. 66)

Os conteúdos apreendidos por meio da atividade observacional deixam de ser vistos como dissociáveis da teoria no interior da qual são interligados e processados. A cientificidade resulta da combinação de diferentes componentes que dão origem a um complexo sistema explicativo. O caráter empírico de uma teoria não decorre de ter-se escravizado ao acompanhamento de *fatos*, uma vez que as evidências, malgrado sua importância capital, não são os determinantes, nem em primeira nem em última instância, dos processos de construção e avaliação das explicações científicas. A experiência, quando muito, delimita a área no interior da qual são realizadas as prospecções dos conteúdos a explicar. Não são, contudo, esses limites factuais os únicos responsáveis pela identidade empírica de uma teoria que se pretenda científica.

Com Kuhn, deixa de fazer sentido qualificar de empírica uma ciência em virtude de a experiência não cumprir a função determinante que os empirismos, à maneira do projeto de Fernandes de *cientificizar a sociologia*, sempre lhe atribuíram. Com Kuhn, *empírico* passa a ser apenas um dos componentes do paradigma no interior do qual se pratica uma ciência madura. No todo explicativo, esse elemento se dilui fazendo com que deixe de poder definir a cientificidade. Por esse motivo, não cabe caracterizar os primeiros estádios do processo de fundação da maioria das ciências como um embate travado entre seguidores do método científico e metafísicos que descambam para o teorismo. Sendo assim, é artificial a visão baconiana que contrapõe *antecipatio mentis* (antecipações preconcebidas) e *interpretatio naturae* (explicações escoradas nos fatos), que desqualifica como especulativa a teoria que não seja diretamente derivada dos fatos.

À luz do tipo de empirismo professado por Fernandes, o processo de investigação começa pelo atrelamento da teoria à experiência expresso por meio da adoção de princípios gerais como o império da observação em associação com a utilização da indução. O que a obra de Kuhn procura mostrar é que a ciência não nasce simplesmente com o abandono do teorismo, do especulativismo, seguido do completo devotamento ao acompanhamento dos fatos cuja cognoscibilidade depende do adequado emprego dos procedimentos do "método empírico". Nos primórdios das ciências, o que há não é a luta das teorias científicas emergentes contra as metafísicas, e sim a competição encarniçada entre diferentes concepções até sobre um mesmo conjunto de fenômenos. No entender de Kuhn, na fase em que diversas teorias disputam o monopólio explicativo sobre tipos específicos de fenômenos predomina uma forma relativamente desorganizada de pré-ciência na qual há tantas teorias quantos pesquisadores e grupo de pesquisadores. Em razão de os trabalhos de investigação não se desenvolverem a partir dos mesmos pressupostos epistemológicos basilares, torna-se necessário que cada cientista dedique boa parte de seu tempo à justificação das posições metodológicas assumidas e das teorias substantivas elaboradas. As disciplinas sociais parecem estar nessa situação até hoje.

Exemplo clássico da desenfreada competição em busca da elaboração do modelo adequado de se estudar determinado tipo de fenômeno é o estado em que se encontrava a óptica antes de Newton. Inúmeras eram as teorias sobre a natureza da luz, todas coexistindo sem a escolha consensual de uma delas. No mundo antigo, a luz foi compreendida de modos diversos. Segundo Kuhn, até Newton houve quem caracterizasse a luz como partículas que emanavam dos corpos materiais; como uma interação do meio com uma emanação do olho; como a modificação do meio que intervinha entre o corpo e olho etc. Poder-se-ia também invocar a história da pesquisa elétrica na primeira metade do século XVIII quando as tantas concepções sobre a natureza da eletricidade espelhavam o número de cientistas importantes à época.

Antes de Newton, nenhuma teoria chegara perto de granjear aceitação geral. Os pesquisadores rivais não dissentiam apenas em termos de suposições teóricas fundamentais, mas também acerca dos tipos de fenômenos observacionais relevantes para a construção e avaliação de suas teorias. A prática de pesquisa sociológica exemplifica, de modo ainda mais nítido, a refrega em torno de pressuposições teóricas e dos modos de escolha e delimitação dos domínios de investigação.

Por essa razão, quando se confere *sic et simpliciter* o atributo *empírico* à sociologia, como faz Fernandes, com o escopo de torná-la ciência, deixa-se de lado essa problemática das diferentes opções teóricas e ontológicas que levam o pesquisador a trilhar roteiros de investigação muitas vezes incomunicantes.

Segundo Kuhn, quando uma ciência supera o estádio de permanente beligerância entre Escolas, ao qual está presa a sociologia de suas origens até hoje, tem início sua idade madura. Quando ocorre o processo de unificação "metodológica" e de convergência teórica, a pesquisa passa a ser feita sob a batuta de um paradigma, que corresponde a realizações científicas universalmente reconhecidas que, durante algum tempo, fornecem problemas e soluções modelares para toda uma comunidade de praticantes de uma ciência. A força unificadora do paradigma permite-lhe estatuir os padrões de trabalho legítimo no âmbito da ciência que rege. Em verdade, seu poder modelador atua tanto na frente metodológica quanto na ontológica. Sua vigência faz com que sejam reconhecidos como objetos de estudo apenas certos *entes* e com que certos modos de abordá-los, reforçados por meio da educação científica, sejam implícita ou explicitamente *recomendados*. A metodologia está sempre atrelada aos princípios e pressupostos que organizam e dão identidade ao paradigma. Sendo esse o caso, inexiste metodologia universal, a priori forjada, em condições de ser aplicada aos diferentes paradigmas que podem se suceder ao longo do evolver de uma ciência.

Partindo de uma visão empirista tradicional, Fernandes dá excessivo destaque ao componente empírico como se as disciplinas sociais tardassem a conquistar a cientificidade em razão de suas teorias incorrerem em desvios especulativistas. Sem desprezar a função dos fatos no processo de produção de conhecimento científico, Kuhn (1970, p. 77) sublinha que "na ausência de um paradigma, ou de algum candidato a paradigma, todos os fatos que poderiam possivelmente ser pertinentes ao desenvolvimento de determinada ciência têm probabilidade de parecer igualmente relevantes". Devido a isso, arremata Kuhn, "as primeiras coletas de fatos se parecem muito mais com uma atividade casual do que com a que o desenvolvimento científico ulterior tornará familiar".

Por mais que o atrelamento à experiência seja ingrediente importante na produção de conhecimento científico em virtude de cumprir a função de prover fatos que despontam significativos por se encaixarem na moldura do paradigma, é pouco esclarecedor qualificar de empírica uma ciência. Sendo *um* dos componentes do paradigma, o ingrediente factual não deve ser erigido em traço distintivo da cientificidade. Deixados de lado o observacionalismo e o indutivismo tal qual defendidos por Fernandes, outros atributos despontam igualmente importantes para que a sociologia de modo consensual possa conferir credibilidade explicativa às suas teorias. Sendo os conteúdos empíricos *teoricamente* selecionados e veiculados, o mais apropriado é caracterizar a ciência como observacional *e teorética*. Isso é ainda mais válido para a sociologia, uma vez que sua empiricidade é de um tipo especial em virtude de os fatos sociais se oferecerem pré-interpretados – prenhes de significatividade – à observação do pesquisador. É inadequado caracterizar a sociologia como empírica como se primacialmente se dedicasse a coligir fatos, a adequadamente associá-los e generalizá-los sem a necessidade de contar com óculos teóricos para cumprir essas tarefas. Uma ciência define modos sistemáticos de lidar com os dados, que passam a integrar uma malha teórica no interior da qual são submetidos a processamentos que os tornam, ao menos parcialmente, diferentes dos identificáveis no plano do senso comum. Os óculos teóricos permitem selecionar e delimitar o território da pesquisa, promover uma reconstrução explicativamente dirigida dos conteúdos apreendidos de modo esparso pelo senso comum. Fora de uma trama teórica, todos os fatos parecem relevantes dificultando o estabelecimento de articulações e hierarquizações entre eles. Antes de se alcançar o tipo convergente de pesquisa organizado e praticado sob a égide de um paradigma, os fatos se mostram suscetíveis de variadas identificações e interconexões:

> Não é de admirar que nos primeiros estágios do desenvolvimento de qualquer ciência, homens diferentes, defrontando-se com o mesmo

> domínio de fenômenos, mas em geral não com os mesmos fenômenos particulares, os descrevam e interpretem de diferentes modos. (KUHN, 1970, p. 79)

Dissonâncias cognitivas não chegam ao fim com um grupo de pesquisadores convencendo os demais de que seu modo de ver os fenômenos é o certo e os demais equivocados. No que tange às ciências naturais, que ao longo de sua história produziram alguns paradigmas, o que se verifica é o triunfo de uma das Escolas que se digladiavam no período pré-paradigmático. Segundo Kuhn, para ser aceita como paradigma, uma teoria deve parecer *melhor* que suas rivais, mas suas qualidades superiores não são tiradas predominantemente de sua maior harmonia com uma genérica dimensão empírica. Na melhor das hipóteses, o componente empírico aparece em inextricável associação com o teórico, o linguístico, o ontológico etc. A superioridade explicativa de uma teoria não é assim reconhecida por estar em perfeita concordância com os fatos, mas por se mostrar em maior correspondência que as rivais. Para destronar e substituir outro, um paradigma precisa evidenciar que *está mais em consonância* com os fatos:

> Todas as teorias historicamente importantes têm concordado com os fatos, só que de forma relativa. Não há resposta mais precisa à questão relativa a se, e com que perfeição, uma teoria individual se adéqua aos fatos. Mas esse tipo de questão pode ser colocado quando teorias são consideradas coletivamente ou em pares. Faz muito sentido indagar qual, dentre duas teorias em competição, se adequa *melhor* aos fatos. (KUHN, 1970, p. 209)

A mudança de teoria inviabiliza uma comparação entre as rivais capaz de mensurar, parte por parte, os avanços feitos em termos de verdade, capacidade explicativa e poder preditivo. As ciências que precisam devotar muito tempo e espaço à justificação, caso das sociais, do emprego que fazem de determinadas técnicas de pesquisa estão cindidas em Escolas, de tal maneira que cada uma chega a resultados que se revelam incomensuráveis com os obtidos por outras vertentes. Com isso, deixa de ser conquistada a unidade metodológica resultante das pesquisas serem feitas sob a vigência de um paradigma. A diuturna necessidade de apresentar justificações para a metodologia adotada não deve ser creditada à tendência das disciplinas sociais se deixarem influenciar por infecundas questões epistemológicas. É consequência de enfrentarem dificuldades para consensualmente separar os "fatos" significativos e de inexistir concordância básica a respeito de como enfocá-los e tratá-los. Fica assim inviabilizada a aceitação compartilhada de uma teoria reconhecida por sua inequívoca capacidade de explicar fatos que, ao menos nominalmente, são os mesmos para as diferentes Escolas. O único estágio que didaticamente merece ser caracterizado de empírico é o do primeiro contato, limitado aos levantamentos observacionais, com o difuso conjunto dos *fatos*, já que as demais etapas da pesquisa são mediadas por mecanismos de seleção e processamento teórico. Determinar que *fatos* são significativos está longe de ser uma decisão localizável no estrito plano empírico, uma vez que o pesquisador se socorre de esquemas teóricos reconstrutivos para hierarquizá-los em termos de relevância para o tipo de explicação visado. A construção da teoria social envolve tanto uma apreensão das "teorias" e crenças de senso comum, que *acompanham* os fatos estudados, quanto um gradual afastamento crítico para assim poder explicá-las.

Só um empirista ingênuo acredita que uma teoria é acolhida por uma comunidade científica em virtude apenas de possuir substrato empírico. A *experiência* em geral é invocada para justificar um caminho de investigação quando se está na primeira fase, a de definir o objeto de estudo específico a que se pretende atrelar a teoria. Envidando esforços no sentido de capturar a racionalidade dos mesmos fenômenos, as Escolas sociológicas se tornam rivais em virtude de adotarem formas conflitantes de lidar com eles e de explicá-los. As principais diferenças entre as Escolas não derivam de umas se prenderem ao plano empírico e outras resvalarem para a teorização especulativa. Os distintos modos de caracterizar empírico são decorrência da assunção de discrepantes pressupostos epistemológicos e ontológicos, e não da variável submissão à dimensão fatual. Além de genérica, a rotulação de uma ciência como empírica é incapaz de distinguir o componente experiencial dos demais e de detectar que função específica cada componente cumpre em separado e na interação com os demais:

> É preciso que fique claro que os cientistas nunca aprendem conceitos, leis e teorias abstrata e isoladamente. Ao contrário, esses instrumentos intelectuais são, desde o início, encontrados numa unidade histórico-pedagógica anterior, onde são apresentados com suas aplicações e através delas. (KUHN, 1970, p. 108)

As diversas vias metodológicas adotadas em sociologia refletem a ausência de unidade nos modos de fazer pesquisa e de aferir os resultados obtidos. Ciências como as sociais, que desenvolvem diferentes teorias sobre os mesmos fatos, não desenvolvem suas pesquisas sob a égide de um paradigma. Cindidas em incomunicantes linhas de pesquisa, mergulham em intermináveis disputas metodológicas. Discussões em torno dos *fundamentos* das técnicas de investigação são sintomas da "imaturidade" de uma disciplina enredada o mais das vezes em divergências em torno de pressupostos filosóficos. A vigência de um paradigma cria um acordo tácito, que torna desnecessário explicitar e explicar as razões que promovem a escolha de determinadas práticas teóricas em detrimento de alternativas. Os debates sobre a racionalidade científica perdem muito de sua importância para os praticantes de uma ciência quando estão de acordo quanto aos procedimentos a empregar para se fazer pesquisa de excelência. A defesa de uma metodologia para a pesquisa social envolve não só comprovar as qualidades da escolhida como também os defeitos das competidoras. Por essa razão, deixando a pesquisa de ser realizada sob a batuta de um paradigma tem-se, como ocorre nas disciplinas sociais, o quadro "hobbesiano" em que cada vertente fica em guerra com as demais.

Tentando unificar programaticamente o estudo dos fatos sociais invocando as técnicas empíricas de investigação, Fernandes está convencido de que as que propõe são as postas em prática pelas ciências naturais. Por essa óptica, as endêmicas divergências nos estudos dos fenômenos sociais resultam, no essencial, das estéreis disputas metodológicas filosoficamente fomentadas, da recusa a imitar os pretensos métodos das ciências naturais. A existência de diversas Escolas aninhadas nas disciplinas sociais não é fruto de se afastarem da metodologia certa, mas principalmente da diversidade de enfoques teóricos que, associados a projetos políticos, fazem distintas propostas de explicação – e intervenção – na realidade social. O naturalismo é artificial por propor uma unificação baseada na suposição de que a metodologia adequada é una e única, desconsiderando, entre outras coisas, que os fatos sociais envolvem a complexidade suplementar de sempre se oferecerem pré-interpretados à observação do pesquisador.

A *normal science* que, segundo Kuhn, se desenvolve nos limites explicativos demarcados pelo paradigma, é desprovida de espírito crítico e mostra tendência a suprimir novidades tanto em termos fatuais quanto teórico-ontológicos. Isso se deve ao fato de a pesquisa se desenrolar rigidamente submetida aos princípios e pressupostos organizadores do paradigma. Nesse caso, o componente empírico é incapaz de sozinho determinar tanto o endosso quanto o rechaço de uma teoria com pretensões a ser científica. Inúmeros são os fatores, além dos lógicos e dos empíricos, que definem a aceitação ou a rejeição de resultados de pesquisa obtidos em uma comunidade científica. A ser procedente esse tipo de argumentação, pouca serventia tem caracterizar uma disciplina como científica simplesmente porque suas teorias estribam sua formação e validação em evidências criteriosamente colhidas. Qualificar de científico um domínio da pesquisa envolve mais que atrelar a teoria à experiência. Sem poder negligenciar o ingrediente empírico, a ciência se dedica a realizar tentativas engenhosas de fazer frente a problemas que clamam por solução desafiando a capacidade explicativa das teorias.

Fatos isolados não desbancam um sistema explicativo, uma vez que é no interior do paradigma que vários componentes – com destaque para o "linguístico", o ontológico e o metodológico – se misturam gerando uma unidade explicativa inextricável. Conforme as concebe Kuhn, as anomalias são diferentes dos contraexemplos que, de acordo com o racionalismo crítico de Popper, têm em tese o poder de refutar uma teoria. Na metaciência historicizada de Kuhn, uma teoria que se encaixa na moldura de um paradigma nunca é abandonada apenas porque se defrontou com evidência adversa. Seu colapso precisa ter uma dimensão sistêmica, e é crucial que, isso ocorrendo, haja uma alternativa capaz de vantajosamente substituí-la. O período em que tem início o processo comunitário de questionamento de uma teoria, com o vislumbre da possibilidade de se contar com uma alternativa superior, é caracterizado como uma fase de pesquisas extraordinárias. A transição de um paradigma em crise para um novo é extremamente complexa por equivaler à reformulação geral de todas as crenças teórico-fatuais intrínsecas à "lógica" do paradigma em crise e de todos os princípios metacientíficos gerais relativos a como *pensar* a produção científica. Trata-se de uma completa reconstrução da área de estudo a partir da introdução de novos critérios e crivos metodológicos para lidar com novos fatos ou com os mesmos fatos sob uma nova óptica. Essa guinada faz com que a filosofia readquira importância explícita para a ciência.

Enfatizando o papel especial cumprido pelas comunidades científicas, Kuhn acredita que a busca de entendimento de como ocorrem as revoluções científicas não deve se ater ao impacto das evidências empíricas ou às questões de consistência lógica. Por esse motivo, as técnicas de persuasão, prenhes de elementos retóricos, empregadas nas ciências devem merecer a atenção. O imperativo de procurar colocar a teoria em correspondência com os fatos bem como o da realização de inferências logicamente seguras são complementados pelo uso de uma erística devotada a gerar consenso no interior da comunidade científica. Nesse sentido, a ciência deixa de se destacar por uma linguagem portadora de uma sintaxe logicamente perfeita e de uma semântica sempre atenta aos vínculos das proposições com os estados da realidade para ser concebida como um "sistema de comunicação" em que os fatores da pragmática, os chamados aspectos bióticos da comunicação, passam a ser considerados tão ou mais tão importantes para se compreender a natureza da linguagem científica. Isso faz com que, na reconstrução da ciência, os fatores psicossociais adquiram importância fundamental. A chamada objetividade científica deixa de resultar do fidedigno acompanhamento dos *fatos* para se tornar também uma construção social.

Se as ciências progredissem cumulativamente, a cada novo estágio poder-se-ia identificar o que foi empírica e teoricamente acrescentado. Por se verificarem saltos evolutivos, por ocorrerem descontinuidades entre tradições de pesquisa, a instauração de um novo paradigma demanda uma redefinição de toda a ciência revolucionada. As diferenças entre paradigmas não se reduzem a acréscimos ou retificações, mas a decisivas diferenciações no modo de qualificar os fenômenos constitutivos de determinada área de estudo. Daí ser intrincado o processo que culmina na passagem de um paradigma para outro. Inexiste fórmula que ensine a implantar um paradigma, de tal maneira que antes da "inauguração" de uma ciência, cada Escola se entrincheira em torno de suas pressuposições recusando as das rivais. A concepção de progresso cumulativo é abandonada quando a ciência, deixando de ser vista como resultado de avanços que se acrescentam aos anteriormente alcançados, passa a ser descrita como palco de grandes mudanças, de reviravoltas teóricas, que são apenas parcialmente *determinadas* pelo componente empírico.

Diferentemente da pesquisa obcecada com a detecção de contraexemplo, a voltada para a confirmação das teorias pode se concentrar na perseguição do tipo cumulativo de progresso. A ideia de reversão gestáltica, de mudança de paradigma introdutora de novas formas de ver o mesmo, é funcionalmente incompatível com avanços encadeados que fundem conquistas explicativas anteriores com posteriores. Sozinha, a identificação de evidência adversa é incapaz de levar à correção de erros que mudem os rumos da pesquisa. Inexistindo progresso linear, caracterizado por conquistas de um mesmo gênero, pode subsistir uma forma de competição entre programas de pesquisa que conduz à entronização de um deles.

Essas argumentações revelam ser metodologicamente complicado especificar uma compreensão única para empírico, e pouco defensável erigi-lo em atributo que sendo exclusivo à ciência permite separá-la da pseudociência e da não ciência. Encarada como fornecedora de conteúdos suscetíveis de teorizações sociais diferentes, a dimensão empírica deixa de ter condições de qualificar – tendo em vista que os vários modos de conceber empírico ensejam pensá-lo cumprindo diferentes funções – a cientificidade de uma disciplina como a sociologia minada por disputas entre suas Escolas. No entender de Gouldner,

> Esse crescente instrumentalismo, acelerado pelo papel cada vez maior do Estado, encontra sua expressão nas teorias "sem teoria", uma espécie de empirismo metodológico no qual são negligenciados os conceitos e pressupostos *substantivos* referentes ao comportamento humano e às relações sociais a fim de se dar ênfase a métodos aparentemente neutros. (GOULDNER, 1970, p. 444-5)

3.6. A relativização do atributo empírico no anarquismo epistemológico

A *Nova Filosofia da Ciência* levou tão longe o ataque à teoria empirista da ciência que em seu seio brotou o anarquismo epistemológico que, para os críticos, desaguou no irracionalismo em virtude de relativizar o poder dos fatos de julgar ou aferir as teorias. Com o anarquismo, as propaladas técnicas empíricas de investigação são vistas como idealizadas, divorciadas da ciência de "carne e osso". Pode-se discordar de muitas das conclusões a que a metaciência anarquista chega, mas não se lhe pode negar o acerto de muitas das críticas assacadas contra as metodologias tradicionais. Algumas das teses carbonárias do anarquismo exploram a crise de justificação metacientífica enfrentada pelo tradicional tripé empirista – verificacionismo, observacionalismo e indutivismo – adotado por Fernandes. Na edificação de seu anarquismo metodológico, Feyerabend parte da tese de que a significação do que se tem chamado de conhecimento só pode ser apreendida caso seja visto como parte de um *processo* inserido no curso global da História. O rechaço dos normativismos metodológicos tradicionais é justificado com base na alegação de que recomendam que a atividade de busca de conhecimento seja submetida a rígidos cânones que, além de artificiais, provocam a podadura da criatividade. As metodologias tradicionais estatuem, segundo Feyerabend, regras de conduta intelectual divorciadas tanto da história de produção de cada saber quanto do resto da História.

Como se sabe, o empirismo e o positivismo sempre se empenharam em demonstrar que o processo de avaliação de uma teoria está submetido a crivos e critérios de racionalidade suficientes para decretar sua aceitação ou rejeição. A influência das *condições reais* que povoam o contexto da descoberta em nada afetaria a justificação. Por essa óptica, encerraria valor sociológico, mas não epistemológico, a investigação devotada à reconstituição das origens históricas, dos fatores psicológicos e das condições político-econômicas que se fizeram presentes no contexto em que uma teoria foi formada. O acolhimento ou rechaço de uma teoria só deveria ser sociologicamente investigado quando ocorreu sem o apoio de evidências ou razões. O contexto da justificação volta sua atenção exclusivamente para a reconstrução lógica da estrutura conceitual e dos meios de teste das teorias científicas. Aceita a nítida separação entre contexto da descoberta e da justificação, distintas teorias *sobre* a ciência podem ser propostas: epistemológicas, sociológicas, psicológicas e economicas. Aos olhos do anarquismo, a desvinculação entre os dois contextos seria um estratagema para legitimar uma concepção a-histórica de conhecimento baseada na pressuposição de que as condições históricas gerais, além das condições históricas específicas a cada ciência, não participam da construção da racionalidade – puramente lógico-empírica – do saber científico.

Defender a interpenetração entre o contexto da justificação e o da descoberta equivale a rechaçar a invocação apenas de normas metodológicas, crivos empíricos e inferências lógicas para construir e respaldar uma teoria científica. Torna-se mais complexa a problemática da justificação caso a teoria deixe de ser vista como diretamente derivada de dados empíricos, caso se reconheça a inconclusividade da evidência favorável no processo de sua avaliação. Com o anarquismo metodológico de Feyerabend deixa de fazer sentido atribuir poder de *decisão* ao componente *empírico*, independentemente de ser positivo ou negativo, uma vez que isso envolve absolutizá-lo fazendo-o pairar acima dos contextos históricos em que a evidência é recolhida e apreciada.

A imbricação que Feyerabend estabelece entre os dois contextos está umbilicalmente associada ao seu holismo histórico-epistemológico: a teoria constitui uma totalidade explicativa indecomponível cuja validade não tem como ser aferida, parte por parte, nem independentemente das condições reais nas quais se deu sua criação e nas quais se desenrola o processo de sua avaliação no âmbito de uma comunidade de pesquisadores. Tal posição se contrapõe ao importante princípio empirista do atomismo metodológico e à visão a-histórica de conhecimento. Empiristas como Fernandes supõem que à observação cabe prover a base segura do conhecimento, de tal forma que cada enunciado, para ter sua credibilidade garantida, deveria provir direta ou indiretamente da ordem fatual e ser testado com base nas evidências por ela providas. O valor epistemológico do todo seria função da testagem a que cada uma de suas unidades é submetida. A partir do momento em que uma teoria com aspirações a ser científica é encarada como um inextricável todo em que se articulam componentes fatuais, teóricos, ontológicos, históricos etc., as técnicas de validação ficam incapacitadas de postular universalidade, perdendo o estatuto de imperativos categóricos da racionalidade. Um terceiro princípio básico do empirismo atacado por Feyerabend é a distinção entre termos observacionais e teóricos. Seu ataque retira a primazia que as diversas modalidades de empirismo, a exemplo da perfilhada por Fernandes, sempre concederam à base observacional:

> Descobrimos que o aprendizado não se desenvolve da observação para a teoria, mas sempre envolve *ambos* esses elementos. A experiência aparece *acompanhada* de pressupostos teóricos e *não* antes deles; e a experiência sem teoria é tão incompreensível quanto (supostamente) a teoria sem experiência: eliminemos parte do conhecimento teorético de um ser senciente e teremos pessoa completamente desorientada e incapaz de realizar a mais simples das ações. (FEYERABEND, 1993, p. 2)

O anarquismo epistemológico se insurge contra as metodologias normativas que, em seu afã de especificarem as técnicas adequadas para a produção de ciência, acabam por impor certos procedimentos, pretensamente universais, na suposição de que retratam a única via capaz de levar ao conhecimento. Durante séculos, foi tomado por modelo de conhecimento o sistema explicativo capaz de ser comprovado definitivamente pela Razão. A partir da modernidade, algumas teorias do conhecimento empiristas passaram o perseguir o cabalmente verificado por meio de informações recolhidas pela via perceptual. Com o passar do tempo duas constatações foram feitas: 1) a de que a razão pura é impotente para validar teorias substantivas, já que fica confinada ao domínio das construções e inferências meramente analíticas e da elaboração de argumentos de tipo *transcendental*; 2) a de que os fatos não constituem a *base rochosa do conhecimento*, de que estão em viva e permanente interação com a teoria, de tal maneira que não se tem como operar com um ponto arquimediano capaz de alavancar a edificação segura do edifício do conhecimento. Com isso, veio à baila a questão da justificação dos sistemas metodológicos, que desponta intrincada quando não se limitam a enunciar genéricos critérios de consistência lógica (dimensão formal) ou de correspondência empírica (dimensão material). Se o valor explicativo deixa de se estribar em informações supridas pelos fatos, se a teoria só pode ser adequadamente compreendida como parte do processo histórico mais amplo, e se só pode ser convenientemente avaliada como totalidade indivisível, então perde a base de sustentação o tradicional entendimento de conhecimento empírico que supunha possível *confrontar* uma teoria com um conjunto de fatos independentes em condições de julgá-la.

A posição anarquista é, antes de tudo, resultado da crise de legitimidade em que imergiram as epistemologias empiristas e racionalistas, historicamente hegemônicas, depois que as grandes fontes de justificação, como a provida pelas razões ou pelos fatos antes cridos como autossubsistentes, começaram a ser funcionalmente atreladas à totalidade dos sistemas teóricos que, além de encarados como indecomponíveis, passaram a ser conecctados a variáveis contextuais e a processos históricos internos e externos. As dificuldades de justificação são ignoradas para que as normas metodológicas se mantenham impositivas mesmo se divorciadas das práticas efetivas das ciências. Nesse caso, as regras do método adotadas cumprem principalmente a missão de desqualificar alteridades. A entrada em cena da visão de que inexiste o Tribunal Superior da Experiência, mas apenas controles parciais sugeridos pela teoria concebida como totalidade explicativa, torna ainda mais complicado tentar justificar um conjunto de regras apresentando-o como retrato fiel da racionalidade operacional da ciência:

> Consideremos a regra segundo a qual é a 'experiência' ou os 'fatos' ou os 'resultados experimentais' que medem o sucesso de nossas teorias, de tal modo que a concordância entre uma teoria e os 'dados' favorece a teoria (ou deixa a situação inalterada), ao passo que a discordância a coloca em risco e talvez nos force a eliminá-la. Essa regra é parte importante de todas as teorias da confirmação e da corroboração. É a essência do empirismo. A 'contrarregra', a ela oposta, aconselha-nos a introduzir e elaborar hipóteses inconsistentes com teorias bem firmadas ou com fatos bem estabelecidos. Aconselha-nos a proceder de modo contraindutivo. (FEYERABEND, 1993, p. 20)

Inexistindo inevitáveis procedimentos observacionais a empregar na formação e validação das teorias, nada justifica postular a existência de ecumênicos crivos empíricos. Para o anarquismo, todo normativismo deve ser repudiado por impor castradores modelos de conduta intelectual que, além de não favorecerem a produção de efetiva ciência, acabam por impedir o surgimento de cursos de pesquisa derivados da adoção de metodologias alternativas. Para Feyerabend, o autêntico progresso é incompatível com qualquer *ideologia da ordem*. O efetivo avanço só é possível pela diuturna contraposição de teorias. A vigência do *polemos* (embate) é a única forma de se evitar que certa proposta de conhecimento se entronize como A Verdade suprimindo o jogo das diferenças. O prescritivismo epistemológico que propugna por regras imutáveis procura ocultar o fato de que a ciência também vive sob o influxo das cambiantes condições de sua história e da História.

Carecendo as técnicas de validação de condições para decretar que uma teoria geral foi cabalmente verificada pela testagem das asserções estritamente fatuais dela deriváveis, Feyerabend acredita que o pesquisador precisa se manter intelectualmente receptivo a sistemas explicativos alternativos, por mais que sejam portadores de um tipo de racionalidade diferente do da ciência. A tese de Feyerabend de que as alteridades podem contribuir para o melhor entendimento dos fatos, até para a melhor testagem do que está sendo proposto por determinado sistema explicativo, exige que o campo de avaliação epistêmica seja alargado. Por essa óptica, a diversidade explicativa e metodológica presente nas disciplinas sociais pode, se adequadamente explorada, gerar uma pluralidade fecunda alimentada pela franca competição entre *teorias e visões*. O problema é que ciências como a sociologia jamais lograram construir uma espécie de dialética da complementaridade intercrítica em que, por exemplo, um sistema explicativo questiona frutiferamente outro a ponto de levá-lo a repensar suas pressuposições absolutas. Caso subsistisse interdependência explicativa entre teorias rivais, uma só poderia ser aprofundadamente avaliada se reconhecesse a necessidade de ser testada à luz da plataforma metodológica e ontológica construída pela outra. Mais que alhures, em sociologia a busca da unificação das diferentes teorias e metodologias em torno do que Fernandes destaca como empírico corresponde ao esforço de tentar impor como universal um modelo específico de racionalidade. Afirmar, como faz Fernandes, que a sociologia é uma ciência empírica, por oposição ao seu cultivo "literário", deixa de lado a embaraçosa questão de como vieram a ser forjados, revelando-se minimamente defensáveis, modos bem diferentes, todos erguendo pretensões de cientificidade, de lidar com o mesmo domínio de fatos sociais:

> Por mais que uma teoria pareça refletir fidedignamente os fatos, por mais universal que seja seu uso [...] sua adequação fatual só pode ser afirmada depois de ter sido confrontada com alternativas cuja invenção e desenvolvimento detalhado devem preceder qualquer afirmação final sobre o sucesso prático e a adequação fatual. Esta é a justificação metodológica em prol de uma pluralidade de teorias. (FEYERABEND, 1977, p. 15)

O anarquismo é contra todos os padrões universais e a-históricos de validação formulados em especial pelas tradições metodológicas normativistas em virtude de acreditar que criam entraves à criatividade até mesmo na ciência. Em busca de sustentação para esse tipo de tese, Feyerabend recorre preferencialmente à história da ciência à luz da qual, pensa, ficaria demonstrado que regulamentações metodológicas são camisas de força que impedem que a pesquisa científica flua livremente, sem submissão a pretensos imperativos categóricos da racionalidade. As tradições normativistas seriam cerceadoras por enquadrarem a inventividade do espírito perquiridor em padrões de conduta intelectual que predefinem mecanicamente os passos que *devem* ser dados na pesquisa. O anarquismo se interessa pela tradição por seu potencial de contribuir para a diversidade de enfoques, mas repele sua pretensão de congelar determinado modelo de pensar erigindo-o em expressão da universalidade. As regras do método que têm sido recomendadas são vistas pelo anarquismo como introdutoras de restrições artificiais que, em nome do combate à adoção de ineptos procedimentos de pesquisa, impõem um rígido roteiro capaz de gerar apenas comportamento automático e reiterativo. Afora isso, o endosso "mecânico" a normas tidas por imperativos categóricos da racionalidade descura as variações que podem brotar da adoção, ao menos temporária, de procedimentos "heterodoxos":

> Um dos notáveis traços dos recentes debates na história e filosofia da ciência é a compreensão de que eventos e desenvolvimentos como a invenção do atomismo na Antiguidade, a revolução copernicana, o advento do moderno atomismo [...] só ocorreram porque alguns pensadores *decidiram* deixar de ficar presos a algumas regras metodológicas "óbvias" ou porque *involuntariamente as violaram*. (FEYERABEND, 1993, p. 14)

A crença em uma base fatual rochosa, provedora de dados empíricos capazes de provocar compulsão epistêmica, é questionada pelo anarquismo com base em argumentos que tornam ingênua a definição de Fernandes da sociologia como uma ciência empírica. Na exposição do verificacionismo e do falsificacionismo, ficou claro que as evidências empíricas são encaradas como cruciais para mensurar o enraizamento das teorias na realidade, de tal maneira que concordância com os dados promove o acolhimento da teoria enquanto uma discordância ameaça a teoria e pode conduzir à sua eliminação. Tirando dos fatos a condição privilegiada de árbitros encarregados de (in)validar as teorias, Feyerabend considera imperiosa a adoção de uma metodologia pluralista, uma vez que o cientista que deseja ampliar cada vez o conteúdo empírico das teorias deve sempre introduzir novas concepções:

> Cabe-lhe comparar ideias antes com outras ideias e não as confrontar com a experiência, antes tentar aperfeiçoar que descartar as concepções que fracassarem na competição [...] O conhecimento assim concebido não é uma série de teorias coerentes que convergem para uma concepção ideal; não é uma gradual aproximação à verdade, mas sim um crescente *oceano de alternativas mutuamente incompatíveis*. (FEYERABEND, 1993, p. 21)

Não haveria por que defender a *proliferação,* considerando-a indispensável para o mais rápido desenvolvimento do conhecimento por meio da introdução do maior número possível de alternativas, como propõe Feyerabend, se existisse uma teoria que, empírica, se mostrasse capaz de entrar em perfeita correspondência com o *real.* Se nenhuma teoria detém a condição privilegiada de ser o fiel retrato de conjuntos específicos de fatos, torna-se problemática a tentativa de distinguir uma ciência como empírica. A proliferação é a resposta política e epistemológica do anarquismo à crise do objetivismo fatualista, que procura embasar exclusivamente na evidência empírica as teorias científicas para poder protegê-las de fatores extrínsecos ao seu circuito explicativo interno. Se o conhecimento não tem mais como ser concebido como coincidência isomórfica entre um conjunto de enunciados e os estados de coisas correlatos, então a única forma de se evitar que a falsa autoridade de certo sistema interpretativo se transmute em autoritarismo intelectual é, no entender de Feyerabend, defender igual direito de *cidadania epistêmica* para todas as tentativas de explicação do real. O fundamental passa a ser a preocupação em garantir que a diversidade e a dissenção serão preservadas a todo custo, já que, para o anarquismo epistemológico, o predomínio de um tipo de discurso deve ser sempre visto com desconfiança e inserido no movimento da cultura como um todo a fim de que não se lhe dê a prerrogativa de postular um poder "absoluto" respaldado na pretensa autoridade dos fatos.

A educação científica inculca uma "metodologia" que, apesar de genérica, embota a capacidade criativa e promove, segundo Feyerabend, uma lavagem cerebral. Isso ocorre porque a metodologia "absolutista" veiculada através da educação científica pressupõe a existência de uma Razão Científica capaz de estatuir procedimentos canônicos a-históricos. Repelindo a visão que encara os resultados científicos como superiores por resultarem da aplicação de um método especial, rechaçando os velhos absolutos da Razão, Feyerabend passa a advogar que as divergências entre a ciência e outras formas de explicar a realidade devem ser cultivadas em nome da preservação do pluralismo teórico e político. Ao denegar à ciência o monopólio do método *especial*, empírico, Feyerabend (1993, p. 270) passa a proclamar que "a separação entre ciência e não ciência não é apenas artificial, mas perniciosa para o avanço do saber", de tal maneira que "caso desejemos compreender a natureza, dominar a circunstância física, devemos recorrer a *todas* as ideias, a todos os métodos e não apenas a reduzido número deles".

Malgrado sua fundamentação vulnerável, conforme apontado por Oliva (2005), o anarquismo epistemológico permite aprofundar a crítica à concepção naturalizada de empírico abraçada por Fernandes por mais que o intento de substituir o normativismo empirista por uma "anomia" espontaneísta possa desaguar em ceticismo ou agnosticismo metodológico que, no extremo, rejeita o imperativo de só acolher resultados com base no acatamento de regras logicamente cogentes ou instrumentalmente eficazes. É controverso que a livre interação das teorias com suas alteridades torne dispensável basear a escolha de uma delas em crivos como o que permite definir qual dentre as concorrentes está em maior correspondência com a "realidade". Com Feyerabend, fica claro que os diversos modos possíveis de reconstrução explicativa da base empírica é que são – como se mostra incapaz de reconhecer o projeto de Fernandes de *cientificizar* a *sociologia* – metodologicamente importantes. Inexistindo a empiricidade *tout court* não tem como ser erigida em predicado capaz de indicar o que infunde cientificidade a uma disciplina. Fora das teorias no interior das quais adquire significado e identidade, empírico é apenas massa de informações incapazes de revelarem, a partir apenas de si mesmas, a natureza dos fatos e suas possíveis conexões funcionais ou causais.

3.7. O empirismo e as teorias de ratificação da ordem existente

Com o Empirismo Lógico entrou em cena uma versão de empirismo, diferente do tradicional, na qual o componente fatual é veiculado por meio de uma linguagem cuja sintaxe precisa ser logicamente perfeita.

Em 1937, Max Horkheimer, destacado membro da chamada Escola de Frankfurt (Cf. Slater, 1978 e Jay, 1973), publica na *Zeitschrift für Sozial forschung* dois artigos – *Traditionelle und Kritische Theorie* e *Philosophie und KritischeTheorie* – que se transformaram em referência para a reflexão que privilegia as *funções sociais* desempenhadas pelos sistemas teóricos. Neles, Horkheimer faz uma distinção entre *teoria crítica* e *teoria tradicional* à luz da qual as diferenças subsistentes entre, por exemplo, a metaciência empirista lógica e a popperiana seriam insuficientes para deixar de classificar ambas de *teorias tradicionais.* É reputada tradicional a teoria que só acolhe como conhecimento a teoria que lograr fazer a representação fidedigna, fatualmente controlada, da realidade investigada. Expurgada de ingredientes extracognitivos, a teoria tradicional se proporia a fazer um retrato capaz de refletir como são e estão os objetos em sua atual configuração histórica. A missão desse tipo de teoria seria a de pura e simplesmente *descrever* os estados de coisas, a *atual ordem* presente nos fenômenos. A teoria tradicional é atacada por Horkheimer com base na alegação de que cumpre a função latente de ocultar, ficando presa à casca da realidade, os determinantes da ordem de coisas política e economicamente constituída. Nesse caso, o julgamento da teoria é político e não epistêmico. Por essa óptica, a pregação de Fernandes em prol da busca de regularidades empíricas, de explicações indutivas, de apego à descrição do que é tal qual é, representaria uma modalidade de metodologia colocada a serviço da construção de teorias tradicionais. As explicações concebidas como subsunção do caso particular a uma lei geral se ateriam à reiteração das ordenações e hierarquias identificadas no mundo das atuais relações de poder. O atrelamento ao ser dos fatos e eventos se daria em detrimento de alvissareiras potencialidades.

De forma questionável, Horkheimer acredita que o fundamental não é a qualidade dos procedimentos metodológicos empregados, não é a escolha entre, por exemplo, um modelo dedutivista ou indutivista de explicação definida à luz da avaliação da capacidade de cada um de superar as dificuldades de aplicação e fundamentação. É problemático o entendimento de que, com relação aos objetos sociais, a teoria que almeja apenas retratar a *ordem atual*, os padrões de ocorrência ora subsistentes entre os fatos, é uma *Traditionelle Theorie*. A grande maioria das pesquisas seria colocada no banco dos réus se a teoria presa à descrição fidedigna dos *estados de coisas* do mundo social estivesse condenada a explicá-los de modos capazes apenas de cumprir a função política de operar a favor da manutenção do *status quo*. Nos antípodas do velho objetivismo, se passa a defender a tese de que descrever de modo acrítico fatos e eventos, seus modos *atuais* de articulação, equivale a acolher os pilares sobre os quais se assenta o *establishment*. A metodologia empirista de Fernandes, com sua visão de que a teoria é consequência generalizada de como estão os fatos, pode ser enquadrada na categoria de *teoria tradicional*:

> Tal como os positivistas a entendem, a ciência moderna se refere essencialmente a enunciados sobre fatos; portanto pressupõe a reificação da vida em geral e da percepção em particular. Contempla o mundo como um mundo de fatos e coisas, e deixa de conectar a transformação do mundo em fatos e coisas com o processo social. O próprio conceito de "fato" é um produto – um produto da alienação social; nele, o objeto abstrato de troca é concebido como um modelo para todos os objetos da experiência de determinada categoria. (HORKHEIMER, 2004, p. 56)

À parte os exageros das críticas politizadas às metodologias que priorizam modos de estabelecer a correspondência da teoria com a realidade, Horkheimer chama a atenção para a possibilidade de a teoria que postula coincidência com os modos de ser da sociedade existente acolher a descrição do momentâneo como definitivo, como se não fizesse parte de um processo histórico. É importante notar que para uma filosofia da ciência como a empirista, condenada a só referendar a produção de teorias *tradicionais*, a intervenção na realidade costuma ficar confinada à natureza. A conquista de um tipo instrumental de conhecimento – que estatui, como faz Bacon, que "o homem pode tanto quanto sabe" – tem por meta colocar sob controle as forças cegas da natureza, não as disfunções sociais. É inegável que a aceitação do imperativo de se ater à ordem dos fatos como se fosse definitiva corre o risco de tomar por Realidade aquilo que *pode* ser apenas uma de suas formas transitórias de ser. No entanto, é radical e parcamente defensável a tese de que a busca de explicação presa às evidências, aos fatos como se mostram, almeja invariavelmente legitimar o *status quo*, preservar os mecanismos responsáveis pelas atuais relações de poder entre os homens. Mesmo porque a preocupação com fatos, com sua atual configuração, pode também ser associada ao reformismo que tenciona saber como estão as coisas em nome de seu aprimoramento funcional setorial. O genuíno reformismo não merece ser visto como uma atitude de endosso ao ordenamento atual, como uma ideologia devotada a evitar as mudanças sistêmicas. É pouco rigorosa a maneira de desabonar a teoria que pretende reproduzir – no corpo da pesquisa – a disposição dos fatos (sociais) e aperfeiçoar, via práticas reformistas, o funcionamento das instituições. O ataque desferido contra a teoria pejorativamente chamada de tradicional chega às raias de se converter em uma questionável depreciação de empírico:

> A tarefa de descrever fatos sem levar em consideração aspectos não científicos e de estabelecer os padrões das relações entre eles foi originalmente formulada como um objetivo parcial da emancipação burguesa em sua luta crítica contra as restrições escolásticas à pesquisa. Mas, lá pela segunda metade do século XIX, essa definição perdera seu caráter progressista e mostrava-se, ao contrário, uma adstrição da atividade científica à descrição, classificação e generalização de fenômenos, perdendo-se de vista a distinção entre o essencial e o inessencial. (HORKHEIMER, 1972a, p. 5)

Recorremos a Horkheimer para mostrar que a problemática da empiricidade também suscita controvérsias de natureza política resultantes de se problematizar o tipo de relacionamento que as teorias podem estabelecer com os objetos estudados. A genérica e demasiada importância dada por Fernandes a empírico no processo de produção de conhecimento está sujeita a algumas das críticas políticas que têm sido dirigidas ao fatualismo. Nesse sentido, o projeto de Fernandes de *cientificizar* a sociologia é passível de restrições metodológicas bem como políticas. A exigência de se reproduzir de modo reflexo o universo dos fatos sociais está sujeita a ser vista como associada a uma metodologia conducente ao endosso acrítico do que ora está dado como realidade. Visto como teoria tradicional, o empirismo que impregna o modelo de *sociologia científica* proposto por Fernandes pode, em parte, se comprometer com a produção de um tipo de teoria que, ao "sacralizar" o dado, provoca a legitimação do tipo de ordem subsistente no mundo social. Acreditar que teorias são retratos da realidade equivale a perder de vista que são construções explicativas que têm o potencial de se associar a diferentes propostas e formas de intervenção na realidade. Nada há de contraproducente ou reacionário em uma teoria se por seu intermédio se consegue saber sob que condições determinados tipos de fatos se reproduzem e como podem ter seu curso alterado através de intervenções reformistas localizadas.

É questionável caracterizar, à maneira de Horkheimer, como genuíno conhecimento apenas a *teoria crítica* dedicada à práxis voltada para a negação do que hoje está dado como realidade. É injustificável reduzir o velho requisito de promover a convergência entre teoria e realidade a uma postura conservadora que discorre sobre os "fatos" sociais reduzindo-os ao estado atual para mantê-los como estão. Cabe, no entanto, reconhecer que as metodologias, mesmo sendo epistemologicamente impecáveis, estimulam a produção de distintos tipos de teoria, que se comprometem com diferentes projetos de intervenção no mundo das relações sociais. Tornando a problemática da justificação epistemológica ancila da política, Horkheimer confere à teoria crítica o apanágio de se vincular a um projeto de práxis libertadora. Descurando dos fundamentos epistemológicos, a análise de Horkheimer passa a destacar que as teorizações embutem propostas de práticas sociais.

O fatualismo de Fernandes deixa de reconhecer que os dados são epistemicamente reconstruídos no interior de teorias sociais que, mesmo aspirando a ser empíricas, propõem modos de relacionamento – ratificadores, reformistas ou revolucionários – com a realidade existente. O interesse maior pelo valor epistêmico das teorias não torna irrelevante sua função social. Pela relevância capital atribuída aos fatos, à imperiosidade de apreendê-los como são, o empirismo de Fernandes nenhuma atenção dispensou ao substrato político de seu projeto epistemológico. Fernandes não precisava ter concordado com a cômoda tese de Horkheimer de que as verdades perseguidas pela *kritish Theorie* não podem ser submetidas ao crivo dos critérios de verificabilidade e falsificabilidade porque tais critérios erigem a experiência, *tal qual hoje dada,* em árbitro de todas as formulações teóricas. Advogar que as verdades da teoria crítica concernem a uma ordem de coisas diferente da que vige no quadro atual pode equivaler a se evadir de modo oportunista do "veredicto dos fatos".

O antidescritivismo da teoria crítica rompe com a tradição *coisalista* em sociologia, que concebe o fato social como exterior e coator com o objetivo de tratá-lo como extrínseco, fora do alcance dos desígnios humanos. Acolher o estado atual do fato social é naturalizá-lo, é perenizar as disfunções que o acompanham, é colocá-lo fora da história. A exterioridade e a coação atribuídas ao fato social resultariam de se reputar intranscendível o modo de ser com que se apresenta em determinado momento de sua história. Contra a ontologia coisalista, o leque de opções que se abre à ação humana é determinado tanto pelo que existe quanto pela cogitação do que pode vir a existir. Contra o tipo de teoria chamado de tradicional, costuma-se advogar que a dificuldade de o ser humano se tornar sujeito da história é que transformaria a Sociedade ou o Estado em Leviatã capaz de impingir suas formas e conteúdos às consciências. Com base na crença de que a realidade tal qual existe é fonte permanente de distorções nos processos de interação humana, *a teoria crítica* prioriza a construção de uma nova sociedade acreditando que será inexoravelmente melhor que a atual. Sem a recusa a erigir os fatos do jeito que existem em árbitros das teorias seria inviabilizada sua superação e a inauguração de uma Nova História introdutora de novas formas de viver e conviver:

> A teoria crítica da sociedade tem por objeto os homens enquanto produtores de seu próprio modo histórico de vida em sua totalidade. As situações reais, que são ponto de partida da ciência, não são consideradas simplesmente como dados suscetíveis de verificação e predição consoante as leis da probabilidade. Todo dado depende não apenas da natureza, mas também do poder que o homem tem sobre ele. (HORKHEIMER, 1972b, p. 244)

Tal qual apresentada no programa de Fernandes de *cientificizar* a sociologia, a metodologia empirista adota um modelo de conhecimento sujeito a ser censurado como portador de alguns traços da *teoria tradicional*. Ao conceber a realidade como uma espécie de "baú de fatos" a ter seus objetos inventariados, a teoria social deixa de poder cumprir função crítica. Isto porque reduz as teorias científicas a levantamentos empíricos a serem apropriadamente generalizados. Ao menos no plano da vida social, a "naturalidade" dos fatos é residual em razão de ser necessário reconstruir a significatividade de que são portadores. A teoria social que supõe possível reproduzir uma inteligibilidade *dada* nos fatos acaba, em última análise, favorecendo a produção de um tipo de conhecimento que, deliberadamente ou não, pode ser colocado a serviço da ordem social vigente. O tipo de empirismo defendido por Fernandes pode ser visto como suscetível de dar endosso acrítico aos fatos sociais – na configuração em que se apresentam ao pesquisador – e de conduzir ao "conformismo social":

> Essa radical aceitação do empírico viola o empírico porque nele fala o indivíduo mutilado, "abstrato", que experimenta (e expressa) exclusivamente o que lhe é *dado* (dado em sentido literal), que dispõe apenas dos fatos e não dos fatores, cujo comportamento é unidimensional e manipulado. (MARCUSE, 1965, p. 147-8)

À diferença das revisões críticas dos princípios básicos do empirismo iniciadas a partir da década de 30 e aprofundadas a partir da de 50, a *teoria crítica* não se dedica a questionar uma concepção funcionalmente equivocada de ciência. Na verdade, seu principal alvo é desmascarar os efeitos políticos decorrentes da escolha de caminhos epistemológicos fatualistas, é desqualificar o *dadismo* como uma visão comprometida com a permanência da atualidade em detrimento de potencialidades. Por esse motivo, o destaque recai sobre a questão de como um modelo de conhecimento se apropria do real e sobre o tipo de legitimação que proporciona à ordem encontrada nos "objetos estudados". Rechaçando a distinção entre fatos e valores, os defensores da teoria crítica recusam-se a apartar a metodologia da *política* repelindo a atitude intelectual que transforma o estar das coisas em seu ser, que faz da atualidade, tal qual historicamente dada, uma espécie de destino inelutável, e do fato, tal qual se vem mostrando, juiz absoluto do que se diz sobre ele. A naturalização da metodologia se faria acompanhar de análogo processo na esfera política: ao deter-se no que existe tal qual existe, o pesquisador separa os fatos dos processos sociais e de sua história e fica impedido de ir além das relações de poder em suas atuais formas de existência e expressão.

O acolhimento dos princípios fundamentais da filosofia dialética faz com que filósofos como Horkheimer questionem o princípio da atomização e fenomenalização do real defendido por empirismos como o subjacente à obra de Fernandes. Convém, entretanto, ter presente que a categoria de totalidade em que se estriba a teoria crítica ostenta uma identidade metodológica e ontológica nebulosa já em sua forma originalmente expressa por Hegel por meio da tese de que "a verdade é o todo". De qualquer modo, merecem ser levadas em consideração as críticas assacadas contra os enfoques empiristas atomizadores que perdem de vista a natureza sistêmica de alguns processos sociais:

> A limitação aos objetos extraídos de seu contexto e rigidamente isolados – o que constitui justamente a aproximação da pesquisa social às ciências empíricas da natureza inspirada pela exigência de exatidão e visando a criar condições de pesquisa similares às da investigação laboratorial – faz com que o tratamento da sociedade como totalidade permaneça, não só temporariamente, mas por princípio, fora de cogitação. (HORKHEIMER & ADORNO, 1966, p. 136-7)

Tirar um fato social de seu contexto com vistas a detectar o que o faz intrinsecamente ser e ocorrer de determinados modos foi sempre uma meta visada pela pesquisa experimental. O sucesso da empreitada permitiria exercer algum tipo de controle instrumental sobre o fenômeno estudado. As metaciências empiristas, mesmo quando se viram obrigadas a reconhecer a impossibilidade de aplicação do método experimental aos objetos sociais, não deixaram de confinar cada linha de investigação a um conjunto rigidamente delimitado de eventos, situações, propriedades etc., com o objetivo de sobre eles exercer controle metodológico operacional. O abandono do ideal da pesquisa experimental nas disciplinas sociais abalou a pretensão da conquista do poder instrumental sobre os fatos da vida associativa. Horkheimer e Adorno qualificam de "preconceito" ontológico a tese de que só partes têm existência determinável e a de que sua dissecação é o único procedimento metodológico apropriado na medida em que o todo, deixando de ser visto como resultante do funcionamento articulado das partes, é inobservável (Cf. Albert, 1977, p. 193-234). Para a Teoria Crítica, "conhecer as partes" equivaleria a "acompanhar-lhes a funcionalidade", a saber como vêm ocorrendo para antecipar como ocorrerão e, se possível, alterar-lhes os modos de manifestação, mas nada disso ensejaria captar-lhes a identidade e direção históricas. Buscar explicar partes seria fruto de uma concepção de conhecimento subordinada à perseguição de poder instrumental, só alcançável pelas ciências naturais, sobre os objetos. No domínio da vida social, saber e poder não têm como se justificar reciprocamente, ou seja, *aplicando* certa racionalidade ao real depois de tê-la supostamente derivado desse mesmo real. A vigência do *dado*, ao menos no plano do saber social, significa o predomínio *do que está dado*, do que (*a*)*parece*, e, no extremo, a uma forma de legitimação do *status quo*:

> O esforço de ater-se a dados certos e seguros, a tendência a desacreditar toda investigação sobre a essência dos fenômenos como "metafísica" ameaçam conduzir a pesquisa social empírica a restringir-se ao inessencial

> em nome da validade e da comprovação inconcussa. (HORKHEIMER & ADORNO, 1966, p.137)

O conhecimento visado pela teoria crítica busca não o aprimoramento setorial do que existe, mas promover intervenções na realidade social como um todo em condições de debelar as disfunções sistêmicas. Em vários escritos, Fernandes (1976a, Cap. 3) se debruça sobre a problemática da aplicação do conhecimento sociológico à realidade com o fito de aperfeiçoá-la. O esquema proposto consiste na busca de uma interação entre o que denomina raciocínio prático e raciocínio indutivo. A rigor, inexiste a necessidade de se distinguirem duas modalidades de raciocínio a fim de se justificar a existência de uma sociologia aplicada, uma vez que o próprio modelo indutivo de explicação aponta para a possibilidade de um tipo de intervenção na realidade baseado em predições confiáveis. Nesse sentido, o tipo de explicação que se limita a capturar "uniformidades de coexistência e de sequência" precisa ser puramente reiterativo da ordem existente no real. Dados seus pressupostos metodológicos e ontológicos, o empirismo "congela" as *formas atuais do ser* porque foge de seu alcance epistemológico a discussão da possibilidade de florescência de histórias alternativas do ser (social):

> O conhecimento relaciona-se apenas com o que é e com sua recorrência. Novas formas de ser, especialmente as que surgem a partir da atividade histórica do homem, situam-se para além da teoria empirista [...] Em suma, todas as tendências históricas que vão além do que é presente e recorrente não pertencem ao domínio da ciência. (HORKHEIMER, 1972c, p. 144)

Tal formulação de Horkheimer está afinada com a tese marxiana de que a sociedade, em consequência de sua fragmentação em classes antagônicas, está longe de realizar suas melhores potencialidades. Devido a isso, a ação de invocar o dado, o estado atual, como constituinte formador do conhecimento e como árbitro de sua validade equivaleria, em última análise, a erigir as atuais formas de organização social em modelos de si mesmas suscetíveis, quando muito, de correção ou reforma setorial, mas não da transformação estrutural capaz de permitir aos homens recuperarem a capacidade de conduzir o próprio destino, com sua razão se apresentando em condições de controlar não só os meios como também os fins históricos de sua existência:

> Para os sociólogos, em geral, a "*cura*" de um mal social só pode resultar de um "remédio" igualmente social, pois é característica da sociologia aplicada a manipulação prática dos problemas sociais em escala grupal. Em termos dos resultados da análise funcionalista, esta formulação é adequada, mas deveria ser restringida. Cada situação particular oferece perspectivas próprias e limitadas de eliminação das inconsistências funcionais através da mudança controlada (FERNANDES, 1972, p. 295)

Sem qualquer veleidade eclética de tentar harmonizar os diferentes modos de compreensão de *empírico* em uma concepção única, recorremos, neste capítulo, a distintas ópticas metacientíficas para evidenciar quão pouco esclarecedora é a visão de Fernandes que proclama genericamente que a sociologia é uma ciência empírica. O confronto de visões também possibilitou identificar com que compreensão específica de empírico se compromete tacitamente o projeto de Fernandes *de cientificizar* a sociologia. Além de preso ao verificacionismo, tal projeto está baseado em um ideal de conhecimento que, ao dar primazia genérica ao empírico, pode propiciar a formação de teorias que favorecem uma reificada reprodução da "atual ordem" em detrimento de potencialidades históricas. O tratamento dado a empírico reflete a estratégia global de Fernandes de recorrer a um ideal de metodologia que, apesar de se dizer calcada na racionalidade forjada pela ciência (sociológica), constitui, no fundo, um esforço no sentido de dar unidade epistêmica à sociologia a partir da utilização dos princípios fundamentais da filosofia da ciência empirista clássica.

Demonstramos a natureza problemática da visão de Fernandes que supõe que empírico só pode ter uma acepção e que pode ser tratado como traço distintivo da racionalidade científica. A concepção de metodologia como expressão normativa da racionalidade operacional da ciência impediu Fernandes, e seus seguidores, de identificar os comprometimentos epistemológicos, ontológicos e políticos envolvidos na óptica que define a sociologia como uma ciência empírica. Sem o pressuposto que encara a metodologia como *reflexo* normatizado da ciência real não seria camuflado o lugar filosófico ocupado e não seria acriticamente endossada a definição de ciência de Fernandes afinada com uma tradição de pesquisa que pode, *in extremis*, resvalar para a reificação e hipostasiação de empírico.

CAPÍTULO 4

A INADEQUAÇÃO DO OBSERVACIONALISMO À CIENTIFICIZAÇÃO DAS DISCIPLINAS SOCIAIS

> Mas um fato é como um saco: vazio não fica de pé. Para que fique de pé é preciso antes pôr-lhe dentro a razão e o sentimento que o determinaram. (PIRANDELLO, 1972, p. 53)

Vimos que recentes estudos na filosofia da ciência têm tendido a problematizar, até mesmo relativizar, a função do ingrediente empírico no processo de formação e validação das construções explicativas da ciência. Neste capítulo, nosso intento é aprofundar o alcance das críticas à proposta de Fernandes *de cientificizar* a sociologia questionando o embasamento epistemológico de sua definição da sociologia como *ciência de observação*. Pretendemos mostrar que conferir à atividade observacional o poder de *gerar* e *validar* teorias empíricas desencadeia dissensos até no interior de correntes com vínculos epistemológicos com o empirismo. São várias e importantes as dificuldades metodológicas enfrentadas pelos que acreditam na existência de uma base observacional autossubsistente capaz tanto de formar quanto de justificar teorias sociais.

4.1. Do império da observação à imbricação entre teoria e fatos

Justifica-se colocar em discussão a legitimidade do privilégio epistemológico que as diversas vertentes empiristas têm concedido à atividade de observação no processo de produção do conhecimento científico. Com o fito de comprovarmos que têm sido abalados os argumentos em prol do observacionalismo, elencaremos as conclusões alcançadas pelas guinadas epistemológicas resultantes das revisões críticas a que tem sido submetido o empirismo na filosofia da ciência contemporânea. A fim de apontar as vulnerabilidades do observacionalismo levaremos também em conta os resultados obtidos em ciências particulares como a linguística e a antropologia[11] e em domínios específicos como a psicologia da percepção.

Inexiste razão para se diminuir a importância da atividade observacional sempre que se busca conhecimento fatual. O que cabe discutir é a fundamentação epistemológica da tese que confere às técnicas de observação o poder tanto de *gerar* quanto de *justificar* teorias. A problemática do papel cumprido pela atividade observacional no processo de elaboração e justificação de teorias (científicas) tem dado azo a muita controvérsia. Chamamos de observacionalismo a visão de que só são genuínas as teorias derivadas de fidedignas e meticulosas observações e a de que os processos de aceitação e rejeição das teorias são determinados por constatações feitas de modo puramente observacional. É cabível falar de observacionalismo quando a atividade de pesquisa é entendida com se fosse um circuito fechado no qual se desenrola um processo iniciado com observações, que levam à formação de teorias, e concluído com o uso de procedimentos de verificação dedicados a mostrar que a teoria está empiricamente embasada. A circularidade observacionalista em que incorre Fernandes o leva a endossar a seguinte tese de Durkheim (1973, p. xxxix): "objeta-se que o método de observação carece de regras para julgar os fatos recolhidos, mas essa regra se depreende dos próprios fatos".

Ao satisfazer-se em definir a sociologia como uma ciência de observação, Fernandes passou ao largo dos mais importantes debates epistemológicos contemporâneos – destacados, entre outros, por Nagel (1971, p. 2-131), Austin (1964, p. 6-9), Hesse (1980, p. vii-xix)

---

[11] Cf. Bohnen, 1969, p. 38-57.

– envolvendo a espinhosa problemática da relação entre teoria e observação. Defendemos o ponto de vista de que, sendo a atividade de observar sempre mediada por pressupostos teórico-linguístico-ontológicos, não cabe entronizar a base fatual, tornando-a fundamento de si mesma, no processo de produção de conhecimento.

A antropologia linguística tem tentado demonstrar que as linguagens são mais que meros instrumentos para a descrição de eventos. Whorf (1979, pp. 212-21) sustenta que as linguagens são modeladoras de eventos, que em suas gramáticas estão embutidas cosmologias e teorias do mundo, da sociedade, da existência humana etc. A realidade é sempre expressa e problematizada em *uma* linguagem e não simplesmente *por meio* de uma língua. Como toda linguagem encerra uma *teoria de mundo*, desponta problemática a defesa da realização de observações puras sem sofrer enquadramentos teórico-linguísticos. Se a descrição dos eventos depende do papel "ontologicamente" plasmador cumprido por categorias linguísticas, então os limites da linguagem são os limites do que se pode sobre o mundo dizer.

Sendo qualquer atividade de pesquisa social desde o início teórica, exposta a escolhas ontológicas e axiológicas, é problemático dotar a atividade observacional do privilégio de prover a base *rochosa* do conhecimento. Entusiasmado com o aforismo XXXVI do *Novum Organum* de Bacon – "só resta um método, muito simples; a meu entender, consiste em conduzir os homens até os fatos, a fim de que sigam sua ordem e encadeamento" – Fernandes produz o seguinte comentário:

> Hoje se esquece essa verdade fundamental, porque certos meios de chegar aos fatos passaram a ser encarados como característicos da explicação científica. Em disciplinas novas, porém, em que os procedimentos experimentais e quantitativos não são amplamente exploráveis, nada se pode fazer senão percorrer o caminho já trilhado pelas próprias ciências experimentais, tomando o ponto de partida mais modesto e direto, apontado por Bacon nessa passagem célebre. (FERNANDES, 1972, p. 120)

No passado, se repetiu insistentemente que a superioridade explicativa da ciência resulta de sua humildade em seguir rigorosamente as pegadas dos fatos. Consoante tal perspectiva, alardeada por muitos cientistas e filósofos da ciência, o componente observacional é crucial para que a ciência crie uma modalidade de explicação superior às pseudocientíficas e às metafísicas. O fundamento observacional, o enraizamento no dado, tornaria o saber científico mais confiável que qualquer outro. Suas teorias mereceriam credibilidade epistêmica especial por gerarem explicações rigorosa e cuidadosamente embasadas em fidedignas descrições dos fenômenos estudados. Desse modo, incumbiria à atividade observacional suprir o conteúdo empírico que distingue as autênticas teorias científicas dos vazios empreendimentos especulativos:

> De um lado, a formação regular do sociólogo brasileiro, que é, como vimos, insuficiente para defendê-lo do trabalho dispersivo. De outro, a nossa proverbial educação intelectualista e aristocrática, que deu origem a uma tendência bem definida à supervalorização do "trabalho teórico", representado como pura manipulação de ideias abstratas. (FERNANDES, 1977, p. 64)

É importante reconhecer que o descaso pela atividade observacional gerou a tendência – detectada por Fernandes – ao ensaísmo e ao "impressionismo explicativo", que durante muito tempo permaneceu um entrave à adoção do "enfoque científico" nos estudos sociais feitos no Brasil. O que este capítulo intenta demonstrar é que as armas do observacionalismo têm pouco poder epistêmico para rechaçar as formas de especulativismo ou de retórica altissonante, porém vazia. A sedução do "beletrismo", acusável de produzir floreios interpretativos à margem dos fatos, foi repelida por Fernandes com a tese de que uma teoria, para poder aspirar à condição de científica, precisa conferir irrestrita primazia à observação. É pouco eficaz combater interpretativismos, teorias impressionistas, recorrendo a uma concepção fatualista de ciência, que ignora a necessidade de se contar com teorias, ao menos parcialmente autônomas, para se alcançar algum tipo de conhecimento sobre o mundo das relações sociais. É improfícuo substituir o teorismo vazio por um observacionalismo tosco que reduz a teoria à mera consequência generalizada do que foi constatado no plano dos fatos particulares. Pode-se revelar empobrecedor afastar uma construção interpretativa, sem dar a devida atenção ao que pode conter de pioneiro, apenas porque tem natureza especulativa. Nebulosas intuições, presentes em textos metafísicos, se revelaram férteis antecipações de conceitos que abriram caminho para o que Fernandes denomina de pesquisa empírica sistemática. O ainda escasso conhecimento dos mecanismos que tornam possível a associação entre *imaginação conjectural* e *conteúdo empírico* faz com que à tendência ao abstracionismo fatualmente vazio se contraponha um observacionalismo, que superestima o conteúdo empírico deixando de dar a devida atenção à função cumprida pela teoria. O medo de sucumbir ao teorismo especulativista tem conduzido a uma exageração ingênua, em especial no âmbito da sociologia latino-americana, do papel dos fatos no processo de conhecer:

> Na América Latina predominou, durante um período mais ou menos longo, a sociologia especulativa ou filosofia social. Com a introdução da sociologia moderna, a primeira reação é considerar suspeita toda teorização para que se possa sistematicamente rejeitá-la. Com isso, tende-se a recair em um empirismo tosco e elementar. Surge, assim, uma forte preferência por um tipo de pesquisa que não é precedida nem seguida por qualquer consideração teórica. (HEINTZ, 1962. p. 3)

Essa problemática do relacionamento entre *construção teorética* e *conteúdo experiencial* é tão antiga quanto a filosofia. Aprofunda-se com o advento da ciência moderna em virtude de em seus sistemas explicativos ser difícil distinguir nitidamente *fato* (empírico) de *artefato* (teórico). Aparecendo imbricados já quando do surgimento de uma ciência tida por modelar, caso da física, os dois momentos do método – levantamento de dados e tratamento teórico – acabam por inspirar duas distintas tradições gnosiológicas. Enquanto o racionalismo propunha critérios de justificação inspirados na epistemologia da matemática de então, o empirismo clássico britânico elaborava uma versão experiencial de método voltada primacialmente para as ciências da natureza então emergentes. A intuição (*intuitus mentis*) e a inferência (*illatio*) são procedimentos reputados essenciais por Descartes por supô-los derivados do método empregado pela matemática. Em contraposição, o empirismo baconiano acusa a *antecipatio mentis*, o apriorismo especulativista, de só gerar *idolos ideacionais* enquanto a *interpretatio naturae,* aposteriorista, consiste em observar com rigor para chegar a generalizações seguras.

A fim de evitar o risco do *regressus ad infinitum*, tanto o racionalismo quanto o empirismo moderno defendiam a existência de uma base *inconcussa* – por exemplo, proposições intuitivamente autoevidentes ou enunciados observacionais imediatamente verificáveis – a partir do qual se construiria o edifício do saber. O racionalismo acreditava em um tipo de dedução capaz de ensejar a derivação de conclusões que ampliam o conteúdo presente nas premissas, ao passo que o empirismo defendia uma modalidade de indução que, diferente da simples enumeração, se mostrasse imune à falácia da distribuição ilícita.

Esses dois modelos de conhecimento, supostamente apoiados em uma base infalível, foram com o passar do tempo se revelando controversos. A dedução, com os avanços da matemática e da lógica simbólica, acabou autorizando apenas transições "analíticas", que, por se apoiarem em equivalências ou implicações meramente tautológicas, apresentam-se desvinculadas de qualquer consideração material e impedidas de promover aumento de conteúdo na conclusão *vis-à-vis* ao veiculado nas premissas. Sobre a intuição recaíram diversas formas de restrição epistemológica, que culminaram na conclusão de que é incapaz de prover mecanismos seguros de validação.

Estamos interessados em mostrar como a base observacional, tida por inquestionável ponto de partida e provedora dos crivos de aferição vem tendo seu poder de formar e validar as construções explicativas crescentemente questionado. Avolumam-se as constatações de que observações só podem ser feitas a partir de quadros teóricos seletivos e de que a *avaliação empírica* está longe de poder ser feita pelo confronto de componentes teóricos individualizáveis com itens observacionais correspondentes. Tem-se reconhecido cada vez mais a necessidade de atrelar a validação epistêmica das partes a totalidades encaradas como sistemas indecomponíveis. Aumentam, por consequência, os questionamentos à visão que confere à base observacional a capacidade, *per se,* de *aferir* e conferir credibilidade explicativa a uma teoria aspirante a ser científica.

Merece a pecha de observacionalista, a filosofia da ciência que concede à observação o poder tanto de formar quanto de validar teorias concebidas como generalizações indutivamente alcançadas. É sabido que a investigação científica envolve uma esfera descritiva voltada para a identificação e exposição de fatos e uma *teorética,* que se devota à construção de hipóteses e teorias. As metaciências filiadas à tradição empirista costumam caracterizar o trabalho de pesquisa como se pudesse ser adstrito à parte descritiva, como se fosse possível separar o registro de fatos da perspectiva teórica que os reconstrói explicativamente. Como frisa Von Wright (1971, p. 169), quase todas as revoluções científicas referendam a tese da inseparabilidade das duas dimensões. A redução da ciência à técnica de descobrir fatos é equivocada por olvidar que se trata também de uma criação de teorias, de uma *ars inveniendi.*

A dimensão teórica é privada de autonomia epistêmica quando sua força explicativa é vista como subproduto de uma sólida base observacional responsável pela gênese e validação dos resultados obtidos. Nesse caso, deixa de haver teoria entendida como uma estrutura explicativa formada pela urdidura de um conjunto de hipóteses heuristicamente articuladas em busca da *identificação* das causas dos complexos fenômenos da vida social. Menos ainda há teoria no sentido de esquemas hermenêutico-dialéticos capazes de operarem o desvelamento das determinações latentes dos processos que formam os sistemas sociais estudados como partes do Todo. Em verdade, o observacionalismo e o indutivismo professados por Fernandes não têm por que reservar uma autonomia, ainda que relativa, à teoria em virtude de encararem a explicação científica como derivada do que se pode *detectar* nos *fatos*.

Malgrado ciências como a sociologia não tenham como seguir à risca os cânones de pesquisa recomendados pelo observacionalismo, Fernandes os considera traços distintivos da racionalidade científica. Isso o leva a conferir à observação função metodológica determinante no estudo dos fenômenos da vida associativa negligenciando que se distinguem por ocorrerem acompanhados da compreensão que os agentes sociais formam sobre si mesmos e as situações em que se encontram. Em um bom número de casos, o cientista social lida não só com fatos, mas também com as interpretações que os agentes criam sobre si mesmos, sobre seus comportamentos em situações de interação material e simbólica. O *Lebenswelt*, o Mundo da Vida, é mais que um conjunto de fatos que se reproduzem como uniformidades de coexistência e sequência; é um contínuo processo de construção de teias de "significados" culturalmente compartilhados. Por mais que as caracterize como parciais, rudimentares, errôneas, alienadas etc. o pesquisador não pode deixar de levar em conta que as *interpretações* que as pessoas elaboram sobre si mesmas e os contextos nos quais estão inseridas se acrescentam como "fatos subjetivos" aos "fatos objetivos". Isso permite afirmar que o fato social é ocorrência, vivência, acompanhada de uma compreensão que o senso comum constrói sobre ele. Em virtude de os agentes, no âmbito dos grupos e das instituições, formularem "teorias" (Cf. Oliva, 1995, p. 9-21) sobre si mesmos e sobre as variáveis contextuais envolvidas, o cientista fica impossibilitado de explicar o fato social sem levar em conta as interpretações e "ideologias espontâneas" nele incrustadas.

Essas constatações obrigam a vincular a problemática da explicação à assunção de posicionamentos existenciais e políticos em virtude de uma teoria social propor também uma forma de *relacionamento crítico* com a "compreensão" presente no próprio "objeto de estudo". As construções explicativas do investigador podem recomendar que determinada *forma de vida* seja transformada a fim de poder possuir uma nova identidade histórica. Metodologias e pesquisas baseadas na atitude observacionalista não atentam para esse tipo de questão e acabam defendendo uma concepção *coisalista* de conhecimento segundo a qual tudo que importa é buscar estabelecer nexos causais entre os modos de manifestação das ocorrências sociais. Com isso, descuram que o estudo do social é não só uma questão do complexo relacionamento entre teoria e fatos, mas também a de uma intricada relação entre uma teoria de nível 2 (a do cientista) e uma "teoria" de nível 1 (a dos agentes). Por essas razões, consideramos discutível destacar a cientificidade da sociologia pelo predicado observacional como faz Fernandes (1972, p. 68): "a condição essencial para construir a sociologia como ciência empírica independente consiste em acentuar seu caráter de ciência de observação":

> Nenhum representante sério da pesquisa social empírica sustenta, por certo, que seu trabalho seja possível sem teoria, que o arsenal dos instrumentos de pesquisa se reduza a uma *tabula rasa* depurada de todo "preconceito" e colocada frente aos fatos a serem coligidos e classificados. Tal forma primitiva de empirismo se esboroa já frente à problemática bastante debatida da seleção dos objetos de estudo. Todavia, a teoria acaba admitida mais como uma espécie de mal necessário, como "invenção de hipóteses", que reconhecida plenamente como uma instância autônoma. (HORKHEIMER & ADORNO, 1966, p. 136)

Nos trabalhos em que genericamente desenvolveu seu projeto de *cientificizar a sociologia*, Fernandes (1976a, 1976b, 1974, 1975b, 1970) limitou-se a frisar o caráter observacional da cientificidade da sociologia. Já em *Fundamentos empíricos da explicação sociológica,* sua mais importante obra metodológica, há uma diuturna defesa sistemática dos princípios básicos do observacionalismo. Se caracterizar a sociologia como uma ciência empírica é muito pouco esclarecedor, o mesmo se pode dizer da tentativa de distingui-la pespegando-lhe o predicado observacional. Naquilo que tem de genérico, tal definição possui valor estritamente classificatório e didático capaz tão somente de evitar a errônea inserção da sociologia entre as ciências formais ou a atitude nostálgica dos que a confundem com a filosofia social. Além do mais, cumpre ter presente que os estudos sociológicos não têm maciçamente lançado mão de técnicas observacionais, como acreditou Fernandes:

> O fato de que a atenção sociológica se afastou claramente nas últimas décadas do uso da observação é documentado por Brown e Gilmartin (1969, p. 287-88), que informa que esse método só foi utilizado por 13% dos estudos nos dois principais periódicos sociológicos em 1940-1941 e apenas por 4% em 1965-1966) (RILEY & NELSON, 1976, p. 14)

É parcamente elucidativo qualificar de observacional uma ciência apenas por sua atividade de pesquisa haurir seu "conteúdo" do acompanhamento dos fatos. No fundo, definir uma ciência como observacional serve para indicar que se está conferindo à base factual a prerrogativa de *dar origem* e *justificar* as teorias. O atributo *observacional* só pode ser erigido em traço distintivo da cientificidade da sociologia caso se confira papel insignificante a outros ingredientes como o teórico, o hipotético, o imaginativo etc. Só pressupondo, como faz Fernandes, que a observação cumpre a função capital de forjar e julgar teorias se torna cabível advogar que uma disciplina é uma ciência de observação. Definir uma ciência como formal, caso da lógica e da matemática, é destacar que em seu interior não se fazem considerações a respeito de conteúdo, de que nela se estudam *formas* ou relações sintáticas submetidas precipuamente ao requisito da consistência. No caso de Fernandes, a definição da sociologia como uma ciência observacional implica que a teoria é vista como uma espécie de *consequência* dos fatos.

O reconhecimento de que o processo de pesquisa demanda uma constante atividade observacional e submissão permanente a crivos fatuais não oferece razões suficientes para caracterizar a sociologia, à maneira de Fernandes, como uma ciência de observação. No caso das disciplinas sociais, tal qualificação é ainda mais questionável em razão de a dimensão fatual envolver dupla teorização: a espontânea, dos atores dos processos sociais, e a reconstrutiva elaborada pelos pesquisadores. Por conseguinte, é empobrecedora a proposta que sustenta que a cientificidade da sociologia está atrelada essencialmente à identificação de "padrões empíricos" veiculados sob a forma de generalizações representadas por teorias que se limitam a dar expressão a uniformidades de coexistência ou sequência. Visto ser trivialmente verdadeiro que as pesquisas desenvolvem toda uma frente de trabalho observacional, a questão crucial concerne ao que as ciências fazem depois de delimitarem um campo de observações. O desafio consiste em determinar como se estruturam as relações entre a teorização perscrutadora e a observação registradora:

> Os conceitos físicos são livres criações do intelecto humano. Não são, como se poderia pensar, determinados exclusivamente pelo mundo exterior. No esforço de entendermos a realidade muito nos parecemos com o indivíduo que tenta compreender o mecanismo de um relógio fechado [...] Se for engenhoso poderá formar uma imagem do mecanismo que poderia ser responsável por tudo quanto observa, mas jamais poderá estar totalmente certo de que tal imagem seja a única capaz de explicar suas observações. Jamais poderá confrontar sua imagem com o mecanismo real. Tampouco poderá representar-se a possibilidade e o significado de tal confronto. (EINSTEIN & INFELD, 1966, p. 31)

A supervalorização do papel da observação no processo de produção de conhecimentos acarreta a negação da autonomia, ainda que relativa, da dimensão teórica e a redução da identidade expressiva dos componentes teóricos a dos conteúdos empíricos. As dificuldades epistemológicas nas quais se tem enredado alguns empirismos resultam de sua exigência de que as teorias sejam diretamente derivadas dos fatos:

> Visto que é através da sensação que nos é dado o exterior das coisas, pode-se afirmar que a ciência para ser objetiva deve partir da sensação e não dos conceitos que se formaram sem ela [...] É da sensação que

> saem todas as ideias gerais, verdadeiras ou falsas, científicas ou não. (DURKHEIM, 1949, p. 43)

Se as teorias deixarem de ser reduzidas a meras generalizações, torna-se inviável *justificá-las* como *derivações diretas* dos fatos. Ademais, se as teorias forem confundidas com generalizações passará a ser problemático o suporte evidencial que os casos *particulares* lhes proporcionam. É parcamente defensável a visão durkheimiana de que as ideias se acrescentam às sensações como uma espécie de desdobramento inferencial dos fatos como se fosse possível sensorialmente fotografá-los. Cabe também ter presente que inexiste a "exterioridade social" apreensível de modo desvinculado de ideias, de visões de mundo:

> O mundo dos observáveis não está simplesmente "ali fora" para ser descrito e medido com os sistemas de mensuração da ciência moderna. O curso dos eventos históricos e as ideologias de determinada época podem influenciar o que está "ali fora" e a forma de esses objetos e eventos serem percebidos, avaliados, descritos e medidos. (CICOUREL, 1964, p. 38)

Algumas vertentes do empirismo contemporâneo se deram conta da necessidade de se reavaliar o observacionalismo que vinha sendo amplamente esposado. Tentando superar as formulações do observacionalismo rústico, o Empirismo Lógico enfrenta a questão do estatuto metodológico específico dos componentes teóricos dos sistemas explicativos das ciências. A fim de abordá-la de modo mais preciso, Carnap conecta a questão da observação a como se constitui a linguagem científica. A constatação de que a pesquisa científica não se adstringe à veiculação de observações generalizadamente expressas sob a forma de leis levou Carnap a reconhecer que a linguagem científica se divide em linguagem teórica e observacional. Não pretendia, com isso, retirar da observação o papel capital que historicamente lhe vinha sendo conferido pelas teorias da ciência. Tinha por objetivo revitalizar a longeva tradição empirista sem fechar os olhos para uma série de resultados científicos – sobretudo em uma disciplina tida por exemplar como a física – que tornavam obrigatório um amplo debate em torno da especificidade dos construtos teóricos que integram as explicações científicas. Tendo isso em vista, Carnap (1956 e 1978) definiu a linguagem observacional como a que se compõe de termos que denotam, direta ou indiretamente, propriedades e relações observáveis e a linguagem teórica como a constituída por termos que podem denotar eventos inobserváveis, aspectos ou características inobserváveis dos eventos. Tal distinção colidia com o observacionalismo, que reduzia a teoria a epifenômeno, a consequência inferencial da base observacional delimitada. Em verdade, reconhecia a inadequação de encarar as construções teóricas, em sua *especificidade expressiva e funcional*,[12] como subprodutos de uma base observacional. Na ciência contemporânea, mais especificamente na física das micropartículas, os elétrons e os átomos são exemplos de termos pertencentes à linguagem teórica. Em ciências sociais proliferam termos como "anomia", "função", "estrutura de classe", "elasticidade de demanda" etc.

A revisão crítica do observacionalismo levada a cabo por Carnap procura resguardar a determinação em última instância da dimensão observacional, com a diferença fundamental de que introduz o reconhecimento de que há uma linguagem teórica com relativa independência expressiva. Se por um lado subsiste o ponto de vista de que os termos da linguagem observacional obtêm seus significados cognitivos por associação a elementos identificáveis no horizonte da experiência perceptualmente registrável, por outro, tem início o movimento voltado para a superação do observacionalismo: os termos da linguagem teórica, mesmo adquirindo seus significados através das relações que mantêm com os da linguagem observacional, passam a desfrutar de relativa autonomia expressiva. Na terminologia carnapiana, as relações entre os termos teóricos e os observacionais

---

12 Falta texto da nota

se estabelecem por meio das chamadas regras de correspondência. Enquanto os enunciados observacionais são diretamente testados, procede-se ao teste indireto dos enunciados sobre inobserváveis através dos vínculos que mantêm com os que veiculam protocolos.

O observacionalismo começou a ser retificado a partir do reconhecimento de que há duas linguagens, a teórica e a observacional, sem que a primeira se limite a veicular o que é expressivamente autorizado pela segunda. O controle "empírico" da linguagem teórica passa a se fazer de modo indireto, por suas ligações com a linguagem observacional. Como a linguagem observacional mantém vínculos *ostensivamente* apreensíveis com a experiência, a linguagem teórica a ela atrelada, através de regras de correspondência, fica indiretamente conectada ao plano *empírico*. Com isso, resguarda-se a relativa autonomia expressiva da dimensão teórica sem que a linguagem observacional tenha perdido a função de proporcionar acesso à experiência. Sem vínculos com a linguagem observacional, uma teoria corre o risco de ser puramente especulativa. As regras de correspondência têm por objetivo evitar tanto o teorismo especulativo quanto as rústicas formulações observacionalistas esposadas por sociólogos como Durkheim e Fernandes. Ademais, as regras de correspondência preservam o essencial do modelo tradicional de avaliação metodológica: as teorias continuam precisando mostrar que estão conectadas ao plano fatual, só que de modo indireto. Isto porque os enunciados teóricos são empiricamente "testados" atentando-se para os vínculos que mantêm com enunciados observacionais sobre os quais é exercido controle experiencial direto.

Essa tentativa de corrigir o observacionalismo se mostrará acanhada diante da filosofia da ciência posterior, que advogará que inexiste domínio autárquico de fatos, uma vez que a concessão de relevância aos fatos identificáveis varia de acordo com os quadros teóricos construídos. A inexistência de uma base observacional autossubsistente, a ser apenas retratada, torna questionável a pretensão de se estabelecer nítida linha divisória entre enunciados observacionais, que supostamente veiculam o diretamente observável, e enunciados teóricos, que afirmam mais do que é diretamente experienciável.

4.2. A observação guiada pelo holofote da teoria

Segundo Popper, se alguém repetidamente desse a ordem vaga "Observe!", seu interlocutor seria, em determinado momento, levado a indagar: "O que?". Tal pergunta só pode ser respondida privilegiando alguma coisa presente no ambiente em detrimento de outras possíveis coisas observáveis. A definição do que observar é fruto de se colocar o foco em algo às expensas de outros objetos igualmente passíveis de atenção. O destaque dado a alguma coisa pode resultar de preferências pessoais, fatores culturais, interesses intelectuais ou práticos e assim por diante. Independentemente de se a influência é exercida por ingredientes culturais ou inclinações individuais, pelas crenças possuídas, por expectativas e predisposições, o que se escolhe observar é afetado por fatores irredutíveis ao plano observacional. Popper (1989, p. 129) tem carradas de razão quando afirma que seria mal orientado o jovem cientista, sequioso por descobertas, se o mestre lhe dissesse: "Saia por aí a observar". O correto seria dar-lhe o conselho de "procurar aprender o que se está atualmente discutindo em ciência, tentando identificar as dificuldades cultivando o interesse pelas divergências de opinião". Nos antípodas desse tipo de visão, o observacionalismo defendido por Fernandes é caudatário do empirismo baconiano passível de ser associado ao observacionalismo. Fernandes atribui à observação funções metodológicas que não têm como ser exercidas sem a ação mediadora de esquemas teóricos:

> Em qualquer setor da investigação científica, cabe à observação *descobrir e pôr em evidência as condições de produção* dos fenômenos estudados. As ciências que podem recorrer sistematicamente à experimentação possuem meios que permitem criar ou variar, de modo artificial, as condições de produção dos fenômenos observados. (FERNANDES, 1972, p. 7)

Fernandes jamais esclarece como podem as condições de produção dos fenômenos ser indicadas, com suas causas identificadas, a partir de técnicas estritamente observacionais. Por meio da observação se pode recolher evidência capaz de confirmar ou refutar uma teoria. Só que antes disso é necessário contar com uma teoria em condições de selecionar os fatos que comporão o campo de investigação. São as pressuposições teórico-ontológicas que especificam que tipos de entidade terão sua *existência* tratada como partes do objeto de pesquisa. Em Durkheim, o que se toma por campo de observação é demarcado pela opção ontológica de só reconhecer como existente o que pode ser tratado como *coisa*. Em Weber, o destaque dado à apreensão do sentido (subjetivo) da ação torna intrincado o processo de observação. Faz toda a diferença o fato de, em um caso, a ontologia ser de tipo *fisicalista*, privilegiando o que pode ser espaço-temporalmente identificado, e noutro a preferência ontológica recair sobre sentidos e intenções inobserváveis. Sem estar munido de pressupostos teórico-ontológicos, o estudioso fica sem ter como se dirigir a um extenso campo de observação em busca da identificação dos mecanismos responsáveis pela (re)produção dos fenômenos que pretende explicar. A concepção da sociologia como ciência de observação deixa de perceber que em seu interior se aninham diversas linhas de investigação cujas diferenças resultam da instauração de distintas ópticas interpretativas até sobre os mesmos domínios observacionais.

Como destaca Russell (1956, p. 68), qualquer observação, por mais simples e trivial, envolve inferência. Não se observa, por exemplo, a raiva, apenas tons de voz, trejeitos corporais, expressões faciais que a expressam. Sendo assim, é problemático falar de observação *tout court*, mormente quando estão em questão conceitos distantes da experiência imediata como, por exemplo, classe social, papel, estrutura, processo e instituição. Pesquisas recentes na área da psicologia da percepção têm corroído o pressuposto observacionalista de que há correspondência biunívoca, estável e invariante, entre percepções e os estímulos externos que as geram. A crença de que o que se percebe pode ser tratado como pura informação objetiva, sem sofrer influência dos óculos teóricos utilizados, acabou por se revelar questionável. Estudos realizados pela psicologia gestaltista mostram quão problemática é a velha suposição de que existe "observação pura", desvinculada de considerações *pragmáticas* do tipo: observável em que contexto? por quem? à luz de que óptica? O exemplo da figura de Jastrow, retomado por Wittgenstein (1968, p. 194), serve para indicar a ambivalência presente nos atos de ver:

O que se desvela quando se olha para alguma coisa pode depender da experiência passada, das crenças entretidas, do conhecimento amealhado, de expectativas etc. Quem olha pela primeira vez para a figura, sem ter ciência da ambivalência que encerra, pode ser levado – a partir de certas predisposições – a ver um pato ou, a partir de outras, a identificar um coelho. Não se trata de escolher ver isso ou aquilo. Sendo esse o caso, mesmo os processos de *simples identificação* de um objeto não devem ser caracterizados como puramente observacionais. Há muito mais que simples mecanismos observacionais envolvidos na ação de determinar a identidade de um objeto. Sendo assim, é injustificável incumbir a observação, como faz Fernandes, de *descobrir* e *colocar em evidência* as condições de produção de fenômenos sociais. Só inseridos na moldura de uma teoria, os fatos formam um quadro no interior do qual adquirem significatividade e relevância:

> Não existe o lá fora. Lá fora você não pode respirar. De onde vem essa ideia? É como um par de lentes sobre nosso nariz e é por seu intermédio que vemos as coisas para as quais olhamos. Nem nos ocorre a ideia de tirar essas lentes. (WITTGENSTEIN, 1968, p. 45)

É equivocado conceber o trabalho científico como fundado em práticas observacionais que propiciam uma teorização tardia reduzida à condição de mera generalização fundada nos dados empíricos coletados. Pouca serventia tem a velha distinção, da qual se socorre Fernandes, entre a situação observacional deliberada e dirigida, própria da pesquisa científica, e os modos de ver do senso comum guiados por interesses práticos circunstanciais. Não se evita o fatualismo marcando diferenças entre intencionalidade observacional reconstrutiva, própria da ciência, e o mero olhar circunstancial do leigo. Frente à enorme multiplicidade de fenômenos que ocorrem à sua volta, o cientista se vê obrigado a se valer de teorias que lhe permitem selecionar e delimitar um campo específico de investigação. O observacionalismo é incapaz de reconhecer que só por intermédio de um ponto de vista – em alguns casos, mesclado a escolhas axiológicas – se logra fazer e justificar a demarcação de uma área de observação que faz parte do vasto território da experiência possível:

> Quando o sociólogo observa uma situação social dada, ou quando a interpreta, ele pratica uma seleção inapelável nos dados de fato, que chegam à sua consciência pela percepção sensorial. *Ele não se interessa por "tudo" que se desenrola diante de si, pela simples razão de que não* é *sua missão gravar todos os fatos brutos que se passam em derredor.* Na verdade, alcança uma performance notável quando consegue registrar todos os fatos que são essenciais na descrição sociológica dos fenômenos que observa [...] Em resumo: o ponto de vista sociológico "prepara" e "predispõe" o sociólogo para praticar uma *observação* ou uma interpretação dentro de uma perspectiva que é peculiar à sociologia. (FERNANDES, 1972, p. 49)

Reconhecendo a existência de procedimentos seletivos responsáveis pela escolha do que se vai estudar, Fernandes não lhes atribui a missão de especificar que tipos de fato devem ser prioritariamente investigados no objeto de estudo. Sendo a sociologia praticada não sob a égide de um paradigma, mas na diversidade de suas Escolas, a crença na existência de uma unidade negligencia a problemática do que torna possível a formação de diversos tipos de abordagem e dos diversos procedimentos invocados para legitimá-los. As diferentes e conflitantes, por vezes excludentes, teorias sobre um mesmo campo de fatos sociais indicam a dificuldade de caracterizar, à maneira de Fernandes, a sociologia como uma ciência de observação. Sendo a especificação do que se vai observar dependente da instauração de pontos de vista, fica mais fácil entender por que inexiste uma sociologia, mas várias. Os recortes operados no domínio da experiência não têm como ser feitos e justificados de modo estritamente observacional. A seleção operada no imenso conjunto de ocorrências fenomênicas envolve ingredientes teóricos, ontológicos e axiológicos, de tal maneira que deixa de fazer sentido conceber a observação como um circuito fechado em si mesmo:

> As proposições iniciais, ao definir os problemas científicos dos projetos de pesquisa, determinam *quais* são os aspectos da realidade a serem observados pelo sujeito-investigador e *como* deverão cair sob seu campo de observação. Isso significa que certos elementos subjetivos, essenciais para a organização da experiência do sujeito-investigador, são dados de antemão e orientam suas atividades cognitivas de caráter exploratório. Todavia, esses elementos subjetivos não se refletem na determinação do conteúdo da experiência, a não ser em sentido dinâmico, mas neutro. (FERNANDES, 1972, p. 17)

Nas ciências, a delimitação do campo observacional depende menos de preferências subjetivas e mais da inventividade teorética em combinação com a assunção de determinados tipos de compromisso ontológico. Visto que nas disciplinas sociais é forte a presença de ingredientes que exprimem preferências axiológicas, é pouco elucidativo sublinhar que a demarcação do campo de investigação é fruto da atividade observacional direcionada contra as erráticas compreensões elaboradas pelo senso comum. Fernandes acredita na conquista da objetividade recorrendo a uma metodologia que só permite que o componente subjetivo se imiscua na determinação do conteúdo experiencial de modo dinâmico, porém neutro. Sendo esse o caso, o fator subjetivo deixa de contribuir para circunscrever o que se vai escolher observar. A associação de subjetivo com o tipo de ação – fruto de preferência – que define o que se vai investigar faz com que o problema da decisão a favor do estudo de *algo* acarrete deixar de lado vários *outros possíveis*. Fernandes deixa de lado a possibilidade de um mesmo quadro observacional poder ser abordado e *explicado* a partir de esquemas reconstrutivos pertencentes a diferentes ópticas. Tal qual formulada por Fernandes, a problemática da seleção diz respeito apenas à definição do que estudar e não do que se vai (e como se vai) apreender e destacar no campo que foi demarcado como objeto de investigação.

O tipo de empirismo adotado por Fernandes o leva a entender que o processo de observação não se limita a identificar, via constatação direta, os casos destacados no objeto de estudo escolhido. A atenção do pesquisador está, segundo Fernandes, voltada para a descoberta de casos que reproduzem os aspectos essenciais dos fatos investigados. É inegável que o cientista busca identificar casos empíricos representativos, pois, como assinala Fernandes, é por seu intermédio que se passa do indivíduo concreto para o típico, para se poder descrever as condições de reprodução dos fenômenos sob investigação. Resta saber se a caracterização do típico tem como ser alcançada por meio de um estrito processo de observação, e se é viável a transição dos múltiplos particulares para o "empírico modelar" permanecendo no âmbito da estrita dimensão observacional.

Na visão de Fernandes (1972, p. 50), "pode-se admitir como verdadeiro que a maturidade de qualquer disciplina científica pode ser avaliada pela decisão com que os fatos supérfluos são eliminados do horizonte do pesquisador, na fase descritiva tanto quanto na fase interpretativa de qualquer investigação". O problema é que, em termos metodológicos, o predicado "essencial" gera equivocidade, uma vez que inexistem fatos *em si mesmos* supérfluos. O fato só é "supérfluo" caso não interesse a determinado tipo de enfoque. O que *de facto* existe se manifesta como evidência relevante ou irrelevante *relativamente a* determinado quadro teórico, que foi "livremente criado" – no sentido de que não é reflexo de um domínio observável – com o objetivo de dar conta do campo empírico delimitado. A hipertrofia da dimensão observacional, com o consequente esvaziamento da força heurística da teoria, impele Fernandes a confusamente falar de "fato essencial" e a desconsiderar que só à luz de uma teoria se pode aferir e justificar a "essencialidade" de um fato.

Depois de ter decretado que nas ciências sociais a observação possui as mesmas características e significação que nas demais ciências – subsistindo apenas a peculiaridade de necessitarem reconstruir empiricamente o objeto de investigação – Fernandes advoga que o processo de observação envolve três tipos distintos de operação:

> 1. As operações através das quais são acumulados dados brutos de cuja análise dependerá o conhecimento objetivo dos fenômenos estudados. 2. As operações que permitem identificar e selecionar, nessa massa de dados, os fatos que possuem alguma significação determinável na produção daqueles fenômenos. 3. As operações mediante as quais são determinadas, isoladas e coligidas – nesse grupo restrito de fatos – as instâncias empíricas relevantes para a reconstrução e explanação dos fenômenos. (FERNANDES, 1972, p. 8-9)

Como se vê, as etapas observacionais arroladas abarcam os momentos decisivos do método científico: desde a "captura" do dado bruto até a identificação de traços essenciais. Desse modo, para que se complete o processo de produção de conhecimento cumpre apenas introduzir o procedimento generalizador próprio ao modelo indutivo de explicação. Se, a rigor, não cabe falar de *simples observação* nem mesmo quando está em questão o olhar "espontâneo" do senso comum, deixa de se justificar qualificar essas três fases como pertencentes a um processo de observação. Fernandes lhes atribui as mais importantes funções do processo de conhecer:

> Sobreleva o fato de residirem nossas possibilidades de conhecimento objetivo da realidade social nas três fases do processo de observação;

de um lado, porque é por seu intermédio que podemos fundar nosso raciocínio sobre dados empíricos. De outro, porque ela confere precisão ao nosso raciocínio, fazendo-o desenvolver-se sobre evidências empíricas previamente comprovadas. (FERNANDES, 1972, p. 23-4)

4.3. Do registro fidedigno à reconstrução teórica

Se a simples determinação da identidade de um perfil envolve algo mais que o mero acompanhamento de suas linhas, mais ainda a identificação reconstrutiva das características "essenciais" de entidades complexas como ações, instituições e estruturas sociais. Para compreender o que vem a ser *papel, status, governo, classe social* etc., torna-se necessário forjar construtos teóricos cujo poder explicativo, mesmo se apoiado em ocorrências observacionalmente controláveis, deriva de ultrapassar o que se manifesta como "dado" na superfície da experiência. Por essa razão, fazer ciência consiste, em muitos casos, em partir do dado, do registro do que se oferece à observação, para, em momento subsequente, transcendê-lo com explicações que o reconstroem.

Difícil chamar uma disciplina como a sociologia de observacional quando historicamente exibe a tendência a recusar o que se mostra na superfície em nome da pretensa apreensão das determinações latentes. A proposta de Marx de partir das classes sociais, e não da visibilidade dos indivíduos ou da população em geral, não tem como ser vista como observacionalmente determinada. Inexiste comprovação observacional para a associação, por exemplo, entre *classe social* e modos de pensar e agir. Constructos são importantes nas explicações forjadas pelas diferentes ciências mesmo se privados de correlatos observáveis. Nas disciplinas sociais abundam constructos, como consciência de classe, com base nos quais se ambiciona explicar muito do que se vê.

Diferentemente das disciplinas sociais, as poucas ciências que logram realizar pesquisa experimental possuem meios de criar, ou fazer variar artificialmente, as condições de produção dos fenômenos observados. Pela via experimental, o investigador tem condições de isolar as propriedades intrínsecas dos fenômenos que, se sociais, se diferenciam por acontecer em condições que, para dizer o mínimo, ficam à mercê de variáveis contextuais. É impossível retirar, sem ocasionar alterações em sua identidade, o fato social de seu lócus e história para averiguar se ocorrerá e do mesmo modo. Passível de ser trivialmente definida como uma ciência de observação, a sociologia não tem como aspirar a realizar pesquisa experimental.

Depois de ter enfatizado que o pesquisador social visa a alcançar o típico pela via observacional, já que o experimental lhe é inacessível, e não o caprichoso, próprio da fragmentariedade dos dados brutos, a metodologia de Fernandes (1972, p. 14 e 1975b, p. 131) manifesta o temor, compartilhado com teóricos como Mannheim, de que o acúmulo de materiais empíricos se transforme em ameaça à genuína ciência. Tal preocupação carece de fundamento epistemológico e só se manifesta para aqueles que assumem uma postura rigidamente observacionalista. Até porque a ciência jamais se destaca por se dedicar à atividade de acumulação de dados. Inexistindo investigação profícua resultante de uma febril reunião de fatos, ciência que progrida acumulando horizontalmente informações, "empilhando" dados, o temor da acumulação tira o sono apenas dos que perfilham o empirismo para o qual a atividade científica é mera catalogação/classificação de informações fatuais passíveis de tratamento generalizador.

A comprovação de que os dados empíricos são sempre reunidos em função de uma situação problemática a demandar, já de saída, teorias propositoras de soluções, torna questionável a suposição de que pode ocorrer coleta faraônica ou irrelevante de informações. Longe do observacionalismo, o metodólogo não precisa mostrar preocupação com o estéril acúmulo de material empírico. Para quem acredita que observações são sempre feitas à luz de uma teoria, tal problema deixa de aflorar. A produção científica em nada se parece com armazenamento de fatos. Visto que teorias identificam e reconstroem fatos, o inócuo ou improfícuo amontoamento de dados só acontece quando se revelam destituídas do poder de explicá-los. A ausência de teoria é sinal de que ainda não se ingressou na fase explicativa, decisiva à produção do conhecimento científico.

Por mais que se mostre preocupado em avançar para além dos dados brutos pela construção dos tipos empíricos, o observacionalismo de Fernandes responde à inquietação mannheimiana recorrendo a uma visão de ciência que parece identificá-la a um baú de *fatos*. Reconhecendo que inexiste nas ciências sociais uma transbordante arca de itens fatuais horizontalmente recolhidos, Fernandes (1972, p. 14) assinala que "parece questionável que tenhamos alcançado, nas ciências sociais, um nível de conhecimento positivo da realidade que torne inútil ou mesmo prejudicial a acumulação de materiais empíricos". É equivocado o diagnóstico de Fernandes que torna a relevância do processo de acumulação de dados dependente do estágio de desenvolvimento em que se encontra uma área do conhecimento. A (in)utilidade da coleta de material empírico independe da etapa de desenvolvimento em que se encontra uma ciência, já que é fruto da importância que os fatos adquirem no contexto teórico no interior do qual ganham a significatividade que justifica buscar explicá-los. Sendo a transição indutiva das premissas para a conclusão sempre problemática, Fernandes confere importância crucial à "fase observacional" como se a fidedignidade no registro dos fatos pudesse ser transmitida ao universal categórico sempre sujeito à refutação:

> O progresso empírico-indutivo da sociologia depende, portanto, da capacidade dos sociólogos em refinar as técnicas de observação que permitam o conhecimento das situações de vida contemporâneas e as técnicas de reconstrução de situações de vida desaparecidas. (FERNANDES, 1972, p. 68)

As dificuldades de justificação enfrentadas pelo modelo indutivo de explicação não são superadas pela utilização de rigorosos procedimentos de observação. O desafio da validação do universal categórico portador da forma "Todo A é B" não é vencido por meio do rigor observacional no acompanhamento dos casos particulares de A's detentores da propriedade B. É sempre inferencialmente frágil a passagem do conjunto dos casos reais, passados e presentes, para o universal irrestrito, que se aplica explicativamente também aos casos futuros. Inexiste justificação racional para a transição dos casos constatados para os virtuais, ainda não observados, através de pontes puramente observacionais.

Na caracterização da sociologia como ciência empírica, observacional e indutiva, Fernandes sustenta que esses predicados podem ser encontrados na funcionalidade metodológica das ciências naturais. Segundo Fernandes, a proposta de calcar a explicação sociológica no modelo das ciências naturais, apesar de ser inevitável na medida em que disso dependia o emprego do aparato científico na interpretação da ação humana e da vida em sociedade, acabou por gerar um efeito negativo:

> Orientou o esforço dos sociólogos para os terrenos em que um alto nível de abstração podia ser alcançado com maior rapidez ou levou-os a defender um padrão de elaboração interpretativa demasiado complexo para as possibilidades de uma disciplina nova como a sociologia [...] O que se procurou imitar não foram os passos iniciais do método científico nas ciências naturais, mas a sua forma de aplicação em uma etapa de desenvolvimento mais adiantada dessas ciências. Com isso, paradoxalmente, em vez de a importância do padrão de pesquisa científica das ciências constituídas servir como um guia preciso no trabalho de pesquisa direta dos próprios sociólogos, levou-os a exatamente ao contrário: a evitar a observação direta como fonte regular de conhecimentos positivos da sociologia. (FERNANDES, 1972, p. 64)

A aceitação do naturalismo metodológico, representado também pelo privilégio concedido ao componente observacional, faz-se acompanhar de crítica à tendência dos sociólogos de imitarem as etapas de desenvolvimento mais complexas das ciências naturais e não os supostos procedimentos operacionais da pesquisa que marcam os primeiros momentos de seu evolver. A questão é saber até que ponto o "método científico natural" pode ser desdobrado em esquemáticos momentos evolutivos. A simplicidade do primeiro momento, o da observação direta e literal, tende a dar lugar na ciência à segunda etapa, a da observação seletiva e dirigida. Ademais, se a história da ciência pouco respalda uma concepção cumulativa de progresso, então não dá sustentação a essa tese de que os modos de entrar em contato com os fatos foram metodologicamente se sofisticando à medida que a ciência consolidava seus modelos explicativos. Se a *observação direta* não foi suficientemente exercitada e repetida pelos sociólogos, isso não se deve ao fato de terem procurado copiar os procedimentos observacionais mais complexos das ciências naturais, e sim às dificuldades que sempre encontraram para forjar e fundamentar sistemas explicativos capazes de se mostrar calcados na observação direta.

4.4. Observação indireta e explicação baseada em relatos

De capital importância para sua formação intelectual, as obras etnológicas de Fernandes *A organização social dos Tupinambá*, sua dissertação de mestrado, e *A função social da guerra na sociedade Tupinambá*, sua tese de doutorado, procuram dar início à colocação em prática da metodologia indutivista contra o velho ensaísmo à brasileira. Em entrevista ao Caderno *Mais* da *Folha de São Paulo* (20/8/95), Fernandes declara que "os dois trabalhos sobre os Tupinambá definiram todo um momento em que havia uma grande preocupação pela pesquisa empírica". Nessas obras relevantes para a história das ciências sociais no Brasil, Fernandes se vale, com vistas a proporcionar conteúdo a seus esquemas explicativos funcionalistas, do material recolhido e transmitido pelos cronistas dos séculos XVI e XVII sobre o sistema social dos Tupinambá. Na avaliação de Oliveira (1996, p. 70), a maior contribuição de Fernandes à metodologia da antropologia social "foi a investigação bibliográfica que realizou nas fontes quinhentistas e seiscentistas relativamente à sociedade Tupinambá".

Fernandes (2011, p. 67) é pouco parcimonioso nos elogios à própria obra: "o que Mauss fez com os esquimós, eu fiz com os tupinambás; tentei conhecer a sua civilização nos limites da documentação possível, pois lamentavelmente eu não podia ir além dos olhos dos cronistas [...] é claro que aquela documentação é limitada, uma documentação distorcida, mas ela tem valor; inclusive, são muitas as fontes; pode-se cotejar umas com as outras e selecionar (ou peneirar) o conhecimento positivo". Devido à impossibilidade de se dedicar, nesses estudos etnológicos, ao que denomina observação direta, Fernandes fez uso magistral das informações amealhadas pelos cronistas.

Com base na visão de método científico calcada na observação e na indução, Fernandes (1975b, p. 272) aspira a fazer uma apropriação crítica do material fornecido pelos cronistas: "a crônica não fornecia um *mecanismo racional* de seleção das esferas da realidade a serem descritas e de sistematização dos conhecimentos acumulados". Em nota de rodapé, na qual procura explicar o que entende por *mecanismo racional,* Fernandes afirma usar a expressão no sentido de científico, de baseado no método introduzido pela mentalidade científica. Uma vez mais, em um contexto de crítica a outros modos de lidar explicativamente com fatos sociais, Fernandes invoca o espírito científico confundido com o indutivismo ao qual concede universalidade metodológica. Seus comentários críticos são muito gerais:

> Bastava-lhes descrever as situações presenciadas e condensar, a respeito dos *usos e costumes* tribais, generalizações do tipo do "senso comum" [...] É que, por sua própria natureza, os depoimentos dos cronistas ou constituem verdadeiros "instantâneos sociais" ou caem na categoria de "induções impróprias". São dados e informações que dizem respeito a um *presente imediato*, a experiências que se localizam no tempo e no espaço de forma contingente. (FERNANDES, 1975b, pp. 274-5)

No fim das contas, as críticas que Fernandes dirige aos cronistas são de três tipos: 1) etnocentrismo, 2) pobreza descritiva e 3) inferências indutivas infundadas. Reportando-se às debilidades informativas dos relatos oferecidos pelos cronistas, Fernandes (1970, p. 29) destaca que "as informações sobre a capacidade guerreira dos Tupinambá e suas habilidades no manejo do arco e da flecha são pouco descritivas; pode-se mesmo qualificá-las como "generalizações do senso comum": exposições sintéticas de experiências pessoais ou de conhecimentos indiretos, obtidos de terceiros, sobre o comportamento dos guerreiros Tupinambá". Mesmo fazendo essa aferição crítica, Fernandes ressalta que "é a única fonte, acessível em nossos dias, capaz de proporcionar alguns esclarecimentos sobre tais aspectos do sistema guerreiro dos Tupinambá; por isso, a citação dessas exposições dos cronistas possui inegável importância analítica".

Enquadrar os dados reunidos pelos cronistas no plano assistemático do saber de senso comum não envolve maiores dificuldades desde que isso não implique perder de vista o fato de que tais narrativas conseguiram exibir, malgrado eventuais deficiências metodológicas, algum grau de acuidade descritiva. É controverso que as generalizações que os cronistas fazem sobre a vida societária dos Tupinambá são sempre inadequadas e imprecisas em virtude de terem sido obtidas à revelia dos "cânones do método científico". É necessário aplicar, à maneira de Fernandes, uma visão única e unitária de cientificidade às disciplinas sociais para propor uma avaliação drástica do legado descritivo-explicativo dos cronistas. Fernandes se sente à vontade para, confundindo a cientificidade com o modelo indutivo de explicação, desqualificar as metodologias alternativas. O mais grave é que Fernandes acolhe a *indução por enumeração* simples que, saltando dos particulares para o geral sem dar a devida atenção à possível evidência adversa, fica sujeita a questionamentos metodológicos tão sérios quanto o que chama de "generalizações do senso comum". É complicada a justificação epistêmica do modelo explicativo empirista que Fernandes aplica ao material coletado por terceiros: "até onde alcança a investigação empírico-indutiva, através da reconstituição arqueológica, da reconstrução histórica e da observação direta, a guerra se nos apresenta como um fato social, no sentido restrito de existir como uma das instituições sociais incorporadas a sociedades constituídas". São apontadas lacunas descritivas no material provido pelos cronistas consideradas superáveis apenas por meio da construção de uma explicação comprovadamente empírica para os fenômenos estudados:

> Os observadores quinhentistas e seiscentistas, que descreveram o equipamento guerreiro dos Tupinambá, não mencionam, pelo menos da forma que seria desejável do ponto de vista sociológico, aspectos importantíssimos do mesmo: inclusive os que dizem respeito ao modo manual de aplicação das armas. (FERNANDES, 1970, p. 25)

Na impossibilidade de contato direto com o material de investigação, Fernandes ressalta que

> não é dado ao pesquisador evitar, em estudos de reconstrução histórica, as lacunas oriundas de deficiências das fontes primárias: embora preferisse fazer uma análise, tão completa quanto possível, do manejo das armas pelos Tupinambá, tive que me contentar com a exploração das informações que os cronistas julgaram dignas de relato. (FERNANDES, 1970, p. 25)

As dificuldades envolvidas na reconstrução descritiva e na aplicação de um modelo explicativo ao material de segunda mão recebido dos cronistas deixam de ser devidamente enfrentadas em razão de Fernandes acreditar que o emprego do que chama genericamente de método científico é suficiente para conferir credibilidade à sua pesquisa. Fernandes (1970, p. 29) justifica o recurso aos conteúdos obtidos de segunda mão sublinhando que o fato de ser "a única fonte, acessível em nossos dias, capaz de proporcionar alguns esclarecimentos sobre tais aspectos do sistema guerreiro dos Tupinambá [faz com que] a citação dessas exposições dos cronistas possua inegável importância analítica".

A despeito da contraposição entre observação espontânea e científica, Fernandes (1970, p. 53) acredita poder explicar "porque os aspectos mais exóticos e singulares das guerras tribais foram examinados e descritos com precisão". Com sua visibilidade vistosa, "se impunham com vigorosa espontaneidade à observação interessada dos cronistas". Fernandes ressalva, no entanto, que "os demais aspectos, localizados na penumbra das esferas de observação, deixaram de ser elevados ao campo de consciência dos observadores". Por mais que elucide importantes traços da sociedade Tupinambá, lidando com aspectos antes negligenciados por falta de ferramental conceitual adequado, Fernandes (2011, p. 76) dirige aos cronistas críticas metodológicas genéricas em nome do emprego de um suposto método científico capaz de prover explicações causais: "na monografia sobre a guerra na sociedade Tupinambá, eu só podia passar de correlações para a causação utilizando a análise funcional. Foi o que fiz: para poder explicar o comportamento guerreiro dos Tupinambás em termos causais precisei recorrer à análise funcional e descobrir, então, o mecanismo de causação através da análise funcional".

No fundo, Fernandes sempre procura legitimar suas teses proclamando-as em conformidade com o método indutivo considerado o único com estatuto de científico em condições de gerar resultados empiricamente embasados. Portador de valor supostamente universal, esse método, na avaliação de Fernandes, é desconsiderado pelas teorizações especulativas que se infiltram na ciência ou pelas formas espontâneas de pensar do senso comum. A validade das interpretações de Fernandes depende do poder explicativo da teoria funcionalista por meio da qual interpreta as informações legadas pelos cronistas sobre o mundo social Tupinambá. A longa hegemonia desfrutada pelo funcionalismo em etnologia e sociologia levou Fernandes, e muitos outros pesquisadores, a confundi-lo com o núcleo de cientificidade dessas disciplinas:

> Em particular, é o único método que oferece ao investigador, em condições precárias de trabalho científico, segurança na observação direta ou na seleção de informações históricas, na delimitação dos problemas técnicos, na indagação da "verdade" dos fatos e na proposição

> de inferências gerais [...] acima de tudo, fascinam-me as possibilidades quase únicas, descerradas por esse método: ao lado de uma rigorosa restrição do objeto, impõe uma busca vigorosa das inferências gerais. (FERNANDES, 1975b, p. 275)

Identificando funcionalismo com cientificidade, Fernandes foi levado a menosprezar como meramente filosóficas as restrições dirigidas à Escola funcionalista. Fernandes (1970, p. 14) chega a considerar "o método funcionalista aplicável tanto a problemas sincrônicos, quanto a problemas diacrônicos". A defesa é tão enfática que Fernandes (1978, p. 87) sustenta que "hoje se condena de maneira preconceituosa e dogmática toda espécie de análise funcional; todavia, eu duvido que alguém possa tratar as relações sincrônicas de uma perspectiva dialética; ou falsifica a dialética ou falsifica as relações sincrônicas". Explicitando ainda mais seu endosso ao funcionalismo, Fernandes (1974, p. 201) pensa que "seria preciso, portanto, proceder-se a uma revisão das críticas pueris ao "funcionalismo" – ele não é nem uma "diversão filosófica" nem uma "perversão" do ponto de vista sociológico".

É questionável o tipo de defesa que Fernandes faz do funcionalismo fazendo-o pairar acima de divergências filosóficas e mais ainda sua pretensão de apresentá-lo como respaldado pelo Método Científico – sempre desconsiderado pelas teorias rivais – confundido com uma filosofia da ciência: a indutivista. Sem legitimidade para reivindicar o monopólio da cientificidade, a metodologia de Fernandes move críticas candentes às interpretações dos cronistas que, no fim das contas, equivalem à recriminação discutível de que deixaram de ser elaboradas à luz do método funcionalista. É como se Fernandes estivesse apregoando que se os cronistas tivessem aplicado a teoria funcionalista, *ante litteram*, poderiam ter feito estudos científicos. Como o funcionalismo representa uma Escola propositora de uma via, dentre várias possíveis, de se obter conhecimento da realidade social, as críticas de Fernandes nele respaldadas têm eficácia limitada.

Não obstante todas as restrições dirigidas ao tratamento que os cronistas deram ao que observavam, Fernandes (1963, p. 20) lançou mão de seus informes, no que tinham de pretensamente objetivo, com vistas a teorizar de modo documentado sobre comportamentos típicos dos Tupinambá. Na tentativa de se contrapor às descrições e explicações dos cronistas, Fernandes invoca os procedimentos científicos concebidos em conformidade com uma concepção epistemológica amplamente criticada no século 20 – o indutivismo. Fernandes (1970, p. 13) sublinha que "a seleção dos problemas por meios empíricos se impõe como condição de trabalho, especialmente em pesquisas de caráter indutivo, pois ela permite lidar com os problemas de forma objetiva, de molde a favorecer a compreensão deles em termos do seu contexto factual", sem demonstrar que suas obras sobre os Tupinambá logram seguir à risca o que propõe como método científico .

É relevante saber até que ponto os fatos reportados pelos cronistas podem ser separados do processamento teorético a que foram submetidos. Mais do que uma "narrativa de senso comum", baseada em inadequada indução, o trabalho dos cronistas realizou uma reconstrução interpretativa dos "dados" que compunham o extenso campo observacional que a eles se oferecia. Fernandes não só acredita possível a observação direta, livre de óculos teóricos, como também supõe viável a realização de "observações indiretas neutras" por intermédio das quais se identifica no relato de outrem o que é dado de realidade e o que é óptica subjetiva ou acréscimo "fantasioso". Tendo o "material empírico" coletado pelos cronistas sofrido inevitável processamento interpretativo, é problemática a pretensão de Fernandes de qualificar seu trabalho teórico, metodologicamente escorado no indutivismo, como único capaz de dispensar tratamento científico aos *dados de realidade* repassados pelos cronistas. É apropriado encarar a obra de Fernandes sobre os Tupinambá como uma reconstrução explicativa de segunda ordem, como interpretação das interpretações dos cronistas, e não como aplicação do método adequado aos relatos feitos à margem de protocolos científicos.

Mesmo lidando com material ao qual não teve direto acesso, Fernandes (1970, p. 12) sustenta que "a seleção dos problemas a serem investigados foi feita empiricamente". Deixando claro que mistura "inventário e crítica das informações e descrições contidas nas fontes primárias conhecidas", Fernandes acredita ter,

> "posto em evidência: 1) os dados de fato, com que se pode contar positivamente, para o estudo da guerra na sociedade tupinambá; 2) o alcance e a composição da documentação empírica existente, de modo a identificar quais foram os aspectos da guerra aborígene que caíram no campo de observação dos cronistas, estando por isso registrados ou descritos, e de maneira a esclarecer como os dados recolhidos se distribuem no conjunto total de informações e descrições; 3) a consistência dessa documentação, quer sob o ponto de vista do exame de seu conteúdo, quer sob o ponto de vista das possibilidades de aplicar-lhe um tratamento sociológico". (FERNANDES, 1970, p. 12)

Com pretensões de ser científica, a atividade que almeja expurgar as narrativas dos cronistas de suas descrições e avaliações "impressionistas" nada mais faz que as vestir com a indumentária de outra perspectiva teórica, que atribui a si mesma o predicado científico sem demonstrar efetivamente merecê-lo. A adoção de uma atitude crítica diante das informações recebidas é insuficiente, no caso dos Tupinambá, para distinguir de modo nítido fato de interpretação. O "embasamento observacional" postulado pode nada mais ser que o fenômeno abordado na sua dimensão mais superficial e epidérmica, ficando a busca de explicações causais a exigir um quadro teórico explicativo no interior do qual os fatos deixam de ser o que pareciam ser nos modos diretos com que se davam a conhecer. Além do mais, a informação de segunda mão é mais difícil de ser literalmente aproveitada por nela estarem embutidos esquemas interpretativos, articulados ou não, que fogem ao controle mais direto daqueles que dela se apropriam. A dedicação ao que Fernandes denomina observação direta envolve também o uso de lentes teóricas, que podem ou não ficar sob o devido controle metodológico ou podem atuar sub-repticiamente nos modos de catalogar propriedades no domínio de investigação demarcado.

A atitude simultaneamente de recepção e crítica assumida por Fernandes diante dos relatos dos cronistas é fruto de sua concepção observacionalista/indutivista de cientificidade. Fernandes intenta demonstrar por um lado que os modos de os cronistas lidarem explicativamente com a realidade que descrevem são metodologicamente inadequados e conteudisticamente incompletos, por outro, esforça-se para preservar a objetividade de muitos dos relatos dos cronistas, depurando-os ou não, para poder justificar o fato de seu *enfoque científico* ter de se basear neles:

> Os observadores quinhentistas e seiscentistas, que descreveram o equipamento guerreiro dos Tupinambá, não mencionam, pelo menos da forma que seria desejável do ponto de vista sociológico, aspectos importantíssimos do mesmo: inclusive os que dizem respeito ao modo manual de aplicação das armas. Mas, como se sabe, não é dado ao pesquisador evitar, em estudos de reconstrução histórica, as lacunas oriundas de deficiências das fontes primárias. Embora preferisse fazer uma análise tão completa quanto possível, do manejo das armas pelos Tupinambá, tive de me contentar com a exploração das informações que os cronistas julgaram dignas de relato. (FERNANDES, 1970, p. 25)

De acordo com o observacionalismo perfilhado por Fernandes, contraria o espírito científico recorrer a pressupostos teóricos – à luz dos quais os fatos são explicativamente qualificados e concatenados – mesmo quando o campo observacional é construído a partir de delimitações descritivas feitas por *outros* estudiosos desprovidos das ferramentas conceituais reputadas adequadas. Se toda observação direta é *theory-ladden*, é permeada de teoria, mais ainda o são as observações feitas por estudiosos que, esposando pressupostos interpretativos diferentes dos de Fernandes, tornam necessário um total reprocessamento interpretativo do material herdado. Sendo inviável a "observação indireta", o que há é o confronto de dois tipos de teorização, a dos cronistas e a de Fernandes. O desafio consiste em determinar o que *realmente* foram e fizeram os Tupinambá em sua vida associativa. No fundo, a *leitura científica* que Fernandes pretende imprimir aos relatos dos cronistas equivale a dispensar tratamento funcionalista ao material empírico que já fora submetido, na etapa da "observação direta", a outro tipo de manipulação interpretativa, a da "relatoria" espontânea desses viandantes europeus.

4.5. Modos historicamente condicionados de observar

Marginalizada nas discussões metodológicas tradicionais, a dimensão histórica passou a ser vista como fundamental por sua suposta capacidade de desmascarar as visões idealizadas sobre a ciência, como, por exemplo, a de que a pesquisa científica se define como uma empreitada de natureza essencialmente observacional e indutiva. A história da ciência revelaria que a maioria das teorias *sobre* a ciência, filosóficas ou não, se descolam de suas práticas. Com isso, a história da ciência passa a ser invocada não só para fazer referência ao conjunto dos *conceitos e explicações* herdado por uma teoria de suas predecessoras. Se de um processo de pesquisa marcado por uma longeva continuidade eclode uma ruptura explicativa, isso pode receber um tratamento estritamente internalista ou, ao contrário, ser reconstituído com ênfase nas condições contextuais gerais. É claro que quanto mais se acredita em uma razão científica pura tanto mais se tende a ignorar os ingredientes históricos, internos e externos, capazes de ajudar a elucidar por que a pesquisa tomou tal ou qual direção .

Os que adotam um enfoque puramente internalista sobre o evolver da pesquisa científica destacam a aplicação dos procedimentos verificacionistas (confirmacionistas) ou falsificacionistas de avaliação de hipóteses que, na opinião dos críticos, se revela divorciado da ciência real. A atenção adequada à história evitaria que as diversificadas e desniveladas práticas de pesquisa fossem artificialmente enquadradas, em cada um de seus momentos e movimentos reais, em idealizados modelos logicistas de legitimação cognitiva, que parecem provir do Mundo das Ideias, do *Topos Noetos* platônico. A metodologia proposta por Fernandes fica presa a modos de validação de teorias para os quais o acompanhamento da história da ciência pouco conta.

A crença em uma base observacional pura e independente é a que mais desconecta as produções científicas dos contextos históricos. Se o que se observa tem identidade apenas no interior de uma teoria, se não há como apreender os fenômenos por meio de explicações que se limitam a registrá-los, adquire relevância potencial o processo histórico que conduziu a determinados resultados e não a outros.

À época em que, por exemplo, travou-se o grande debate entre os defensores da teoria geocêntrica e os da heliocêntrica, a comunidade científica podia colher distintos relatos observacionais a respeito do sol. Enquanto Tycho Brahe e Simplício viam um sol móvel, Kepler via um imóvel. Nesse caso, só é cabível dizer que Brahe e Kepler veem o mesmo sol no sentido de que suas retinas sofrem as mesmas estimulações. Isto porque quando Brahe e Kepler "viam o mesmo sol", viam, na verdade, "coisas diferentes" em razão de elaborarem construções conceituais diversas daquilo que lhes era dado na experiência imediata.

A influência de fatores históricos sobre a observabilidade ajuda a entender de que modo pode ocorrer o ver diferenciado do "mesmo". A história da ciência abriga exemplos significativos de como a observação de muitos fenômenos amplamente estudados é modelada pelo (suposto) conhecimento precedente. Sendo o conhecimento diferente em Brahe e Kepler, inexiste razão para alguém se espantar com o fato de que as observações de algo – no caso o sol – que o primeiro realiza não sejam iguais às do segundo. Na opinião de Hanson (1958, p. 3), as histórias da ciência tradicionais ignoram esse tipo de problema. Isso em parte resulta de realizarem suas incursões reconstrutivas na história adotando uma metodologia do mesmo tipo da observacionalista/ /indutivista propugnada por Fernandes. Os princípios metodológicos acolhidos como "universais" podem gerar interpretações pré-dirigidas de fatos ou de cursos históricos específicos. A óptica observacionalista, por exemplo, caracteriza o evolver do saber científico como um crescente desvelamento do domínio investigado ou como retificações de erros setoriais. Procurando mostrar que a perspectiva empirista está em dissonância com o que ocorre na prática científica e na história das ciências, Butterfield (1958, p. 1) advoga que casos clássicos de reorientação do curso da pesquisa devem ser concebidos como processos em que se manipula basicamente o mesmo conjunto de dados com a diferença de que são concatenados consoante um novo sistema de relações, que acaba por dar-lhes distinta estruturação cognitiva.

Quando vemos, por exemplo, um *A*, vemos que se comporta do modo que sabemos que os *A*'s se comportam; se ocorre de não se comportar conforme a expectativa que temos sobre os *A*'s, então não cabe mais identificá-lo *prontamente* como um *A*. Disso se segue que o ato de *ver* envolve o que Polanyi (1962, p. 95) chama de *conhecimento tácito*, que nos faz perceber mais – por meio, por exemplo, de antecipações – do que imediatamente se oferece ao nosso olhar. Os fatos brutos não têm importância para o pesquisador porque simplesmente não constituem seu objeto de conhecimento. A habilidade do estudioso de recolher fatos ou coligir dados depende da capacidade de "pescaria" do aparato teórico-conceitual empregado. Os ingredientes observacionais que desempenham papel destacado na explicação científica estão impregnados de teoria. Inexiste o "tribunal da experiência pura" investido do poder de arbitrar as divergências que se estabelecem entre Brahe e Kepler, já que entre eles se abre o fosso criado pela utilização de distintos quadros teóricos de observação, sujeitos à influência de variáveis históricas, associados a escolhas ontológicas e a preferencias axiológicas. A metodologia que desconsidera a eventual influência desses fatores defende um rígido e uno receituário para a conquista da cientifidade:

> Há ciências que estão confinadas a esta condição [de ciência de observação]; as demais, mesmo as que alcançaram complicado desenvolvimento experimental e um alto nível de abstração, passaram por esta fase. Seria *estranho* que se pretendesse que a sociologia pudesse *escapar dessa regra*, pois sem acumulação sistemática de dados e das explicações correspondentes não é possível constituir nenhuma ciência. (FERNANDES, 1972, p. 68)

A fórmula capaz de guindar a sociologia à categoria de ciência (empírica) consiste simplesmente em fazê-la se ajustar aos inevitáveis requisitos metodológicos estatuídos pelo observacionalismo/indutivismo. Na tríplice aliança entre verificacionismo, observacionalismo e indutivismo, as regras metodológicas deles derivadas podem ser absolutizadas porque, portadoras de a-histórico poder legislador, só deixam de ser aplicadas pela sociologia que aceita a influência da filosofia. Ao abraçar o pressuposto discutível, tanto histórica quanto metodologicamente, de que subsiste um linearismo evolutivo aplicável a todas as ciências, Fernandes negligencia que ciências como a física têm se destacado por associar apuradas técnicas experimentais com a maciça matematização de suas teorias. A tentativa de apresentar certos procedimentos metodológicos como *inevitáveis* tem por objetivo fazer com que determinada óptica metacientífica seja dissociada de questões filosóficas ou gnosiológicas:

> Ora, o respeito aos fatos só pode nascer do trato direto, contínuo e cotidiano com os fatos [...] Os homens que se formaram no período de transição da sociologia como disciplina especulativa para uma disciplina empírica, não tiveram esse treinamento [com fatos] [...] Parecia-lhes que a sociologia achava seu material todo ele pronto e acabado. A tarefa do sociólogo seria a do cientista que *interpreta* e não a do cientista que *observa*. A fase de coleta de materiais pertenceria à geografia, à história, à etnografia, à estatística, à psicologia, etc. Donde a interessante anomalia, que se operou na história da pesquisa científica na sociologia: o desenvolvimento metodológico da sociologia até mais ou menos 30 anos passados se concentrou basicamente em torno dos problemas de explicação e na formação de conceitos. (FERNANDES, 1972, p. 62-3)

O fato de as questões metodológicas terem merecido enorme destaque na história das ciências sociais só pode ser considerado uma anomalia caso se pressuponha que existia um modelo de desenvolvimento pronto e acabado que foi ignorado. As etapas do processo evolutivo das diferentes ciências seguem roteiros diferentes. Não é pela razão aventada por Fernandes que questões metodológicas têm sido tratadas de modo tão extensivo pelos cientistas sociais. Se as discussões concernentes à via metodológica a empreender são "intermináveis" entre os pesquisadores sociais, isso não se deve à relutância a construir teorias sem lastro na observação. As diversas formas de abordar os objetos de estudo se associam a diferentes metodologias cuja aplicação dá origem a teorias sociais incomensuráveis. A rígida separação que Fernandes estabelece entre a *via interpretativa* e a *observacional* faz parte de uma filosofia da ciência empirista para a qual dos fatos (sociais) podem ser diretamente derivadas teorias. Nesse caso, é viável fazer pesquisa social sem que as teorias precisem levar em conta as compreensões espontâneas, de senso comum, dos agentes. O material interpretativo encontrado no fato pelo pesquisador acaba desqualificado em termos epistemológicos, ontológicos e políticos para que possa se dedicar à observação pura.

A história das ciências sociais aponta para a existência de uma vertente europeia oponível à norte-americana. Na Europa nasceu a contraposição entre compreender (*verstehen*) e explicar (*erklären*), que resulta da preocupação em infundir cientificidade à pesquisa levando em conta seu desafio de lidar com as peculiaridades dos fatos sociais. A polarização entre a compreensão empática e a observação impessoal nunca foi superada pelas diferentes tentativas de cientificizar as disciplinas sociais. Por esse motivo, prevaleceu como destaca Merton (1964, p. 446), a distinção entre "o europeu que imagina e o americano que observa; entre o americano que investiga problemas mais circunscritos de curto prazo e o europeu que especula sobre problemas mais abrangentes de longo prazo". O fato de os sistemas explicativos tencionarem, em alguns casos, explicar empiricamente processos e estruturas envolve reconhecer que não têm como ser identificados pelo acompanhamento de propriedades e relações observáveis. Além das dificuldades de descrever entes inobserváveis, explicá-los envolve construir teorias que vão além do que se pode diretamente constatar por meio do acompanhamento empírico. As complexas relações entre as evidências e a teoria que as transcende levam Quine (1969, p. 83) a sublinhar que o pesquisador parte de um magro *input* perceptual para chegar, por meio de operações construtivas, a um *output* teórico torrencial.

4.6. Crivos observacionais e autonomia relativa da teoria

A justificável importância conferida à experiência, encarada como fonte das informações à luz das quais as teorias são testadas, não implica que as explicações científicas nada mais sejam que consequências generalizadas dos fatos acompanhados. É cabível questionar a tese de que as teorias necessariamente *têm início* com observações. A observação perde seu monopólio de formar teorias quando se constata que, principalmente na ciência, é guiada pelo holofote de uma teoria. O que se toma por campo de observação está mergulhado na escuridão da indistinção antes de o *spotlight* da teoria lançar luz sobre o que foi escolhido como objeto de atenção ou estudo. Popper se notabilizou como defensor da tese de que as teorias científicas não são sínteses de observações, mas livres criações, invenções imaginativas, que objetivam fazer frente a problemas.

Contrariando o linearismo empirista, segundo o qual a única via segura para o conhecimento é a que leva das observações à teoria, Popper, sem o admitir, segue as formulações pioneiras de Comte, que enfatiza que para se realizarem até mesmo observações triviais é necessário contar com uma teoria. Contra a suposição de que só observações têm autoridade para *formar* teorias científicas, Popper ressalta o papel crucial da heurística na livre criação de conjecturas submetidas a duros crivos de seleção para que possam ser provisoriamente aceitas como sobreviventes às tentativas de refutação. Teorias passam a ser vistas como complexas urdiduras explicativas formadas por hipóteses passíveis de submissão a severos testes empíricos capazes de decretarem sua falsidade. A regra de ouro da metodologia é a que leva ao descarte de teorias que entrarem em dissonância com observações.

Visto que a teoria não é caudatária da observação, torna-se necessário submeter diuturnamente o que hipoteticamente propõe ao crivo da crítica, que deve ficar especialmente atenta à possibilidade de surgirem ocorrências empíricas adversas. O contraexemplo é crucial por seu poder de provocar a falsificação da teoria. O progresso científico se faz por *ensaio e erro*, por meio da livre criação de conjecturas seguida de implacáveis tentativas de refutação, para que sobreviva, de um ponto de vista explicativo ou instrumental, a melhor *solução teórica* para os problemas enfrentados.

Mesmo pregando que só com óculos teóricos é possível identificar, qualificar e hierarquizar as observações, Popper reserva aos fatos empíricos o poder decisivo de destronar hipóteses livremente elaboradas. As observações preservam o velho poder que lhe conferia o empirismo com a diferença de que os testes empíricos passam a ter cunho "negativo" na medida em que passam a ser entendidos como tentativas de refutação e não como procedimentos de confirmação. Se a hipótese se revelar falsa pela constatação de um contraexemplo cumpre substituí-la por outra, que poderá surgir logo depois das observações que precipitaram a rejeição da anterior. Contudo, é preciso ter presente que as observações que provocaram a rejeição só se revelaram interessantes ou profícuas no âmbito da hipótese à luz da qual foram realizadas. Donde se conclui que se por um lado as teorias "livremente" criadas dirigem e impregnam as observações, encaixando-as em molduras explicativas, por outro, as observações detêm o poder metodológico crucial de suprir evidência negativa capaz de decretar a rejeição de uma teoria. Apesar das críticas candentes aos empirismos, Popper ainda se ressente, para alguns de seus críticos, de resquícios empiristas quando dá autonomia aos *fatos* nos procedimentos de teste:

> Ele supõe a independência epistemológica dos fatos com relação às teorias, cuja função é apreender descritivamente tais fatos e suas relações. Em consequência, os testes avaliam as teorias confrontando-as com fatos "independentes". (HABERMAS, 1977, p. 203)

Conceder à teoria o poder de *identificar*, em meio à "dispersão" dos fatos e eventos, um contexto problemático não representaria, na avaliação de Habermas, um efetivo alargamento das estreitas bitolas do empirismo. Privilegiar a crítica fatual, supondo a existência de fatos autônomos capazes de julgar as teorias, equivaleria a se manter preso ao velho solo empirista. É injusto subestimar a mudança introduzida pela tese popperiana que sublinha que a constatação metodologicamente decisiva é a *negativa*, a que contraria a teoria aceita. A tese de que as teorias estão sujeitas à refutação pela identificação de um solitário contraexemplo é indispensável para que se justifique qualificá-las de empíricas. De Comte a Popper, a visão segundo a qual as teorias impregnam e dirigem as observações vai além da mera liberalização do observacionalismo.

O processo de revisão do observacionalismo se aguça quando Popper advoga que a ciência *pode* partir, por exemplo, dos mitos e de sua crítica, desde que a *crítica* seja preferencialmente exercitada pela busca de evidência contrária à teoria proposta. O progresso do saber científico consiste em substituir um longevo sistema explicativo amplamente aceito em razão de ter sido detectada evidência desfavorável a ele. O racionalismo crítico pode ser visto como tendo semelhanças de família com a tradição empirista apenas em virtude de continuar atribuindo função decisiva aos fatos. A diferença é a de que a evidência que realmente importa é a contrária a uma teoria. Impotentes para fundamentar uma teoria ou dar-lhe justificação positiva, as constatações observacionais têm o poder de derrubá-la. Popper busca conciliar a tese de que "só fazemos observações à luz de uma teoria" com a posição objetivista de que um fato (negativo) pode determinar a exclusão de uma teoria. A metodologia se torna ainda mais complexa quando por um lado concede à teoria o estatuto de *livre* criação conjectural, condutora do processo observacional, e, por outro, preserva o poder das evidências (adversas) de definir o destino das hipóteses. Tendo em vista que a maioria das teorias empíricas livremente forjadas não supera o rigor dos controles observacionais, disso se segue que a teoria continua tendo seu valor epistêmico decidido pelo tribunal da experiência, ficando sua autonomia adstrita aos modos com que opera a reconstrução inventiva dos observáveis.

Popper representa uma salutar reação à hegemonia que vinha sendo desfrutada pelo observacionalismo. Apesar de a dimensão observacional continuar a cumprir a função crucial de fornecer a evidência (negativa) capaz de definir a rejeição de uma teoria, a teoria – livremente criada – passa a desfrutar de autonomia relativa. A possibilidade de refutar teorias por meio de observações é, para Popper, o fundamento de todos os controles empíricos, uma vez que a única inferência metodologicamente efetiva é a que permite caracterizar uma teoria como falsa a partir da detecção de contraexemplo.

Os debates transcorridos ao longo do século XX tornam patente ser problemático adotar a posição de Fernandes que caracteriza a sociologia como uma ciência de observação. A simples admissão de que a teoria é livremente criada, portadora que é de valor conjectural, torna questionável erigir, como faz Fernandes, o predicado observacional em traço distintivo da ciência. Perdendo a observação o poder tanto de formar quanto de validar teorias, sendo os fatos sempre teoricamente apreendidos e reconstruídos, deixa de se justificar definir a sociologia como ciência de observação. Como as demais ciências empíricas, a sociologia é observacional e teorética, descritiva e explicativa. Como ressalta Bunge (1969. p. 723), "na ciência fatual, teoria e experiência se interpenetram; não há como concebê-las separadamente, e só a teoria pode levar-nos para além das aparências, até o núcleo da realidade".

Fernandes (1972, p. 71) acolhe bem a afirmação de Comte de que a sociologia deve ser compreendida com base na observação pura; mas reage com indignação à perspectiva comteana de que "só seria possível lidar com dados que pelo menos se ligassem hipoteticamente a alguma lei". Segundo Fernandes (1972, p. 72), tal colocação faz Comte incidir em circularidade por exigir uma teoria para observar fatos quando a própria teoria deveria resultar dos fatos. O comentário crítico de Fernandes indica que seu observacionalismo não se satisfaz com a ênfase dada por Comte aos fatos. É equivocado identificar mais positivismo que empirismo em Fernandes e mais ainda advogar que atribui papel de destaque à *teoria*:

> Florestan assumiu um critério, uma postura científica e epistemológica, que talvez pudesse hoje se considerar positivista, ainda que não empiricista, isto porque ele mostrou, e o fez muito cedo e de forma notável nos seus textos epistemológicos e teóricos, que há um comando na teoria, mas que essa teoria tem de ser representativa do real, tem de ter o rigor de um modelo científico universal. (SANTOS, 1996, p. 18)

Santos ignora que Comte é atacado por Fernandes por ter pioneiramente creditado à teoria papel *diretivo*. Em alguns ambientes culturais, caso do brasileiro, "positivismo" se tornou erroneamente sinônimo de fatualismo. Como mostramos alhures (Oliva, 1992, p. 195-220), Comte é um dos primeiros filósofos da ciência a reconhecer que a mais trivial observação é sempre feita à luz de uma teoria. Inúmeras são as passagens da obra de Comte que antecipam, com clareza meridiana, posições que o racionalismo crítico de Popper apresentará como suas:

> Se de um lado, toda teoria positiva deve necessariamente estribar-se em observações, por outro, é igualmente necessário que, para votar-se à observação, nosso espírito lance mão de uma teoria qualquer. Se ao contemplarmos os fenômenos não os vinculássemos a certos princípios, ser-nos-ia não apenas impossível combinar essas observações isoladas de modo a tirar algum proveito, como também seríamos totalmente incapazes de retê-las e, muito provavelmente, os fatos manter-se-iam despercebidos, malgrado estarem à nossa frente. (COMTE, 1908, Vol. I. p. 5)

Fernandes critica Comte se socorrendo de uma forma rústica de empirismo, que concebe a teoria como mera generalização (via técnica indutiva) de resultados observacionalmente estabelecidos. Ademais, é preciso mais uma vez ressaltar que o fato de serem as observações realizadas no âmbito de molduras explicativas só envolve o risco de circularidade (viciosa) se as teorias forem validadas recorrendo apenas às evidências favoráveis por elas mesmas indigitadas. À luz das críticas que move a Comte, fica claro que Fernandes sequer concede relativa autonomia à atividade teórica em virtude de as observações serem consideradas responsáveis tanto pela gênese quanto pela validação das teorias. Fernandes faz do fato um "fetiche" metodológico, encarando-o como um ente diretamente apreensível, para pensar a produção de conhecimento como um processo no interior do qual conteúdos observacionais são rigidamente separáveis dos óculos teóricos. É necessário conceber a *teoria* como um *derivativo* observacional para se justificar reduzi-la a generalizações indutivamente alcançadas:

> Fatos e teorias estão muito mais intimamente ligados do que o admite o princípio da autonomia. Não apenas a descrição de cada fato singular depende de alguma teoria (que naturalmente pode ser muito diferente da teoria a ser testada) como também ocorre de existirem fatos que são desvelados apenas com o auxílio de alternativas da teoria a ser testada e que se tornam inacessíveis tão logo essas alternativas são excluídas. (FEYERABEND, 1993, p. 27)

Igualmente problemático é o observacionalismo de *segunda ordem*, implicitamente endossado por Fernandes, para o qual o conhecimento do que a ciência faz, dos procedimentos de justificação de resultados que emprega, requer apenas acompanhar os *fatos* constitutivos de suas práticas consagradas. É tarefa assaz complicada procurar identificar a natureza da racionalidade científica seguindo as práticas teóricas das diversas e desniveladas ciências. Só sendo apresentada como espelho não da ciência real, mas de uma ciência idealizada, é que a metodologia pode ser considerada capaz de validar de modo consensual os resultados explicativos fazendo desaparecer as divergências estruturais entre as diferentes Escolas aninhadas nas disciplinas sociais:

> Como é possível determinar o que pode ser exatamente chamado de ciência e verdade, se a própria determinação pressupõe os métodos de

> alcançar a verdade científica? O mesmo círculo vicioso está envolvido em qualquer justificação do método científico por meio da observação da ciência: como deve ser justificado o próprio princípio de observação? Quando se pede uma justificação, quando se indaga por que a observação é a garantia apropriada da verdade, os positivistas simplesmente apelam de novo para a observação [...] Em vez de interromper o funcionamento maquinal da pesquisa, os mecanismos de descoberta de fatos, verificação e classificação etc. para refletir sobre seu significado e relação com a verdade, os positivistas reiteram que a ciência procede por observação e descrevem circunstancialmente como funciona. (HORKHEIMER, 2004, p. 52)

A despeito de caracterizar o positivismo de modo frouxo, pouco fiel às teses originais de Comte sobre a interação entre teoria e observação, algumas das considerações feitas por Horkheimer se aplicam à metodologia defendida por Fernandes. O modo pelo qual Fernandes atribui à sua metodologia o estatuto privilegiado de *ciência da ciência* intenta conferir às técnicas de pesquisa que propala caráter científico a salvo de toda e qualquer controvérsia epistemológica ou filosófica. Sendo expressão normativa da racionalidade operacional da ciência, a metodologia pode afiançar que os resultados obtidos com base em suas técnicas de pesquisa têm atestado valor científico. Tal visão leva Fernandes a situar sua metodologia, seu projeto de *cientificizar* a sociologia, fora do terreno minado das questões filosóficas. Isto porque a metodologia se apoia nos mesmos princípios basilares a que recorrem as ciências: observação e indução. A missão da metaciência é constatar observacionalmente como as ciências funcionam para *forjar* normas gerais de conduta para a pesquisa.

Assim entendido, o discurso metodológico se protege de qualquer questionamento por estar respaldado no efetivo funcionamento da pesquisa científica. Com isso, a metodologia desloca integralmente a delicada questão dos mecanismos de validação de seu discurso para o que *imagina* ser a lógica dos rituais de aceitação e rejeição de teorias prevalecentes nas práticas de pesquisa das ciências maduras.

A circularidade resulta de se tentar fundamentar exaustivamente o discurso metodológico no da ciência e o da ciência no da metodologia. A constituição de uma lógica da pesquisa resulta não só do acompanhamento das práticas reais da ciência, mas também da elaboração de argumentos *transcendentais* dedicados a demonstrar o que torna possível o emprego de uma técnica de pesquisa e como se pode chegar à sua completa justificação.

4.7. Do aprisionamento aos fatos à defesa do *status quo*

Nas ciências sociais, a atividade de pesquisa devotada a identificar causas e fatores dos fatos não veda, a princípio, a perscrutação de modos alternativos às *formas de vida* existentes. A busca de compreensão do mundo social pode ser conectada à questão dos mundos possíveis, alternativos aos que historicamente têm existido. Como sustenta Vico (1928, p. 32), a natureza pode ter sido criação de Deus, mas a história é feita pelos homens. O *man-made*, o mundo social, é certamente obra dos homens. O que desponta como resultante de determinismos pode nada mais ser que modos só aparentemente *necessários* de as relações sociais se estruturarem historicamente. Nas sequências de alguns processos históricos, a realidade pode ser vista como fruto de fatores adventícios e, por essa razão, parcialmente reprogramável. A possibilidade de cursos alternativos aos padrões recorrentes de ação individual e coletiva permite pensar no desabrochamento – espontâneo ou induzido – de novas formas de ser e de interagir. Se fosse impossível colocar sob controle as causas dos males registráveis no Mundo da Vida, a busca do conhecimento social perderia muito de sua importância. Equivaleria a encarar as falhas estruturais e funcionais hoje detectáveis como uma espécie de destino inelutável:

> Não pode evidentemente existir verdadeira resignação, ou seja, disposição permanente para suportar com constância, e sem nenhuma esperança de compensação, males inevitáveis a não ser que se tenha

> profunda consciência das leis invariáveis que regem todos os diversos gêneros de fenômenos naturais. (COMTE, 1908, Vol. IV. p. 100)

O projeto empenhado em buscar *o possível melhor* se associa a uma perspectiva prescritivista adotada por parte significativa dos projetos dedicados à busca de conhecimento do mundo social com o fito de aperfeiçoá-lo por meio de reformas ou de transformá-lo pela via da revolução. Sem que um ente possa ser diferente, sem a possibilidade de vir a existir um mundo melhor que o atual, deixa de se justificar, de gerar efeito prático, a pretensão de submeter a escrutínio crítico o que hoje se toma por realidade. A teoria que estatui que inexiste outra maneira de ser, já que o ser (social) é só atualidade (o que é, é, o que não é, não é), pode desempenhar – abraçando a "metafísica" da *necessidade* do que é – a função de invocar a realidade, tal qual hoje dada, contra potencialidades:

> Podemos ser levados a supor que os fenômenos sociais relacionam-se invariavelmente do mesmo modo pelo qual o fazem atualmente. Isso pode, por seu turno, gerar um compulsivo preconceito conservador: a atual estrutura da sociedade pode parecer esgotar toda possibilidade histórica. (BIRNBAUM, 1974, p. 215-6)

O observacionalismo pode, ainda que involuntariamente, se vincular a uma proposta política conservantista que, no afã de enfatizar o império dos fatos, condena o ser do mundo social a se esgotar na sua atualidade. Nada há de descabido na atitude que imagina a possibilidade de os fatos assumirem identidades diferentes das que hoje ostentam. Não se trata de desconsiderá-los em nome de um especulativismo utópico ou de negá-los em nome de perfeições idealizadas, mas de atentar para a conexão entre o campo aberto das virtualidades e a atual realidade dos fatos e fatores. Na visão de Goldmann (1984, p. 147-8), "o homem é o que é, mas também o ser que faz a história, que tende a realizar seus projetos, empenhando-se na busca do possível para superar aquilo que hoje é". Segundo Goldmann, o pensamento dialético se destaca por considerar impossível definir um fenômeno humano em razão de sempre resultar do comportamento de um sujeito que por um lado está à mercê das injunções do real e, por outro, se abre ao conjunto de possibilidades cogitáveis. As disciplinas sociais lidam com objetos que também são sujeitos, que recriam o real a partir do possível e que modificam o possível pensando em outros possíveis.

Cabe ter presente que novas formas históricas de ser só podem ser detectadas a partir do conhecimento dos mecanismos condicionantes das atuais. Acontece que quando o conhecimento se volta também para a novidade, a virtualidade, o existente não são acolhidos como o limite último da realidade. Tampouco é metodologicamente transformado em um asséptico domínio observacional, que o pesquisador deve apenas registrar. Abandonadas as premissas observacionalistas, o dado pode ser visto como um simples momento do *ser social*, que abriga tanto a realidade quanto a virtualidade. Por essa razão, observacionalismo proposto por Fernandes pode propender a se confinar às formas atuais do ser social desvinculando a explicação do que existe do *poder-ser*, isto é, da possibilidade de algo deixar de ser o que é hoje para assumir outra possível identidade. Em termos ontológicos, o fatualismo que erige o dado em limite último do ser social está sujeito a desaguar na absolutização da *atualidade* em detrimento de potenciais modos de ser. Estando em questão o mundo social, a atenção à virtualidade, à possibilidade de vir a ser o que não é, de o que é poder deixar de ser, precisa sempre ser levada em conta. Ainda que existam longas durações na história, longevas uniformidades na sociedade, do ventre da atualidade pode sair outra realidade, melhor ou pior. O antifatualismo corre o risco oposto, o de idealizar o potencial vinculando-o automaticamente a uma *forma de vida* superior:

> A teoria não pode invocar fatos que confirmem elementos teóricos que apontam para a liberdade futura [...] O dado é um fato positivo, um elemento da sociedade por vir, apenas quando é acolhido pela construção teórica como algo a ser transformado. (MARCUSE, 1972. p. 145-6)

Mesmo atentas à evidência futura, as teorias que buscam estar em perfeita conformidade com a realidade, seguindo o que prescreve o observacionalismo, não têm razões para se mostrar abertas à *realização* de virtualidades passíveis de ser humanamente construídas. Os que propõem a imitação metodológica dos procedimentos das ciências naturais costumam acreditar que a base do autêntico conhecimento é o acurado acompanhamento de como *estão* as coisas, de que a teoria precisa tão somente registrar fatos para identificar os fatores "universais" responsáveis por sua reprodutibilidade. Tal visão pode gerar consequências ideológicas para as disciplinas sociais, como aponta Gouldner (1979, p. 343), em virtude de a "escravização" ao plano observacional – ao que é tal qual é – estar sujeita a ser vista como traduzível na posição política de aceitação da ordem de coisas encontrável no objeto de investigação. Aplica-se às disciplinas sociais, a observação de Lukács (1960, p.143) de que "a filosofia moderna se colocou o seguinte problema: não mais aceitar o mundo como algo que surgiu independentemente do sujeito cognoscente [...] e sim *como a própria produção* do sujeito".

É importante problematizar os vínculos que podem ser estabelecidos entre um modelo de ciência (plano metacientífico) e um ideal de sociedade (domínio da filosofia política). Até porque se o tipo de enfoque científico adotado é observacionalista pode se associar a uma concepção de sociedade que pereniza a atualidade acatando irrestritamente o que está *dado*. Em termos políticos, a aceitação parcial ou integral do que existe *está sujeita a* ser vinculada ao endosso das estruturas de poder existentes. Caso se mostre incapaz de alcançar resultados explicativos, a entronização das técnicas observacionais fica sujeita à crítica de que suas conclusões se prestam a legitimar o que *está dado* na realidade *contra o que pode vir a existir*:

> Enquanto o sociólogo "científico" dos países capitalistas altamente industrializados aceita globalmente a sociedade que analisa, não há como afirmar a validade de uma sociedade que se define como subdesenvolvida. Essa atitude diferente de aceitação ou rejeição da sociedade estudada

> apresenta consequências graves na escolha de conceitos e na formulação de problemas. (SOTELO, 1975, p. 19)

As principais teses metodológicas defendidas por Fernandes estão em dissonância cognitiva com essa posição dualista de Sotelo. Acreditando na existência de uma sociologia cientificamente unitária, cujos critérios de validação epistêmica não dependem do grau de desenvolvimento das sociedades estudadas, Fernandes procura modelos universais de explicação, metodologicamente confiáveis, por entender que é disso que depende a solução dos problemas enfrentados pelas diferentes sociedades:

> No conjunto, essas indicações sublinham que a sociologia não é elemento secundário e a sociedade subdesenvolvida o dado essencial das preocupações científicas dos sociólogos dos países subdesenvolvidos. Se se encaminhassem nessa direção, aliás, os sociólogos desses países negariam a própria sociologia e deixariam de colocá-la a serviço do processo mais amplo de explicação e de superação do subdesenvolvimento. (FERNANDES, 1975a, p. 19-20)

A linha argumentativa aqui desenvolvida em nada pretende subestimar a importância dos fatos, suas *atuais* configurações históricas, na elaboração e sustentação de *teorias*, apenas demonstrar as limitações do observacionalismo e suas possíveis consequências políticas. Conceder ao *dado* o irrestrito poder de formar e (in)validar teorias tem uma dimensão não só metodológica como social. Partindo de diferentes visões *do que é*, as lentes teóricas e políticas adotadas podem propor a redução do ser social à sua funcionalidade atual ou podem, desapegando-se do que hoje existe, fazer a defesa da virtualidade, do melhor possível, supondo-o historicamente alcançável. Não é preciso subestimar o papel dos fatos para fomentar a elaboração de teorias receptivas à problemática dos potenciais estados da realidade, ao que pode desabrochar como melhor que o atual.

CAPÍTULO 5

AS INSUFICIÊNCIAS DO PROGRAMA INDUTIVISTA DE CIENTIFICIZAÇÃO DAS TEORIAS

> As teorias da ciência e suas transformações se predispõem a preencher funções ideológicas dentro do campo científico (ou nos campos que pretendem a cientificidade, como o das ciências sociais) porque elas universalizam as propriedades ligadas a *estados particulares* desses campos. (BOURDIEU, 1983, p. 141)

Tendo em vista que a metodologia que dá respaldo ao projeto de Fernandes de *cientificizar* a sociologia é, no fundo, derivada do empirismo de matriz baconiana, nos capítulos precedentes apontamos as dificuldades de fundamentação enfrentadas pelo verificacionismo/observacionalismo para se legitimarem como expressão da racionalidade científica. Por mais que se costume confundir empírico com empirismo, as práticas de pesquisa das diversas e desniveladas ciências não seguem as recomendações de conduta intelectual corporificadas no conjunto de *regras do método* estatuído pelos velhos e novos empirismos. Neste capítulo, avaliaremos a proposta de Fernandes de definir a sociologia como uma ciência indutiva indicando as vulnerabilidades das inferências ampliativas e, em particular, as dificuldades especiais envolvidas em sua utilização na sociologia. Determinar se a sociologia é uma ciência indutiva envolve também analisar a fundamentação epistemológica da chamada inferência não demonstrativa que tem suscitado caudalosas controvérsias.

5.1. O método indutivo na cruzada de cientificização das disciplinas sociais

Os manuais costumam destacar o método indutivo como o único em condições de prover explicações para as questões envolvendo fatos. Nada mais natural que assim pensar quando se adstringe o campo de atuação da dedução a puras concatenações formais nas quais os conteúdos veiculados nas premissas nunca são aumentados na conclusão. Nesse caso, as transições operadas nada mais são que implicações tautológicas. Separar de modo estanque a inferência indutiva da dedutiva serviu – do alvorecer da filosofia moderna até pelo menos Hume – para que se concedesse ao método indutivo o monopólio de lidar com as chamadas *matters of fact*. O sobressalto começou a rondar o sono dogmático dos indutivistas a partir do momento em que foram identificadas as dificuldades de fundamentação das inferências não demonstrativas. Isso levou à proposição de modelos alternativos de explicação – como, por exemplo, o nomológico-dedutivo – cuja vantagem reside em não se enredarem nas complicações lógicas envolvidas na transição dos dados particulares para a teoria geral. Fernandes ignora esse debate perfilhando uma visão indutivista de ciência em concordância com a que propusera Durkheim (1953, p. 95): "durante o período em que a ciência social foi cultivada como uma arte, os escritores sociais usaram principalmente a dedução":

> Para chegarem a conclusões gerais sobre a natureza da sociedade e das mudanças sociais de seu tempo, os investigadores sociais do século XIX frequentemente empregaram o que se pode denominar retórica da indução, que constitui um tipo de argumento baseado na suposição de que "os fatos falam por si mesmos". (GOUDSBLOM,1977, p. 38)

Longe de pôr fim aos embates epistemológicos endêmicos nas disciplinas sociais, qualificá-las de ciências indutivas aguça a polêmica em torno da confiabilidade epistêmica da inferência ampliativa e da maior segurança inferencial dos modelos explicativos alternativos.

Sem falar que também suscita a questão de se a indução é apropriada para lidar com a peculiaridade, entre outras, de o fato social se oferecer pré-interpretado à observação do pesquisador. Os ataques que têm sido desferidos contra o método indutivo são análogos aos que têm sido dirigidos aos pilares do verificacionismo e do observacionalismo. Fernandes esposa uma concepção acrítica de indução como consequência de considerá-la derivada das práticas de ciência consagradas:

> Ela consiste em basear a interpretação sociológica em fatos e progressivamente em delimitar cada vez mais estreitamente (ou de modo mais preciso) os objetos das investigações [...] A história moderna do desenvolvimento das ciências naturais mostra que o grande progresso da física, da química e da biologia se deve, em grande parte, ao crescente domínio sobre os fatos estudados em cada uma dessas disciplinas através de técnicas especiais e de noções exatas ou apropriadas à natureza dos fatos. (FERNANDES, 1972, p. 61-2)

Em todos os seus escritos e comentários metodológicos, Fernandes (1970, 1972, 1974, 1976a, 1976b, 1977, 1978a, 1978b) define, sem qualquer preocupação de fundamentação, a sociologia, a etnologia, e até a psicanálise, como ciências indutivas. O indutivismo que estrutura o projeto de Fernandes de *cientificizar* a sociologia pode ser visto como uma saudável reação ao desprezo que algumas correntes sociológicas no Brasil nutriam pela aferição das bases de sustentação empírica das inferências feitas em suas pesquisas. Em um ambiente cultural marcado por uma verborragia pedante que, em sua pretensa autossuficiência especulativista, legitima seus resultados sem se submeter a crivos empíricos, foi oportuno o surgimento de uma postura metodológica, como a de Fernandes, que cobrava das teorias com pretensões à cientificidade que enfrentassem o "tribunal" dos *fatos*. Entretanto, a despreocupação com o embasamento fatual das teorias, com a comprovação de seu valor e poder explicativos, exibida por alguns dos pioneiros teóricos sociais brasileiros não justifica uma confiança *naif* na indução. Estando desconectada do desafio de justificar racionalmente a transição dos "particulares para o geral", é frágil a pregação de Fernandes de que o valor explicativo de uma teoria (sociológica) é dependente do emprego do método indutivo:

> Como o que há de melhor na produção da moderna geração de sociólogos e antropólogos brasileiros se concentra no terreno da investigação empírico-indutiva, é de supor-se que os dois acontecimentos apontados – transformação da análise histórico-sociológica em investigação positiva e introdução da pesquisa de campo como recurso sistemático de trabalho – situem historicamente a fase em que, no Brasil, a sociologia se torna disciplina propriamente científica. (FERNANDES, 1977, p. 42-3)

A identificação das fragilidades epistemológicas da concepção indutivista de cientificidade impacta as pesquisas que Fernandes realizou sobre vários temas sociais. Sem falar que faz parte do debate relativo ao tipo de ferramenta metodológica apropriada ao entendimento das peculiaridades da realidade brasileira. Propalar uma concepção indutivista acarreta optar, diante da velha contraposição entre ideográfico e nomotético que marca a história da metodologia sociológica, pelos tipos de procedimentos generalizadores pretensamente empregados pelas ciências naturais. Fernandes tem plena consciência disso e move críticas acerbas aos estudos de sociologia brasileira que resvalaram para a construção de modelos interpretativos de cunho histórico:

> O fascínio exercido pelo padrão de análise histórico-sociográfica prende-se a várias influências concomitantes. Em primeiro lugar, a maioria dos sociólogos brasileiros está inclinada a pensar que a explicação sociológica deve ser, por natureza, uma *explicação histórica*. Essa convicção funda-se, teoricamente, no aproveitamento superficial dos ensinamentos de alguns autores clássicos nas ciências sociais. Mas, ela se vincula, pragmaticamente, a uma orientação intelectual arraigada entre os ensaístas ou os precursores e os fundadores dos estudos sociológicos no Brasil. De Tavares Bastos e Anibal Falcão a Euclides da Cunha e Alberto Torres ou a Oliveira Viana e Gilberto Freyre, sempre prevaleceram, nas

> tentativas de interpretação da realidade brasileira, intuitos cognitivos que punham ênfase na importância lógica da perspectiva histórica [...] Porém, os resultados obtidos por semelhante padrão de "explicação sociológica" raramente possuem alguma significação para a teoria sociológica propriamente dita, ainda que os autores das investigações pensem e sustentem o contrário. Trata-se de um tipo de conhecimento que precisa ser elaborado mediante técnicas de indução circunstancial [...] conhecimentos dessa espécie oferecem escassa margem à intervenção deliberada na realidade. (FERNANDES, 1977, p. 63-5)

O desprezo manifestado por Fernandes pelo método histórico, por oposição ao indutivo, é tão intenso quanto o nutrido por Radcliffe-Brown (1958, p. 4-32). Fernandes chega a vincular a interpretação ideográfica ao trabalho supostamente rudimentar e precário dos precursores e pioneiros. É controverso que caiba vincular o método ideográfico a uma fase em que ainda se estava tentando a implantação do método científico. Mais adequado seria caracterizá-lo como a adoção de *outra* via epistemológica suscetível de ser, a princípio, tão científica quanto a indutiva. Deixando de encará-lo como alteridade metodológica, Fernandes acaba por situá-lo no campo do que qualifica de indução inadequada, de uma inexistente indução circunstancial. Visto que as "correntes ideográficas" têm tendido a ressaltar a improficuidade dos dispositivos generalizadores para o estudo dos fatos e eventos sociais, sempre enraizados na singularidade de uma história e de uma cultura, é injustificável julgá-las à luz dos requisitos metodológicos estatuídos pelo indutivismo; e mais ainda considerá-las usuárias de uma indução imprópria. É no mínimo exagerado sustentar, como faz Fernandes, que esse tipo de perspectiva metodológica só esporadicamente produz(iu) resultados significativos para a teoria sociológica. A existência de importantes trabalhos de "sociologia ideográfica", tanto no Brasil quanto no exterior, torna tal ponto de vista pouco defensável. Rickert (1979, p. 104) sublinha que "a realidade se torna natureza quando a consideramos com referência ao geral, torna-se histórica quando a consideramos com relação ao particular e ao individual; por isso quero opor ao método generalizador da ciência natural o método individualizador da história".

Caso a investigação sociológica seja conduzida de forma ideográfica, é incapaz de proporcionar a intervenção deliberada na realidade, ao passo que a condução nomotética tem o potencial de ensejar, contando com teorias preditivamente bem-sucedidas, algum tipo de controle sobre fatos específicos. O problema é que o saber instrumental tem se mostrado inatingível pelas disciplinas sociais. A aplicação da indução tem falhado redondamente em antecipar comportamentos, sejam eles individuais ou coletivos, derivando os casos futuros do acompanhamento dos casos observados no passado. As dificuldades envolvidas na elaboração de explicações indutivamente fundamentadas, capazes de propiciarem predições seguras, reduzem o poder de intervenção das teorias sociais sobre os objetos de estudo. Impotente para justificar qualquer forma de intervenção devotada à edificação de uma sociedade melhor, o método indutivo só pode exercer controle sobre o que existirá caso seja mera repetição da *ordem de coisas* que vinha sendo constatada:

> Assim, sem deixar de ser humano, e membro de sua sociedade, o cientista social pode colocar-se questões pertinentes à intervenção do homem na dinâmica social mais isentas ou menos conturbadas pelos influxos negativos de interesses, valores e aspirações sociais. "Porque", "onde" e "como" intervir são perguntas às quais tenta responder com um máximo de objetividade e um mínimo de envolvimento nocivo à clara compreensão das coisas [...] Em suma, embora seus raciocínios se alicercem em prognósticos de base empírico-indutiva, as opções feitas pelo cientista social nessa área são de índole pragmática. O conhecimento manipulado não visa, apenas, a descrever condições, efeitos e processos, mas contribuir para mantê-los ou alterá-los de certa forma (ainda que seja uma forma imputável às "relações necessárias dos fatos entre si"). (FERNANDES, 1976b, p. 277-8)

O tipo de conclusão que decorre de modo *necessário* das premissas é aquele em que a conclusão nada acrescenta tem termos informativos ao que é veiculado pelas premissas, e é por elas *logicamente implicada*. Só o argumento dedutivo provê uma forma de inferência *certa e demonstrativa*, mas incapaz de promover aumento de informações no fim do processo inferencial. De forma controversa, o apriorismo especulativista sempre procurou se apresentar como usuário de uma variante de modelo dedutivo de explicação para tentar justificar conclusões que vão além do conteúdo presente nas premissas. Por esse motivo, o apelo aos *fatos* representou, em um primeiro momento, um justo ataque ao modelo metafísico de compreensão do real, que se caracterizava pela tentação de impor uma racionalidade aos fenômenos que não fora extraída de sua funcionalidade intrínseca. Contudo, em um segundo momento se resvalou para um *fatualismo* que conduziu a enfoques que *coisificam* os fenômenos sociais desconsiderando a *significatividade* intrínseca de que são portadores. Isso faz com que a atualidade deixe de ser vista como um momento de uma Realidade que abriga uma ampla gama de virtualidades.

Mesmo um autor antiempirista como Marcuse (1960, p. 328) foi obrigado a reconhecer que no começo da filosofia moderna, e novamente no século XVIII, o positivismo/empirismo foi militante e revolucionário. Àquela época, fazer dos fatos árbitros das querelas metafísicas tinha um significado epistemológico e político transformador na medida em que retirava o suporte ideológico do velho *magister dixit* (o dito do mestre é inquestionável) e do *ancien régime*. A partir do momento em que foram neutralizados os elementos “transcendentalistas” e “autoritários” da velha ordem político-cultural, propugnar por uma atividade de pesquisa circunscrita ao mero *estar* dos fatos podia levar, ainda que involuntariamente, ao endosso como *natural* da ordenação encontrável nos fatos. Nada há de errado em se defender a investigação da realidade tal qual se revela na *atualidade*. O risco de se incorrer na falácia naturalista, originalmente apontada por Hume, se materializa quando se transforma o ser das coisas em *dever-ser*, o que atualmente está dado em *tudo* o que *o ser social pode ser*. Respeitada como objeto de estudo, a atual configuração histórica dos fatos não esgota o real no qual estão abrigadas *possibilidades* sequer vislumbradas.

O desiderato de melhorar o que existe precisa partir do levantamento de suas falhas atuais, mas a preocupação em fundar a teoria nos fatos não se confunde com o comprometimento com uma perspectiva política de pura reiteração do que existe tal qual existe. O interesse em melhorar a realidade dada não autoriza o movimento de ignorar ou relativizar a evidência empírica disponível, muito menos o de a ela sobrepor um Ideal. A limitação da sociologia indutivamente concebida decorre de só lidar, ainda que venha associada a projetos reformistas ou revolucionários, com uniformidades/regularidades, jamais com virtualidades entendidas como alternativas ao que existe.

Definindo a sociologia como ciência indutiva, Fernandes em momento algum mostra preocupação com a problemática espinhosa da justificação da inferência ampliativa que, especialmente a partir de 1930, levou até mesmo eminentes pensadores empiristas a buscar modelos explicativos alternativos à indução. Em sociologia, vertentes como a dialética, a hermenêutica e a fenomenológica rejeitam a indução e o tipo de resultado explicativo que propicia. A hermenêutica, por exemplo, recusa os ingredientes observacionalistas/indutivistas da teoria da ciência empirista por considerá-los inadequados ao tipo de estudo em que o investigador entabula um *intercâmbio comunicativo* com o objeto/sujeito pesquisado.

As metodologias que se pretendem expressão normativa da racionalidade operacional da ciência contrabandeiam conceitos e pressupostos filosóficos. Seguindo os passos de Durkheim, Fernandes desqualifica como *filosófica* a tendência a problematizar a derivação de um universal categórico a partir de casos particulares. O longevo debate que tem sido travado em torno da justificação racional da inferência indutiva envolve importantes questões de lógica. Por essa razão, a vertente que considera inevitável o emprego de procedimentos inferenciais indutivos na ciência tem coexistido ao lado da que propõe modelos explicativos alternativos.

Em virtude das dificuldades de se recorrer às teorias físicas, químicas ou biológicas para arbitrar as *diferenças* entre os diferentes modos epistemológicos de reconstruí-las, é problemático propor um só modelo explicativo, o indutivo, para as ciências sociais. Ademais, as ciências naturais desenvolvem práticas de pesquisa homogêneas e consensuais em comparação com as cisões entre Escolas encontráveis nas disciplinas sociais. Em consonância com Durkheim, Fernandes se recusa a reconhecer que toda metodologia tem vínculos com uma tradição epistemológica específica. Estando em questão as disciplinas sociais, a pregação de que há um modo inevitável de se fazer ciência é pouco defensável e se presta a promover a exclusão de alteridades metodológicas. Basta olhar para as diversas e desniveladas ciências para constatar que inexiste metodologia capaz de se legitimar como normatização especular da racionalidade operacional da ciência. O caráter indutivo da sociologia é concebido como o ápice de seu processo de cientificização quando Fernandes (1972, p. 164) advoga que "a sociologia é uma ciência indutiva autônoma [e que] o método indutivo constitui, para ela, o alfa e o ômega ou o princípio e o fim de sua realização como ciência". Goudsblom (1977, p. 44-6) faz oportuno balanço histórico do emprego da indução na sociologia:

> A retórica da indução continuou a dominar a sociologia durante as primeiras décadas do século XX. Tornou-se particularmente popular na sociologia norte-americana a partir da duradoura influência exercida por *The Polish Peasant in Europe and America* (1918-20) de William Thomas e Florian Znanieck [...] depois da crítica de Blumer [1939], o empirismo e o indutivismo na sociologia têm sido crescentemente submetidos a cerradas críticas [...] a ponto de ter começado a predominar na sociologia o raciocínio hipotético-dedutivo como o estilo típico de se estruturar a pesquisa.

Se a indução tivesse as qualidades epistemológicas inquestionáveis que lhe atribui Fernandes, se imporia – como o procedimento inferencial do método universal – a todos os sociólogos independentemente da Escola a que se filiassem. Ocorre, porém, que a prática de pesquisa sociológica não respalda a pretensão de universalizar o método indutivo. Pode-se, quando muito, constatar sua relativa predominância em alguns países mais que em outros, como o próprio Fernandes (1972, p. 61-2) o reconhece quando afirma que "o desenvolvimento moderno da sociologia tem-se processado no sentido de torná-la uma ciência estritamente indutiva. Nos Estados Unidos, na França, na Alemanha e na Inglaterra a tendência dominante é a mesma". Fernandes (1972, p. 66) se dá conta de que a hegemonia da indução é um fenômeno que só se manifesta de forma inequívoca na sociologia norte-americana sem conectar isso ao fato de que por lá o empirismo e o pragmatismo são as filosofias predominantes. Sofrendo profunda influência da tradição filosófica empirista, a sociologia *made in USA* se vinculou inevitavelmente a uma concepção indutivista de ciência.

Considerado por Fernandes como o alfa e o ômega da cientificidade da sociologia, o método indutivo deixou de ser dominante na França, Alemanha e Inglaterra. Identificando o poder de explicação da indução com o que singulariza o método científico, Fernandes deixa de se perguntar se a hegemonia desse método em certos ambientes culturais depende de suas qualidades intrínsecas ou de condições filosóficas e culturais favoráveis. Fernandes deixa de explicar por que a indução merecedora de uso universal não é acolhida com o mesmo fervor metodológico pelas comunidades de sociólogos de diferentes países. As restrições feitas por Sorokin ao modelo indutivo são depreciadas por Fernandes (1972, p. 165) como um regresso à fase pré-científica da sociologia, como uma inadmissível ignorância do significado das soluções metodológicas encontradas por Marx, Weber e Durkheim para a indução.

Se, como o próprio Fernandes admite, a indução é característica distintiva apenas da sociologia norte-americana, não deveria ser considerada capaz de definir a *cientificidade,* de conferir *universalidade metodológica* a uma disciplina como a sociologia cindida em várias Escolas. A suposição tacitamente atuante é a de que a adoção de outras vias epistemológicas em sociologia necessariamente compromete sua possibilidade de ser ciência. A história da ciência, e a da sociologia em especial, não oferece adequada justificativa para se conferir ao modelo indutivo o monopólio da cientificidade. A visão segundo a qual o emprego do método indutivo, por si só, garante a cientificidade das teorias sociológicas negligencia as limitações de se estudarem os "fatos sociais" atentando-se apenas para sua recorrência, deixando-se de levar em conta a peculiaridade de se oferecerem pré-interpretados à observação. Tem uma dimensão ideológica a tentativa fazer passar por universal a via metacientífica que disputa com outras a prerrogativa de definir como deve ser conduzido o processo da pesquisa científica.

Faz pouco sentido qualificar a sociologia como ciência indutiva e reconhecer que é predominantemente assim entendida e praticada nos Estados Unidos. Se uma ciência *se define* por meio de uns poucos predicados fundamentais, é injustificável o relativismo cultural que sustenta que a sociologia é indutivamente praticada mais em alguns países que em outros. Ainda que a esmagadora maioria dos trabalhos sociológicos seguisse a cartilha da metodologia indutivista, isso seria insuficiente para caracterizar a sociologia como uma ciência indutiva. As outras maneiras de pensar a cientificidade, mesmo que fossem apenas esporadicamente adotadas, tornariam obrigatório conceber a sociologia como uma disciplina capaz de se valer de diversos métodos em seus diferentes projetos de forjar explicações do mundo social. Por perfilhar o ponto de vista de que a metodologia escorreita reproduz de modo especular a razão operacional da ciência, Fernandes caracteriza as alteridades ao indutivismo como resistências à adoção do único método genuíno:

> De nossa parte, não compartilhamos do pessimismo com que se tende a avaliar as possibilidades dessa técnica de investigação [a indução], reflexo tardio de preconceitos alimentados pelos sociólogos europeus, desde Durkheim ou Max Weber até Laski ou Mannheim, contra os procedimentos de investigação sociológica empírico-indutiva. Na verdade, uma técnica de investigação representa mero instrumento de trabalho e não pode ser inculpada pelas limitações porventura patentes na utilização que dela façam os investigadores. (FERNANDES, 1976b, p. 350)

Erigindo a indução em procedimento metodológico indefectível, Fernandes considera qualquer questionamento, qualquer afastamento de seus requisitos funcionais, fruto de algum tipo de preconceito irracionalista pré-científico. Ademais, reputá-la simples instrumento de trabalho entra em choque com a proposta de Fernandes de conceder-lhe a prerrogativa de ser o traço metodológico distintivo de uma ciência como a sociologia. Qualquer técnica, ainda que estritamente metodológica, está conectada a um modelo de racionalidade, a uma proposta de lidar explicativamente com os objetos estudados. Os procedimentos metodológicos que defendem o confinamento ao que está dado na atualidade como precondição para que os fatos sejam registrados e explicados são incompatíveis com as metodologias – a exemplo da dialética – escorados em pressupostos filosóficos que as levam a encarar o dado como um momento da realidade a ser criticado e superado. Na história das disciplinas sociais, o *ser* foi subordinado ao *poder-ser* ou ao *dever-ser* a ponto de se ter chegado a abraçar filosofias da história que contrapõem as potencialidades, supostamente liberadoras, à realidade atual colocada no banco dos réus. Fernandes proclama o caráter indutivo da explicação sociológica sem jamais levar em consideração essas questões:

> A sociologia é uma ciência empírico-indutiva no sentido de que suas interpretações se baseiam em dados de fato e seu progresso científico depende da possibilidade de conseguir-se um método capaz de superar as dificuldades atuais na manipulação dos dois tipos de inferência indutiva (qualitativa e quantitativa). (FERNANDES, 1972, p. 55)

O problemático desse tipo de formulação vaga é que mesmo que se endossasse uma postura metodológica diferente, que se defendesse, digamos, o modelo nomológico-dedutivo de explicação, inexistiriam razões substantivas para discordar dela. Sua generalidade está longe de poder esclarecer a especificidade do que significa ser a sociologia uma ciência indutiva. Afinal, qualquer ciência não formal lida, de uma ou de outra maneira, com dados empíricos. A questão crucial é saber como manipulá-los de modo a sobre eles gerar conhecimento. Como Fernandes se limita a fornecer definições sumárias de indução, sem qualquer preocupação com sua fundamentação epistemológica, é fundamental abordar as duas empreitadas de sistematização do método indutivo – a de Bacon e a de Mill – que mais influenciaram seu projeto de *cientificizar a sociologia*. Fernandes (1976a, p. 65-6) alude "àquele ar puro e restaurador da indução baconiana, em que se recomendava, com insistência, a familiaridade com os "fatos em si" como o meio adequado de afastar os *perigos da razão*". Além de considerar Mill o grande sistematizador da lógica indutiva no século passado, Fernandes (1972, p. 70) acolhe tacitamente a definição de indução milliana.

5.2. A *epagogé* Aristotélica e a indução por enumeração simples

Nos *Analíticos Segundos*, cujo principal objeto de investigação é a *demonstração*, isto é, o raciocínio silogístico composto de premissas necessárias, Aristóteles se dá conta de que deve haver outra fonte de conhecimento das verdades universais. Aristóteles sustenta que,

> a demonstração parte de proposições universais enquanto a indução se apoia em proposições particulares; todavia, só é possível chegar a proposições universais através da indução, já que até mesmo as noções obtidas por abstração se tornarão conhecidas por meio da indução. (ARISTÓTELES, 1982, 81b, p. 301)

Nesse caso, entra em cena a questão de saber se há um método que possibilite construir um conhecimento não demonstrativo, porém seguro, dos fatos. É sabido que na dedução a avaliação da validade dos argumentos é submetida a regras estritas de inferência à luz das quais da verdade das premissas se pode derivar necessariamente a verdade da conclusão ao preço de a transição não promover ampliação de conteúdo. A lógica e a matemática podem suprir sistemas formais em condições de ser frutiferamente empregados na organização de explicações empíricas. O desafio da indução consiste em identificar o modo seguro de extrair a universalidade, teoricamente construída, dos casos particulares empiricamente acompanhados. Passar de enunciados-premissa sobre casos particulares constatados para um enunciado-conclusão que abarca um número indeterminado de casos gera dificuldades de justificação epistêmica recalcitrantes. O conjunto potencialmente infinito de casos com o qual lida o universal irrestrito impede que seja cabalmente verificado.

A tentativa de fundamentar a inferência ampliativa enfrenta, já de saída, a questão espinhosa de que as ciências fatuais baseiam suas construções em elementos verificados e, no entanto, aspiram a abarcar explicativamente os ainda inobservados do *mesmo tipo*. Inexiste trampolim lógico seguro que permita derivar os inobservados – por meio de uma generalização segura – a partir dos constatados. Se este A é B, e este outro A é B e aquele e aquele e aquele outro, se todos os A's encontrados têm sido B, a derivação do enunciado "Todos os A's são B" pode ser vista como uma espécie de sinopse do que a realidade *tem exibido*. A alternativa seria pensá-la como representando algo mais do que a simples experiência repetitiva que leva a acreditar na existência de um padrão. É discutível a crença de que a constatação de A's sendo B comprova que há "necessariamente" algo de B em cada A. Nas raras oportunidades em que se reporta à indução aristotélica, Fernandes faz análises questionáveis:

> A construção do tipo empírico é conseguida por meio de procedimentos de indução enumerativa (ou "indução aristotélica", entendendo-se que na formação da inferência só são relevantes os caracteres essenciais na manifestação do fenômeno) [...] os resultados da indução enumerativa constituem um mero momento do processo de observação da realidade. O investigador que se limitar à exposição de semelhantes resultados terá deixado, obviamente, de conduzir a investigação empreendida a seus fins completos. Todavia, ela constitui um recurso indispensável da observação, porque dá ao sujeito-investigador a possibilidade de converter, analiticamente, verificações sobre atributos ou propriedades dos fenômenos em conhecimentos primários sobre os fenômenos considerados como um todo. Por isso, cabe à indução enumerativa, como instrumento do

> processo de reconstrução analítica, oferecer os meios através dos quais se passe do fenômeno *concreto*, tal como pode ser percebido pelos sentidos ou pelas técnicas que os complementam, ao fenômeno *puro*, tal como pode ser representado no nível genuinamente empírico. (FERNANDES, 1972, p.11)

Sendo a indução enumerativa encarada por Fernandes como uma modalidade de inferência com a função de prover dispositivos tanto lógicos quanto empíricos capazes de justificar a transição de certos enunciados-premissa para determinado enunciado-conclusão, resulta inaceitável sua proposta de empregá-la para realizar uma das etapas do processo de observação. Tudo se torna ainda mais questionável se estiver envolvida a pretensão de se operar, por intermédio da indução, a passagem do fenômeno *concreto* para o *puro*. Se a indução enumerativa propiciasse os meios para uma necessária travessia observacional, não teria desencadeado tão duras críticas. Afinal, esse tipo de inferência é logicamente frágil por executar a transição de *alguns* (casos *observados*) para *todos* (incluídos os futuros) lançando mão do pressuposto metafísico de que o futuro se assemelhará ao passado. Enquadrar os casos constatados e os virtuais *inobservados* na mesma "tipologia" empírica torna frágil a teoria, sempre sujeita a se deparar com evidência desfavorável.

Poucas foram as ideias que Aristóteles desenvolveu sobre a indução. Nos *Tópicos* (Livro VIII, 156a) afirmou que a indução deve proceder dos casos particulares para os universais e do conhecido para o desconhecido. Em linhas gerais, o estagirita argumentava que ao se notar que este A é B, que aqueles outros são B, pode-se estar em condições de dar um "salto indutivo" em direção à conclusão irrestrita "Todos os A's são B". Nesse caso, a *epagogé* para Aristóteles estaria em condições de descobrir que faz parte da natureza de um A ser B. É óbvio que Aristóteles não entendia essa vinculação entre A e B como encerrando necessidade lógica, mas como uma característica empírica que, por não apresentar exceções, é parte constitutiva do que determinado ente tem de "essencial".

É notório que esse modo de entender a indução está sujeito a restrições se for entendida como *indução por enumeração simples* passível de também ser apresentada na seguinte versão: Todos os A's *observados* são B, portanto, Todos os A's são B. Tem sido acusada de falaciosa desde pelo menos os tempos de Bacon. Em verdade, envolve sempre o risco de se incorrer na falácia da distribuição ilícita resultante de ser problemático inferir de alguns A's acompanhados no passado uma conclusão sobre *todos* os A's, incluídos os ainda inobservados. Nesse tipo de inferência, e na indução em geral, sempre pode ocorrer de as premissas serem verdadeiras e a conclusão falsa. Tais dificuldades só seriam contornáveis caso estivesse em questão a chamada indução completa ou perfeita: aquela em que um enunciado geral é conclusivamente verificado em virtude de abarcar um conjunto finito cujos membros podem ser exaustivamente identificados. Visto que a indução perfeita só pode ser utilizada quando a classe de coisas designadas pelo enunciado geral é finita, essa modalidade é menos interessante em razão de a pesquisa científica priorizar os enunciados nomotéticos, que abrangem casos virtuais, que podem discrepar dos acompanhados no passado e no presente. A indução completa se compõe de generalizações conclusivamente verificáveis porque não passam de sumários de informação sobre um número determinado de casos ou ocorrências. O desafio é lidar com a situação em que o enunciado geral se refere a uma classe potencialmente infinita de "coisas" ou eventos. Difícil conciliar o princípio aristotélico de que só há ciência do universal e do necessário com uma ontologia para a qual os fatos, matéria-prima de todas as ciências à exceção da lógica e da matemática, são sempre contingentes e admitem, *ipso facto*, formas de ser diferentes ou até contrárias às que vêm exibindo.

São manifestos os defeitos da inferência indutiva quando intenta dar conta de uma classe aberta. Mesmo sendo importante para a pesquisa científica apostar em continuidades explicativas, na identificação de padrões, na continuidade entre o real e o virtual, as teorias permanecem vulneráveis a contraexemplos. Aristóteles (1969, 68b. p. 566) recorre a um exemplo de indução perfeita – correspondente à passagem da(s) espécie(s) para o gênero – e assim deixa de precisar dispensar atenção à fragilidade lógico-epistêmica da inferência ampliativa:

> O homem, o cavalo e a mula têm vida longa
> O homem, o cavalo e a mula são os únicos animais sem bile
> Todos os animais sem bile são animais longevos

Com o advento da ciência moderna fica claro que é a indução imperfeita – a que intenta operar de modo justificado a transição dos casos individuais para a espécie – que encerra real interesse epistemológico. Isto porque é a que permite forjar explicações capazes de fazer predições com potencial de gerar poder instrumental sobre os fatos estudados.

5.3. A originalidade da indução eliminativa de Bacon

Bacon ataca o que caracteriza como a esterilidade da silogística e a concepção de indução proveniente do aristotelismo. É preciso ter presente que a crítica à silogística acarretou, por vias indiretas, a depreciação do conhecimento de tipo "formal", de tal maneira que Bacon deixou de vislumbrar o papel fundamental que viria a ser crescentemente desempenhado pela matemática no processo de produção de conhecimento sobre a natureza. Para Bacon, o *organon* (instrumento) legado pela cultura "oficial" antiga e medieval travava a realização de descobertas científicas de vulto e fazia com que grassassem os mais diversos tipos de *idola* (preconceitos). Daí sua proposta de um *novum organum*, voltado para as ciências da natureza então emergentes, pretender alcançar não a certeza improfícua da silogística, mas a explicação embasada dos fenômenos naturais por meio da metodologia indutiva.

A tese baconiana de que "o homem pode tanto quanto sabe" – em contraposição a *bios theoretikos* grega e a *vita contemplativa* latina

– faz com que toda modalidade de conhecimento voltada apenas para os requisitos da coerência interna seja colocada sob suspeição. Isso não impede Bacon de considerar a indução "antiga" duplamente falha. Em primeiro lugar, acusa-a de ser incapaz de *explicar e controlar* os fenômenos empíricos e, em segundo lugar, de deixar de prover conhecimento autêntico. Bacon desqualifica como "*res puerilis*" (coisa infantil) a *indução* "que procede por enumeração simples atribuindo sua introdução a Aristóteles. Sempre que tentou expor a funcionalidade inferencial do modelo de explicação a ser adotado pela sociologia, Fernandes se envolveu com a indução por enumeração simples:

> O raciocínio que aqui entra em jogo [na estatística] é o mesmo que fundamenta as explanações indutivas em geral; se tomarmos de um agregado uma parte de suas unidades e a estudarmos sob certos caracteres que nelas nos interessam, podemos considerá-la como representativa do agregado e estender o conhecimento obtido sobre os caracteres estudados a todas as unidades que constituem o agregado, com referência àqueles caracteres. (FERNANDES, 1972, p. 148)

Para Bacon, constituía inferência descabida transitar, sem os requeridos cuidados, da constatação de alguns casos para uma conclusão abarcando todos, reais e virtuais. Tendo em vista que nenhuma generalização irrestrita, cujo respaldo empírico se limita à coleta de casos confirmadores, alcança uma verificação cabal, está sempre exposta ao risco de se defrontar com um caso desfavorável. Isso levou Bacon (1955, p. 110) a acreditar que a grande inovação introduzida por seu método residia no caráter *eliminativo* que a indução passaria a ter: *major est vis instantiae negativae* (maior é a força do caso negativo). Sendo decisivo o contraexemplo, a indução correta deve ficar prioritariamente atenta às rejeições ou exclusões. Insuscetível de ser validado por um número significativo de casos favoráveis, um universal categórico (Todo A é B) pode ser falsificado por um caso adverso, o de um A que não é B.

Apesar de sua postulada originalidade, algumas das mais importantes formulações metacientíficas popperianas foram antecipadas por Robert Grosseteste e Roger Bacon, magistralmente estudados por Crombie (1953, p. 85). Registre-se ainda que o papel central que Popper vai atribuir à evidência desfavorável já fora devidamente ressaltado por Bacon. No entanto, Popper vincula Bacon exclusivamente a uma visão indutivista, dogmática, de ciência. Tendo em vista a maior força atribuída por Bacon aos casos negativos, está subentendido em sua metodologia que só a refutação de uma teoria é peremptória. A comprovação da verdade por meio da reunião de casos positivos é sempre temporária em virtude de o espectro do contraexemplo poder a qualquer momento entrar em cena. Com a indução eliminativa, que reconhece o poder maior dos casos negativos, Bacon almeja chegar a teorias metodologicamente mais seguras por resultarem do reconhecimento da necessidade – destacada por Quinton (1980, p. 55-69) – de atenção redobrada à possível aparição da contraevidência. A metodologia de Bacon busca a confirmação da teoria sem deixar de destacar o maior impacto que sofreria com a aparição de evidência desfavorável.

O método científico de Bacon pode ser acompanhado através de suas três Tábuas de Investigação. A primeira, a *Tabula Presentiae* (Tábua de Presença) consiste na reunião de todos os casos conhecidos de um fenômeno que convergem na posse de uma mesma característica. Tal estudo, adstrito aos casos positivos, seria incompleto e estaria sujeito a graves equívocos se a pesquisa nele se detivesse. Daí a atenção redobrada a possíveis casos negativos arrolados na *Tabula Absentiae* (Tábua de ausência). A terceira Tábua, a *Tabula Graduum*, a da comparação ou regra dos diferentes graus, propicia o estudo de variações em diferentes fenômenos para avaliar se há alguma correlação entre as várias mudanças observadas. Na primeira Tábua, descrevem-se os casos em que a "natureza" ou característica sensível sob investigação está presente a fim de se forjar um extenso e completo relatório de seus acompanhamentos típicos. Na Segunda Tábua, são listados casos em que os acompanhamentos da natureza analisada estão presentes sem que, no entanto, a natureza ela mesma esteja presente. Na *Tabula*

Graduum são destacados casos em que uma maior ou menor proporção da natureza em questão é acompanhada de uma maior ou menor proporção de outra variável. Apesar do poder crucial atribuído ao contraexemplo, Bacon manteve-se sempre preso ao campo epistêmico indutivista por entender que o conhecimento concerne ao que se pode comprovar. A força maior conferida ao caso negativo significa o reconhecimento de que uma só manifestação de evidência adversa tem poder para infirmar um universal categórico.

5.4. Mill e a operacionalização dos cânones indutivos

A metodologia de Fernandes muito deve a Mill cuja definição de indução, implicitamente endossada, a apresenta como a operação de descobrir e provar proposições gerais, aquelas em que o predicado é afirmado ou negado de um número ilimitado de indivíduos. Para Mill, consiste no processo de inferir de alguns casos individuais em que se observa o fenômeno ocorrer que ele ocorrerá em todos os casos de certa classe, isto é, em todas que se assemelharem às primeiras relativamente a circunstâncias essenciais. Para Mill, as inferências indutivas, se feitas de modo apropriado, permitem concluir que tudo que foi constatado para alguns casos vale para todos os casos de determinado tipo; para todos os casos que, em certos aspectos definíveis, assemelham-se aos que têm sido observados. Segundo Mill, os fenômenos da natureza mantêm entre si dois tipos de relação: simultaneidade e sucessão. Todo fenômeno relaciona-se uniformemente com alguns fenômenos que com ele coexistem e com fenômenos que o precederam ou o seguirão. Das verdades que podemos extrair na investigação dos fenômenos, as mais valiosas são as que se referem à ordem de sua sucessão, pois em seu conhecimento se fundamenta toda antecipação racional de fatos futuros. Desse conhecimento também depende o poder capaz de alterar o curso dos fatos para benefício humano.

A lei da causação apoia-se na ideia de que se pode verificar, pela observação, que a invariabilidade de sucessão prevalece entre um fato natural e algum outro que o precedeu, independentemente de considerações a respeito do modo último de produção dos fenômenos e de qualquer outra questão relativa à natureza das coisas em si mesmas. Levando em conta a crítica de Hume à noção de causa, Mill sustenta que jamais subsiste uma sequência invariável entre um consequente e um único antecedente. Contrariamente a Durkheim, Mill (1949, p. 285) entende que tal sequência geralmente se forma pela concatenação entre um consequente e a soma de vários antecedentes, sendo necessária a concorrência de todos a fim de que se produza o consequente. Há, todavia, uma tendência arraigada a se destacar só um dos antecedentes sob a denominação de causa, dando aos outros o nome genérico de condições. Tal propensão a confundir a ideia de causação com o evento antecedente imediato, mais do que com o conjunto dos estados antecedentes, ou fatos permanentes, decorre de o evento causado não apenas não existir, mas começar a existir imediatamente depois da manifestação desse antecedente, enquanto as outras condições podem ter preexistido durante um tempo indefinido.

Os métodos de investigação propostos por Mill têm por objetivo descobrir e verificar relações causais entre propriedades contingentes. O enunciado "C está invariável e incondicionalmente ligado a E" significa que C não pode ser encarado como causa se está presente quando E está ausente ou se está ausente quando E está presente ou se varia de algum modo enquanto o outro se mantém inalterado. Na perspectiva de Mill, quando se realiza um experimento almeja-se constatar se o fator-causa se apresenta invariavelmente associado ao fator-efeito. Sendo C e E dois fatores ou processos, quatro são as possíveis articulações entre eles: C e E, C e não E, não C e E, não C e não E. A conexão entre C e E só fica demonstrada para o primeiro e o quarto casos, o que indica desempenharem esses métodos um papel essencialmente eliminativo.

Segundo Mill, dois são os modos mais triviais de se escolher, dentre as circunstâncias que precedem ou seguem um fenômeno, aquelas às quais esse fenômeno está ligado por uma lei invariável: o método da concordância e o método da diferença. O primeiro estipula que se, em duas situações experimentais, um número de condições (A, B, C etc.) é seguido por um evento *a* na primeira situação, e se um número de condições diferentes à exceção de uma (A, P, Q, etc.) é seguido pelo mesmo evento *a* na outra situação, então apenas a condição compartilhada pelas situações experimentais pode ser parte de uma sequência causal invariante. Assim, infere Mill que a condição compartilhada *A* está causalmente ligada ao evento *a*. A condição *A* é a causa e o evento *a* o efeito.

Mesmo quando se tem certeza de que a circunstância identificada como causa é a única compartilhada, inexiste garantia de que está invariavelmente associada ao fenômeno com relação a um número ilimitado de casos. Isso põe em dúvida a credibilidade de tal método como procedimento de descoberta ou prova. Seu valor seria quando muito *eliminativo:* se uma circunstância não é comum a todos os casos do fenômeno, não pode ser a causa do fenômeno. Ademais, ainda que se tivesse a ventura de incluir na enumeração de alternativas a verdadeira causa do fenômeno, o método não permitiria identificá-la visto que sua função – como destacam Cohen & Nagel (1949, p. 255) – é apenas a de eliminar as circunstâncias alheias ao fenômeno.

Pelo método da diferença, *A* torna-se não apenas condição necessária, mas também suficiente, do efeito *a*. Se A, B, C são condições antecedentes seguidas de *a* no primeiro experimento e se B, C, F não foram seguidas de *a* em um segundo experimento, então *A* é a causa de *a* e sua condição suficiente. Assim como o da concordância, esse método cumpre, com suas limitações, função eliminativa ao se vincular ao princípio de que se o fenômeno não se produz quando ocorre sua suposta causa, então não pode o fenômeno ser sua consequência nem ela sua causa efetiva. Ambos os métodos supõem que os casos comparados concordam ou diferem em um único ponto. Como assinala Durkheim, jamais existiu uma ciência capaz de realizar experiências em que o caráter rigorosamente único de uma concordância ou de uma diferença fosse estabelecido de modo irrefutável. Nunca, continua Durkheim (1949, p. 126-8), se pode estar certo de não se ter deixado escapar algum antecedente que concorde ou difira do consequente ao mesmo tempo e da mesma maneira que o único antecedente conhecido.

O terceiro método proposto por Mill corresponde à união da concordância com a diferença. O quarto, denominado dos resíduos, pode ser assim formulado: subtraindo-se do fenômeno a parte que sabemos, por induções anteriores, ser o efeito de alguns antecedentes, o efeito dos antecedentes restantes é o resíduo do fenômeno. Segundo Durkheim, tal método não tem qualquer serventia para o estudo dos fenômenos sociais. Seria útil apenas às ciências avançadas em virtude de pressupor o conhecimento de um bom número de leis importantes. Ademais, os fenômenos sociais são demasiado complexos para que se possa, em determinado caso, suprimir o efeito de todas as causas menos uma.

Por fim, o método das variações concomitantes estatui que um fenômeno que varia de alguma maneira todas as vezes que outro fenômeno varia da mesma maneira é ou causa ou efeito desse fenômeno, ou está a ele ligado por algum fato de causação. O modo de Durkheim conceber e defender a indução estriba-se nesse método:

> O simples paralelismo de valores por que passam dois fenômenos, desde que efetuado num número suficiente de casos suficientemente variados, é a prova de que existe uma relação entre eles. O privilégio atribuído a esse método deve-se ao fato de atingir a relação causal não pelo exterior como os métodos precedentes, mas pelo interior. Não nos revela apenas dois fatos que se acompanham ou excluem exteriormente sem que nada nos prove diretamente sua união por um vínculo interno; ao contrário, mostra-nos como um participa da existência do outro de maneira contínua ao menos com relação à sua quantidade [...] A concomitância constante é por si só uma lei, qualquer que seja o estado dos fenômenos que tenham ficado de fora da comparação. (DURKHEIM, 1949, p. 129-30)

Fernandes (1972, p. 77-8) é de opinião que "Durkheim não procura definir em que sentido emprega o termo indução. Pelo contexto de seus trabalhos, presume-se que emprega esse termo em um sentido paralelo ao de Stuart Mill". A observação de Fernandes só é procedente com relação aos trabalhos monográficos de Durkheim. Isto porque *Les Règles de la Méthode Sociologique* deixa claro seu envolvimento com o tipo de indução vinculado ao método milliano das variações concomitantes. Os "trabalhos empíricos" de Durkheim têm claros débitos não só para com o quinto método milliano, mas para com sua visão das ciências sociais como disciplinas presas à descoberta de regularidades causais (exteriores). Justifica-se pensar que o esforço de sistematização da indução empreendido por Mill ficou preso, em aspectos essenciais, à concepção de Bacon. O primeiro método milliano corresponde, ainda que em versão aprimorada, a *Tabula Presentiae*, isto é, ao requisito de copresença e o segundo a *Tabula Absentiae*, à exigência da coausência. O método das variações concomitantes é comparável a *Tabula Graduum*, ao requisito da covariação. Os outros dois podem ser, como pensa Kneale (1952, p. 56-7), considerados supérfluos. No fim das contas, os métodos millianos têm um caráter essencialmente eliminativo, e até o das variações concomitantes está fadado a desempenhar papel modesto – o de "desvincular" fenômenos para os quais se supusera a existência de um nexo causal. Isto porque saber que um fator não varia quando varia o fenômeno ou que varia quando o fenômeno não varia, autoriza apenas a concluir que esse fator não pode ser considerado causa do fenômeno. De fato, a regra de Mill, enaltecida e adotada por Durkheim, que decreta que variações em *X* acompanhadas de variações em *Y* permitem inferir a vinculação causal entre ambos, está sujeita a ter sua fundamentação questionada. A falta de variação de um a partir da variação do outro autoriza a supor a inexistência de nexo causal enquanto a variação não tem como garantir a existência do nexo. Sendo assim, indução milliana só é capaz de desacreditar boa parte dos candidatos que postulam à condição de causa do fenômeno, o que, convenhamos, é muito pouco quando se tem a pretensão de identificar a(s) causa(s) efetiva(s).

Muita da improficuidade explicativa gerada por várias teorias sociológicas decorre de terem endossado acriticamente o método milliano-durkheimiano das variações concomitantes. A partir do estabelecimento da correlação funcional entre dois fenômenos, o sociólogo "causalista" acredita estar de posse de uma *explicação*, descurando o fato de que a vinculação constatada não passa normalmente de uma *descrição*, ela mesma a demandar a confecção de uma *explicação*. MacIntyre (1978, p. 15-32) salienta que se questões sobre motivos e razões não forem respondidas, generalizações causais do tipo "A existência isolada em minúsculos apartamentos nos grandes centros urbanos faz aumentar as taxas de *suicídio*" não podem ser consideradas explicações, mas sim fatos adicionais a também exigirem elucidação.

Além dessas limitações, Mill não se livra das dificuldades de fundamentar a indução apontadas por Hume. A transição dos fenômenos comprovados para os inferidos pretende se justificar com base na *aposta* de que as mesmas essenciais circunstâncias constatadas no passado e no presente serão, *ceteris paribus*, mantidas no futuro. Está longe, entrementes, de ser fácil identificar constância na diversidade de manifestações dos fenômenos sociais e garantir que o quadro apreendido perdurará em outras condições que não aquelas sobre as quais se exerceu controle direto. A essa questão Mill (1949, p. 203) responde com uma tese ontológica, e não metodológica, relativa ao curso e à ordem do universo: o que aconteceu uma vez deverá, sob um grau suficiente de similaridade de circunstâncias, acontecer novamente e não apenas novamente, mas todas as vezes em que as mesmas circunstâncias recorrerem. A dificuldade é que a suposição do *Curso Uniforme* não é uma tese epistemológica, mas um pressuposto ontológico incapaz de cumprir a missão de prover fundamento último à indução. Além do mais, acaba incorrendo em *petitio principii* essa tentativa de embasar uma técnica metodológica em um princípio que só logra justificar a si mesmo recorrendo ao uso da técnica que pretende respaldar. Mesmo porque a suposição ontológica do curso uniforme da natureza precisa ser indutivamente estabelecida. Para afirmar a natureza indutiva dos procedimentos inferenciais empregados pelas teorias sociológicas, Fernandes é levado a endossar o pressuposto do curso uniforme:

a convicção de que o princípio da "uniformidade do mundo exterior" se aplica aos fenômenos sociais humanos e de que estes estão submetidos, portanto, a uma ordem social, deu margem a rápido progresso na assimilação dos caracteres formais e gerais do conhecimento científico pela sociologia. (FERNANDES, 1976a, p. 285)

5.5. As insuperadas críticas de Hume à indução

Na avaliação de Bacon, a simples constatação de um número maciço de *A*'s acompanhados da propriedade *B* não autoriza inferir uma associação regular entre A's e B capaz de justificar que fosse aplicado a *todos* os A's, incluindo os virtuais, o predicado B. Cada novo caso confirmador pouco acrescenta ao universal categórico que fica sempre sujeito a ser desbancado por um contraexemplo que venha a ser encontrado. Em termos causais, se a associação entre *A* e *B* for, como pretende Hume, puramente cronológica, emergirá a questão de como a ocorrência de um *A* que deixe de ser seguido de *B* pode servir de evidência desfavorável a "*Todo A* causa *B*". Se a articulação entre dois eventos se repetir inúmeras vezes, mas em determinado momento ocorrer um e não outro, se formaria a situação refutadora do enunciado que veiculara a associação universal e necessária de *A* com *B*. A verdade é que o caso só pode ser visto como refutador se de fato havia algum nexo entre *A* e *B* que transcendesse a mera situação de um "seguir-se" ao outro no tempo e no espaço. Uma forma diferente da que vem sendo regularmente identificada só é, de um ponto de vista metodológico, relevante se contrariar algum tipo de interpenetração que antes pôde ser justificadamente postulada como nomotética. Do contrário, qualquer "irregularidade" pode ser encarada apenas como outro modo de *A se* manifestar ou como resultado da possibilidade de *A* poder ser seguido de *B* ou de qualquer outra coisa. Quando se trata de pesquisar vínculos entre dois fenômenos, *A* e *B*, a mera sucessão cronológica se presta a comprovar que, nesse caso, nenhum conhecimento relevante terá como ser obtido. Já a constatação de que subsiste conexão necessária evidencia que o segundo não teria como ocorrer sem a prévia ocorrência do primeiro, o que pode ensejar a construção de uma teoria com poder explicativo.

A indução eliminativa se manteria problemática, desprovida de poder de decisão epistêmica, caso a evidência negativa se manifestasse sem que subsistisse entre os fenômenos algum tipo de ligação que não fosse meramente cronológico. Sem uma conexão que transcenda a mera sucessão temporal, um caso "diferente" nada de relevante *negaria*. Por esse motivo, a questão primeira, para Hume, é a da natureza da conexão e não a do tipo de evidência – adversa ou favorável –à luz da qual cumpre fazer a avaliação da universalidade postulada. Mesmo porque se o que parece ligação regular (nômica) vier a se revelar apenas associação fortuita, simples transferência da ânsia de uniformidade do sujeito para as coisas, a nada de cognitivo se terá chegado. Não se trata apenas de desacreditar como ilusória a perseguição da conexão "última" que possa estar determinando a aparição encadeada de *A* e *B*.

Hume (1969, p. 94) não encontra justificação racional para a inferência indutiva, e do nexo causal retira qualquer postulação de conexão necessária para concebê-lo como mera sucessão cronológica. Os pesquisadores costumam apostar que subsiste mais que mera associação entre A e B, que possa ser desvelado algum padrão capaz de explicar a recorrência de A's seguidos de B; ou que entre *A* e *B* possa existir mais que repetição de uma sucessão no tempo e no espaço. Se, por exemplo, estivesse em questão a conexão entre "o movimento da Terra" e o "nascimento do sol", a ocorrência do primeiro e a ausência do segundo constituiria evidência desfavorável às pretensões de estabelecer-se um vínculo legaloide entre eles porque todo trabalho de investigação, por almejar explicar, aposta que a ligação entre eles pressupõe que a *razão* de produção de um é importante para a razão de produção do outro.

Com isso, fica claro que, à diferença do que supõem as metodologias empiristas ingênuas, a inferência indutiva não dispõe de meios epistemológicos suficientemente fundamentados para distinguir uma associação acidental de uma ao menos possível vinculação nomológica.

Entretanto, a *tentativa* de mostrar existir entre *A* e *B* mais que simples sucessão cronológica nada tem de metafísico desde que se reconheça que a busca da interação entre as razões de ocorrência de *A* e *B* pode vir a decepcionar por vários motivos como, por exemplo, o de que a regularidade a princípio vislumbrada inexistia, revelou-se epistemologicamente insignificante ou perdeu a força de início pressentida de elucidar outras possíveis regularidades; um caso desfavorável veio a provar que não subsiste uma vinculação nômica entre *A* e *B*.

O princípio ontológico fundamental da epistemologia humeana – o de que o contrário de um fato é sempre possível – torna problemático qualquer uso da indução desatento à possibilidade de vir a despontar evidência adversa. Isso faz com que venha à tona o desafio de como se devotar à pesquisa científica caso não se tenha como distinguir ocorrências acidentais de vinculações nômicas. É preciso ter presente que no contexto do contingencialismo de Hume o contrário de um fato é sempre possível. A ocorrência de uma descontinuidade significa reversão do que parecia ser um padrão, uma regularidade, mas não *desconexão* entre o antes e o depois.

A questão da força maior do caso negativo é, para Hume, posterior à da natureza do modo de manifestação – meramente temporal ou causalmente articulada – dos fenômenos. Só seria possível fazer inferências indutivas sobre fenômenos pertencentes a uma mesma classe, ou estabelecer nexos causais entre eventos, caso subsistisse *interdependência* entre eles. Seria vão o esforço de estabelecer vínculos causais se tudo se resumisse à mera sucessão no tempo. É sabido que se as coisas manifestassem um comportamento "errático" e desconexo, a ciência seria impossível se entendida como projeto epistemológico devotado a identificar regularidades e nexos causais. É vão tentar se livrar dos questionamentos epistemológicos recorrendo a princípios metafísicos como o da uniformidade do curso da natureza ou ao de que o futuro será similar ao passado. A questão epistemológica desconfortável é a de que a experiência *dada*, fornecedora apenas de informações sobre um conjunto específico de particulares, é insuficiente para justificar as postulações de *conhecimento* que envolvem alguma modalidade de *inferência* ampliativa. Teorias que vão além dos registros de fatos enfrentam dificuldades para alcançar justificação epistêmica que se conservam insuperadas mesmo quando se recorre ao pressuposto do curso uniforme da natureza. Mais defensável é o argumento de que o poder instrumental de algumas teorias permite supor que há mais que sucessão cronológica entre fatos e eventos estudados. Conceder o estatuto de base rochosa ao imediatamente dado, aos protocolos de acompanhamento dos fatos, está longe de conferir solidez à ponte que leva ao tipo de conhecimento coroado pela construção de generalizações irrestritas.

Em virtude de poder (sempre) não passar de coincidência recorrente o fato de objetos de certo tipo terem-se associado na experiência passada, a mera sequência temporal entre dois eventos é insuficiente para se caracterizar um como causa do outro. A transição de um *post hoc* – depois disso – para um *propter hoc* – por causa disso – demanda justificação epistêmica. É impecável a conclusão humeana de que nada, à luz do que a experiência evidencia, autoriza transformar um *depois disso* em um *por causa disso*. Tanto em termos lógicos quanto empíricos, é incorreto operar a transição de *A depois B* para *A, logo B*. De um ponto de vista epistemológico, pouco ou nada significa o fato de futuros passados se terem assemelhado a passados passados. Nada justifica pensar que os futuros futuros venham a assemelhar-se a passados futuros:

> Por que estender essa experiência (de casos passados/presentes) a tempos futuros e a outros objetos que, pelo que sabemos, são similares apenas em aparência? [...] Não é contraditório o fato de que um curso da natureza pode modificar-se e que um objeto, aparentemente semelhante aos já observados, possa ser acompanhado de efeitos diferentes ou contrários. (HUME, 1952, p. 461-2)

Durkheim é o exemplo emblemático do sociólogo que, por defender programaticamente uma estrita visão indutivista de ciência, reage aos questionamentos humeanos de forma metafisicamente ingênua recorrendo à tese de que o princípio da causalidade está acima de qualquer suspeita porque a ciência não tem como dispensá-lo. Tão seguro de que a sociologia é uma ciência capaz de ser descontaminada de questionamentos como os de Hume, Durkheim (1949. p. 126) afirma que "só os filósofos puseram em dúvida a inteligibilidade da relação causal; para o cientista não suscita qualquer questão, já que é suposta pelo próprio método científico". Crendo estar a causalidade protegida contra qualquer tipo de questionamento filosófico, Durkheim se exime de esclarecer em que plano teórico situar suas divergências com Mill quanto à maneira correta de concebê-la. Durkheim parece acreditar que Mill em alguns momentos se deixa arrastar por questões filosóficas no tratamento que dispensa à problemática da causalidade afastando-se da estrita noção científica de causalidade. Um modo artificial de depreciar a filosofia tem também sido o de encarar uma controvérsia epistemológica como extrínseca à ciência.

Durkheim é mestre em afugentar o fantasma da polêmica epistemológica acusando o adversário intelectual de *philosophe* para se autoproclamar *savant.* Trata-se de uma postura cientificista que se concede a prerrogativa de falar em nome da ciência para decretar qual o modo apropriado de entender determinado conceito como o de causa. Durkheim desconsidera que *fazer ciência* e *buscar justificá-la* são ações teóricas que, não obstante sua complementaridade, têm fontes e critérios de validação distintos. É inapropriado invocar *o* Método Científico como se inexistissem diferentes modos de entendê-lo e de vê-lo em operação nas diferentes e desniveladas ciências. Além do mais, a exigência de Durkheim de que deve existir entre causa e efeito alguma modalidade de relação *lógica* é descabida como o demonstrou Hume. Durkheim (1949, p. 126) chega a afirmar que se a relação causal tem algo de inteligível não pode ser demasiado indeterminada: "caso consista em uma relação que resulta da natureza das coisas, um mesmo efeito só poderá manter essa relação com uma única causa, pois só poderá exprimir uma única natureza". Sólidos argumentos escorados em boas razões precisam ser confeccionados para justificar a preferência por um modelo monocausal, cada efeito só tem uma causa, em detrimento de outro, policausal. Invocar a natureza das coisas investigadas é pouco convincente por ser essa natureza conhecida apenas na medida em que a pesquisa sobre ela vai sendo realizada. Sem falar que essa natureza não está impedida, em tese, de se manifestar com variações. O modelo policausal de Mill não é uma aberração metodológica, é *outro modo* de se conceber a causalidade assim como os questionamentos humeanos nada têm de passatempo filosófico.

5.6. O crescente ataque à indução na metaciência contemporânea

Sociólogos como Durkheim e Fernandes minimizam a importância das questões filosóficas em nome da adesão ao espírito científico tal qual o concebem. É claro que se a metodologia é *mera* reiteração das práticas teóricas da ciência inexiste razão para se conceder relevância às questões de fundamentação formuladas pelo filósofo. É complicado defender uma unitária metodologia, que se pretende capaz de decalcar a razão operacional da ciência, quando está em questão uma modalidade de inferência problemática como indutiva. Além de fundas, as raízes históricas da celeuma indutiva evidenciam – tanto quanto o verificacionismo e o observacionalismo – ser descabido localizá-las exclusivamente no solo da filosofia (empirista). Até porque afetam todo e qualquer projeto de fundamentação epistemológica da pesquisa científica. A utilização da indução, sem a devida vigilância crítica, compromete o valor dos resultados obtidos mesmo naqueles domínios da pesquisa que não têm como prescindir de seu uso. Se negligenciadas, dificuldades de fundamentação afetam a credibilidade explicativa das teorias por mais que Durkheim e Fernandes as desqualifiquem como esterilidades *filosóficas*.

Nos redutos da filosofia racionalista sempre se rejeitou a indução, como bem o exemplifica a avaliação acurada de Leibniz (1949, p. 11): "todos os exemplos que confirmam uma verdade de ordem geral, independentemente de seu número, são insuficientes para estabelecer a necessidade universal dessa mesma verdade, pois não se segue que aquilo que aconteceu acontecerá sempre da mesma forma". Apenas um indutivista "ingênuo" que observasse um grande número de *A's* em uma grande variedade de condições constatando que todos os *A's* observados sem exceção possuem a propriedade *B,* concluiria, com audácia epistemológica, que todos os *A's* são *B.* Esse tipo de raciocínio está sujeito a severas restrições lógicas em virtude das insuperáveis dificuldades para justificar enunciados de universalidade irrestrita, com forma semelhante à das leis científicas, embasando-os em evidência circunscrita a um número limitado de enunciados observacionais. Uma solução que tem sido proposta é a de dispensar tratamento probabilístico às generalizações irrestritas:

> O método das ciências físicas baseia-se na indução, que nos leva a esperar a recorrência de um fenômeno quando se reproduzem as circunstâncias que lhe deram origem. Se *todas* as circunstâncias pudessem simultaneamente reproduzir-se, esse princípio poderia ser aplicado sem temor; mas isso jamais ocorre. Algumas das circunstâncias estarão sempre ausentes. Podemos ter certeza de que não são importantes? Evidentemente não [...] Daí o papel fundamental que desempenha nas ciências físicas a noção de probabilidade. (POINCARÉ, 1917, p. 6)

Supondo que a metodologia posta em prática pela física pode ser operada por qualquer ciência, que o que se afirma sobre a física espelha fidedignamente sua natureza, alguns sociólogos se socorreram da *probabilização* da conclusão como a via metodológica capaz de contornar as principais restrições dirigidas à inferência indutiva. É controverso que considerar apenas provável a conclusão universal, sempre escorada em um número finito de casos comprovados, se constitua em resposta às críticas assacadas contra a inferência ampliativa. É inegável que muitos fatos particulares observados tornam mais provável que improvável a verdade de uma teoria científica, que observações feitas em *determinada* região espaço-temporal possam definir um grau de probabilidade para uma teoria com um escopo explicativo universal. A despeito das dificuldades de se estabelecer uma especificação precisa de quão provável é uma teoria à luz da evidência disponível, vale a pena enfrentá-las. Com base no famoso teorema de Bayes se afirma que a probabilidade de uma hipótese aumenta com o acúmulo de observações favoráveis. Em termos mais específicos, tal teorema estatui que a probabilidade de *h* (hipótese) com relação a *e* (evidência) & *a* (conhecimento antecedente) é igual à probabilidade de *h* com relação a *a* multiplicado pela probabilidade de *e* relativamente a *h*&*a* e dividido pela probabilidade de *e* relativamente a *a*.

Com base na argumentação de Hume, as críticas à indução são extensíveis à sua versão probabilística. Popper segue Hume quando advoga ser tecnicamente constatável que a probabilidade de uma generalização universal ser verdadeira equivale a um número finito dividido por um número (potencialmente) infinito, que permanece zero ainda que aumente o número de enunciados de observação comprovadores por meio da expansão do conjunto das evidências disponíveis. O "probabilismo" – tal qual exposto, entre outros, por Von Wright (1951, p. 167-90) – é uma tentativa de contornar as críticas historicamente dirigidas à inferência indutiva sem que seus marcos de referência epistemológicos sejam abandonados. As restrições feitas à indução podem ser estendidas, ainda que atenuadamente, ao modelo estatístico-probabilístico de explicação. Se a indução pode ser rechaçada pela incapacidade de legitimar a transição de enunciados singulares (descrições de resultados de observações ou experimentos) para enunciados universais (hipóteses ou teorias), a versão probabilística ostenta fragilidades similares, só que atenuadas. A probabilidade de uma asserção, ou de um conjunto de asserções, é tanto maior quanto menor for o conteúdo por ela afirmado, o que faz com que a probabilidade seja inversamente proporcional ao conteúdo. Para Popper (1989, p. 104, 331-74, 405 e ss), o enunciado é mais interessante quando possui baixa probabilidade, uma vez que quando aumenta o conteúdo decresce a probabilidade e vice-versa.

Por recusar também a versão probabilística da indução, Popper propõe seu abandono e substituição. Popper (1986, p. 4) retoma o problema de Hume – como justificar o raciocínio que de casos (repetidos), dos quais temos experiência, passa para outros casos (conclusões) dos quais não temos experiência? – com a pretensão de dar-lhe uma formulação mais rigorosa. No entender de Popper, a alegação de que uma teoria explicativa universal é verdadeira é insuscetível de ser justificada com base em "razões empíricas", ou seja, admitindo-se a verdade de certos enunciados observacionais "baseados na experiência". Nesse sentido, Popper segue os passos de Hume: nenhuma quantidade de enunciados de teste verdadeiros justifica a atribuição de verdade a uma teoria universal. Em consonância com a perspectiva falsificacionista, Popper sustenta que a admissão da verdade de enunciados de teste pode ensejar apenas comprovar que um universal categórico é falso.

Confundindo cientificidade com emprego da metodologia indutivista, Fernandes ignora modelos explicativos alternativos, alguns dos quais engendrados justamente com o fito de superar as dificuldades de justificação enfrentadas pela inferência ampliativa. Só a adoção de uma epistemologia empirista explica por que Fernandes apresenta o programa indutivista como coincidente com a racionalidade científica. Os debates contemporâneos – a exemplo do veiculado na obra organizada por Lakatos (1968) – em torno dos fundamentos da inferência indutiva mostram que o diagnóstico de Hume passou a ser um divisor de águas. Não por acaso, há pelo menos três principais tendências – destacadas por Swinburne (1974) –devotadas à problemática da fundamentação epistemológica da indução – a analítica, a pragmática e a indutiva *tout court.*

No âmbito mesmo das correntes empiristas, surgiram propostas de alternativas, a exemplo da nomológico-dedutiva que pretende oferecer a segurança do método dedutivo em combinação com a capacidade de lidar apropriadamente com conteúdos empíricos. A existência de modelos alternativos evidencia ser "ideológica" a tentativa de Fernandes de dar ao método indutivo o privilégio de representar a racionalidade da ciência. Ficando algumas alternativas restritas ao território demarcado pelo empirismo sequer se envolvem com os questionamentos à indução feitos pelas Escolas historicistas e hermenêuticas que sublinham, entre outros aspectos, a significatividade intrínseca aos fatos sociais. Em razão de erigir a indução genérica em traço distintivo da cientificidade, Fernandes acaba por conferir função subsidiária, meramente heurística, ao método dedutivo:

> A via principal de formulação de hipóteses se acha no raciocínio dedutivo [...] o recurso livre a raciocínios dedutivos se insere na etapa da pesquisa em que a necessidade de descobrir os fatores explicativos exige a formulação de hipóteses, capazes de sugerir ligações verificáveis entre os fenômenos [...] Em suma, o papel da hipótese não é o mesmo em cada modelo básico (de indução qualitativa e quantitativa) e com ele varia a importância prática da dedução na pesquisa sociológica. (FERNANDES, 1972, pp. 161-2-3)

O modelo nomológico-dedutivo de explicação envolve o uso de leis gerais – portadoras do estatuto de hipóteses empíricas relativas a uniformidades/regularidades naturais/sociais – e de enunciados de condições iniciais, a fim de que se possam dedutivamente inferir asserções sobre o que está em tela explicar. Desse modo, indagar por que um fenômeno aconteceu equivale a procurar saber que leis gerais e que condições antecedentes determinaram sua ocorrência. É comum, sobretudo nas explicações cotidianamente produzidas, ficarem as leis subentendidas. Entretanto, quando se formula um argumento-explicação em que as premissas veiculam os antecedentes causais e a conclusão dos resultados atuais, fica ao menos pressuposta, entre as premissas, a existência de uma lei geral. Qualquer argumento-explicação é constituído de dois componentes básicos: o *explanandum* e o *explanans*. Por *explanandum* se entende o enunciado que descreve o fenômeno a ser explicado e não o próprio fenômeno; por *explanans,* a classe de enunciados aduzidos com a finalidade de explicar o fenômeno. O *explanans* é formado pelas condições antecedentes ou iniciais e pelas leis gerais.

De acordo com o modelo nomológico-dedutivo, a explicação envolve sempre a dedução do *explanandum* a partir de certas premissas (*explanans*). Supondo que o *explanandum* seja "Este rato apareceu morto esta manhã próximo à geladeira". Tentar explicar tal evento envolve formular hipóteses ou conjecturas. Poder-se-ia supor que o pobre roedor morreu por ter tocado em fio desencapado ou devido à ingestão de um pedaço de queijo com veneno propositalmente colocado debaixo da geladeira. Nada plausível seria pensar que cometeu haraquiri desgostoso com o tratamento que lhe dispensava os donos da casa. Identificado o que realmente ocorreu, o *explanans* só será completo caso explicite, além da condição inicial, mais um tipo de premissa: a lei universal. Nesse caso, poder-se-ia invocar uma generalização com forma de "lei universal": "Sempre que um roedor ingere um fatia de queijo embebida em raticida em dose correspondente a um centésimo de seu peso morre em horas". Junto com a condição inicial "de que ficou comprovado que o infausto roedor ingeriu uma isca de queijo envenenada há mais de doze horas", ficaria completa a explicação. Enquanto na busca de uma explicação, o *explanandum* é dado e cumpre encontrar um *explanans* adequado, a derivação de predições percorre o caminho inverso.

De acordo com o modelo hipotético-dedutivo, o processo de teste consiste em derivar do *explanans* uma predição e em confrontá-la com uma situação observável. Se a predição não concordar com a situação observada, então o *explanans* revela-se falso, é falsificado. Quando isso ocorre cabe investigar se falsa é a teoria universal ou se as condições iniciais descrevem uma situação que não corresponde ao evento real. O modelo hipotético-dedutivo se considera superior ao indutivo devido ao fato de a falsificação de uma predição mostrar cabalmente que o *explanans* é falso, ao passo que o inverso não se sustenta, ou seja, nada justifica pensar que a "comprovação" da predição represente a verificação cabal do *explanans* ou de parte dele. Isto porque pode uma predição verdadeira com facilidade ter sido validamente deduzida de um *explanans* falso.

Mesmo os que preconizam a superioridade de tal modelo sustentam, à maneira dos indutivistas, a tese da unidade do método científico: todas as ciências estruturam suas explicações *da mesma forma*, de acordo com uma mesma lógica da pesquisa. Qualquer ciência está sempre ocupada com a construção de explicações, predições e testes, sendo o método de testar hipóteses essencialmente o mesmo. Como propõe Popper (1976, p. 133), da hipótese a ser testada – que pode ser, por exemplo, uma lei universal – juntamente com alguns outros enunciados que não se mostram problemáticos, condições iniciais, se deduz alguma prognose. Isso leva a confrontar, sempre que possível, a prognose com os resultados de observações ou experimentações. Concordância com eles significa a corroboração da hipótese, embora não seja a prova final e conclusiva de sua "validade"; clara discordância é considerada refutação. O modelo hipotético-dedutivo e a tese da unidade do método científico estão sujeitos a diversas críticas. Pode-se, por exemplo, argumentar que os fenômenos psicossociais são refratários a esse tipo de abordagem em razão de as ações humanas se caracterizarem pela intencionalidade do sujeito e pelos sentidos a elas conferidos mais que pela interdependência causal entre os fenômenos.

Hanson (1958, p. 93) buscou demonstrar que a tese de que subsiste simetria entre explicação e predição, proposta pelo modelo nomológico-dedutivo, ajusta-se exclusivamente ao tipo de explicação/ /predição viabilizado pela mecânica clássica newtoniana. Não se trata de listar as qualidades e os defeitos do modelo hipotético-dedutivo, principalmente se aplicado a fatos sociais, mas de mostrar que as dificuldades de fundamentação do método indutivo conduziram à busca de alternativas até mesmo por parte de autores preocupados em preservar o núcleo duro do empirismo. Identificando cientificidade com aplicação do método indutivo, Fernandes deixa de lado o fato de que só é uma espécie de inevitabilidade metodológica para os que perfilham princípios epistemológicos empiristas.

O modelo metodológico abraçado por Fernandes tem passado por revisões, liberalizações, reformas profundas ou mesmo rechaço integral. Para Feyerabend, mais importante que as insuficiências "lógicas" da indução seria o fato de a história da ciência contrariar qualquer atribuição de relevância a qualquer regra ou procedimento metodológico em virtude de a ciência resultar mais de uma atividade marcada pela criatividade do que da aplicação de rituais burocratizados obcecados pela busca de concordâncias ou discordâncias entre teorias e fatos. Toda regra é perniciosa por embotar a inventividade resultante da interrogação inovadora que desbrava os caminhos do saber. Recomendando que a conduta na pesquisa seja pautada por "contrarregras", que se proceda sempre de modo contraindutivo, contrariando inclusive práticas de pesquisa consagradas, Feyerabend (1993, p. 20) rejeita inclusive a regra basilar segundo a qual cabe à experiência, aos fatos, aos resultados experimentais, medir o sucesso de uma teoria, de tal modo que sua concordância com os dados promove sua aceitação e a discordância ameaça ou força a eliminação da teoria.

Nos antípodas do que propõe Fernandes, a heterodoxia metodológica de Feyerabend o leva a defender a introdução e elaboração de hipóteses incompatíveis com teorias firmadas ou com fatos bem estabelecidos. Essa posição é bastante contraintuitiva, principalmente quando se associa à proposta de fomentar a maior florescência possível de teorias a fim de evitar que uma delas reivindique o monopólio metodológico e explicativo, supostamente lastreado na conquista da verdade, contra as alteridades. Destacando a importância de se "*reter* ou mesmo *inventar* teorias incompatíveis com os fatos", Feyerabend (1993, p. 61) acredita que o alcance e as insuficiências de um ponto de vista ficarão mais evidentes caso se proceda de modo contraindutivo: "os ingredientes ideológicos de nosso conhecimento e, mais especialmente, de nossas observações, são descobertos com o auxílio de teorias por eles refutadas; são descobertos de forma contraindutiva".

Com base em exemplos extraídos da história da ciência, Kuhn sustenta que estão muito distantes da prática de pesquisa das ciências maduras os *princípios gerais* de aceitação e rejeição de teorias que têm sido tradicionalmente formulados. Em particular, Kuhn repele o normativismo derivado do indutivismo segundo o qual a teoria é derivada dos dados observacionalmente recolhidos:

> Nem Sir Karl nem eu somos indutivistas. Não acreditamos que existam regras que nos permitam induzir teorias corretas a partir dos fatos, nem mesmo que teorias, corretas ou incorretas, sejam induzidas. Ao invés disso, encaramo-las como postulações imaginativas, inventadas de uma só vez para ser aplicadas à natureza. (KUHN, 1977, p. 12)

A rejeição do pressuposto de que existe um mundo autossubsistente de fatos, capaz de ser apreendido sem óculos teóricos, fez com que aumentasse pouco a pouco a importância dada ao papel da imaginação e da intuição no processo de formação de teorias. Com Kuhn, os crivos responsáveis pelo endosso ou rechaço de teorias deixaram de ser vistos como exclusivamente *lógicos* e empíricos a ponto de a ciência ser destacada menos como um produto epistêmico e mais como um processo corporificado nos modos de a comunidade científica construir e reproduzir seus rituais. Mais que corpo teórico, a ciência é um espaço social no qual condutas de pesquisa são institucionalizadas. Com isso, veio também à baila a discussão sobre os dispositivos psicossociais que geram duradouros consensos em torno do paradigma sob a égide do qual opera a comunidade científica.

As filosofias das ciências sociais sempre enfrentaram a problemática de como infundir cientificidade a teorias que se dedicam a minar os pressupostos umas das outras. Contundentes críticas têm sido dirigidas aos projetos de cientificidade que só reputam embasadas as teorias expressas sob a forma de generalizações estatísticas ou probabilísticas. As insuficiências e inadequações dos procedimentos puramente generalizadores ficam mais nítidas quando concernem a fatos sociais tratados como se desprovidos de significatividade intrínseca ou historicamente construída:

> As categorias devem ser formadas através de um processo de indução radicalmente distinto do método indutivo tradicional, que verifica as hipóteses recolhendo experiências individuais até o ponto de alcançarem o valor de leis universais. Na teoria social, a indução deveria procurar o universal no particular e não acima ou além dele. Em vez de ir de um

> particular para depois erguer-se às alturas da abstração, deve cavar cada vez mais fundo o particular e descobrir as leis universais que contém. (HORKHEIMER, 1941, p. 123)

Rejeitando a indução tradicional, que faz do caso individual evidência em condições de levar à formulação da teoria geral, Horkheimer propõe uma forma de inferência que, sem abandonar o *individual*, seja capaz de identificar suas múltiplas determinações de "universalidade singular" e "singularidade universal". O caráter metodológico "heterodoxo" dessa proposta fica claro quando se leva em conta que nem dissidências do empirismo, caso da popperiana, que concederam ao caso singular o poder de subverter uma teoria universal, reconheceram a importância político-epistemológica que o componente *individual*, singular, tem para a formação do conhecimento social. Tanto no empirismo quanto no racionalismo crítico, os casos particulares cumprem apenas a missão de confirmar ou refutar um universal. O que Horkheimer parece propor é a *dialetização* entre o particular e o geral a fim de se superar a clivagem metodológica entre a esfera dos particulares e o universal teórico derivado. Com base no indutivismo, o "caso individual" só interessa quando subsumível ao universal, ou quando gradualmente leva a ele. Nesse caso, está em questão um tipo de explicação que só dispensa atenção aos particulares *típicos* para associá-los e coordená-los por meio de uma teoria encarada como uma generalização inferida dos fatos. Para Horkheimer, o universal não é uma dimensão metodológica e ontológica que se acrescenta aos indivíduos *depois de* se ter reunido um número representativo de casos do mesmo tipo. É algo entranhado no particular, de tal maneira que no caso de o particular ter sua identidade ignorada o único intuito possível é subsumi-lo a "leis" gerais. Nesse caso, o conhecimento buscado deixa de ser sobre o sentido subjetivo da ação e deixa de requerer atenção ao aspecto de que os fatos sociais se oferecem pré-interpretados à observação.

Por uma óptica como a de Horkheimer, o indutivismo esvazia os fatos de sua historicidade em razão de privilegiar sua subsunção a esquemas (pretensamente) universais. Além do mais, a indução seria, quando devotada a capturar regularidades encontráveis nas formas atuais do ser social, mais que mera técnica de pesquisa. Descontados os exageros "dialéticos" de Adorno (1977a, p. 76), que encara a dedução e a indução como dispositivos metodológicos implicitamente comprometidos com a justificação do status quo, é fato que nas disciplinas sociais uma técnica de pesquisa está sempre sujeita a ser vinculada a uma posição tácita sobre o mundo das relações sociais. Por esse motivo, é questionável pensar que caracterizar a sociologia como uma ciência observacional e indutiva se resume a uma escolha confinável ao domínio da metodologia.

CAPÍTULO 6

CONTRA FLORESTAN FERNANDES: INEXISTE UMA CONCEPÇÃO INDUTIVISTA DE CIÊNCIA EM DURKHEIM, WEBER E MARX

> Boa parte do pensamento filosófico confuso se origina do esquecimento do fato de que a relevância da evidência fatual é ditada pela teoria. Até porque, não se pode testar uma teoria recorrendo à evidência que essa teoria repele como irrelevante. (WHITEHEAD, 1933, p. 284)

As dificuldades lógicas em que se enreda a inferência ampliativa se associam à sua diminuta capacidade de fazer frente aos problemas epistemológicos peculiares às ciências sociais. Nesta parte do trabalho, aprofundaremos as críticas ao projeto que vê na indutivização da explicação sociológica a única via capaz de lhe conferir cientificidade. Em particular, apontaremos o reducionismo epistemológico envolvido na proposta de Fernandes de caracterizar a sociologia como uma disciplina indutiva em autores com propostas explicativas tão diferentes quanto Durkheim, Weber e Marx. Submeteremos a cerradas críticas a leitura indutivista que Fernandes faz da obra dos *Founding Fathers* da Sociologia, em particular de Weber e Marx.

6.1. O Indutivismo professado por Durkheim é apenas programático

É inegável que dos três pais fundadores, Durkheim é o que mais se aproxima do ideal indutivista de ciência social. Pode-se constatar que todo o trabalho durkheimiano de justificação metodológica está *programaticamente* escorado nos princípios básicos da epistemologia empirista clássica. Isso não significa que suas obras "empíricas" sigam o figurino metodológico observacionalista e indutivista propugnado. Em *De la Division duTravail Social, Le Suicide* e *Les Formes Élémentaires de la Vie Religieuse*, Durkheim distingue três etapas fundamentais na atividade de pesquisa, que se inicia com a definição do fenômeno que se vai investigar para, em um segundo momento, procurar demonstrar a inadequação explicativa das teorias rivais. Na última fase, a meta é chegar à natureza essencial do fenômeno estudado através de técnicas apresentadas como observacionais e indutivas:

> Não é seu espírito que impõe uma ordem aos fatos; o investigador apenas a descobre: onde, quando e como ela existe. Em consequência, Durkheim condena toda tentativa de "sociologia construtiva" – a qual merecia, na época, a decidida preferência dos sociólogos alemães – e por causa disso é forçado a fazer todo o edifício da sociologia repousar, de maneira completa, na investigação indutiva. (FERNANDES,1972, p. 76)

Por mais que Durkheim defenda programaticamente uma concepção indutivista de cientificidade, seus principais resultados explicativos foram, em boa medida, alcançados através do recurso a intrincados processos de construção teorética. Acreditamos que muitas das teses e conclusões veiculadas em seus trabalhos empíricos estão em franca dissonância com a posição epistemológica empirista professada em seus textos metodológicos. Há uma clara cisão entre as posições metodológicas apregoadas e a forma pela qual Durkheim extraiu as conclusões fundamentais de seus trabalhos substantivos. Por essa razão, o fato de se poder documentar nos textos de Durkheim (1968, p. 7) o endosso programático da visão indutivista de explicação científica não significa que sua prática de pesquisa tenha levado a resultados consonantes com essa visão.

A maioria dos estudiosos da obra de Durkheim tem tendido a metodologicamente vinculá-la à epistemologia empirista. Hirst (1975, p. 97) é de opinião que Durkheim perfilha uma ingênua concepção indutivista de ciência, que descura do papel das teorias na observação dos fatos sociais. Na mesma linha de Hirst, Taylor (1982, p. 203) acredita que Durkheim professou uma epistemologia cruamente empirista e indutivista em nítido descompasso com a ontologia realista de suas principais obras. Já Catlin (1938, p. xiv) vê na postulação durkheimiana de uma consciência coletiva, inobservável, um manifesto afastamento de seus métodos. Douglas (1967, p. 153) chega a afirmar que Durkheim, embora pretendesse usar o método indutivo, lançou mão em *Le Suicide* de um método de hipóteses que nada tem de científico. Há, no entanto, quem caracterize as posições durkheimianas como próximas de concepções anti-indutivistas de explicação científica:

> Na maior parte do tempo, Durkheim confiou mais na infirmação do que na confirmação, argumentando que, embora vários fatos não sejam suficientes para estabelecer uma hipótese, um único fato pode bastar para refutá-la. As crenças de Durkheim sobre o método científico se parecem, na verdade, com o método de Karl Popper de conjecturas ousadas e testes severos mais do que com as concepções indutivistas professadas pelos positivistas lógicos aos quais se opõe Popper. (SCHMAUS, 1994, p. 90-1)

O que Schmaus deixa de reconhecer é que o tipo de indutivismo professado por Durkheim descende do *Novum Organum* de Bacon no qual o papel crucial do contraexemplo já se encontra devidamente ressaltado. A verdade é que essas divergências na aferição da obra de Durkheim resultam de a maioria dos analistas deixar de distinguir entre o que o cientista recomenda fazer a fim de conferir credibilidade epistêmica à pesquisa e aquilo que *de facto* faz nos processos efetivos de investigação. Esposamos a tese de que, apesar de sua metodologia ser ostensivamente indutivista, Durkheim adota em suas "obras empíricas" procedimentos metodológicos marcados pela ousadia teórica e pelo recurso tácito a pressupostos filosóficos.

Esse conflito entre as posições metodológicas programáticas e as técnicas adotadas nos cursos específicos de pesquisa pode ser detectado em alguns dos mais representativos cientistas. O célebre *dictum* de Newton – *Hipotheses non fingo* – está em manifesto desacordo com o modo pelo qual o grande físico conduziu suas pesquisas e alcançou seus principais resultados. Em descompasso com algumas das mais conhecidas declarações metodológicas de Durkheim, Schmaus (1994, p. 91) se recusa a ver no sociólogo francês tanto o falsificacionista ingênuo quanto o indutivista *naif.* Enxerga sempre posições muito próximas do racionalismo crítico de Popper: "os resultados alcançados são sempre provisórios e podem ser desbancados amanhã".

Não há, contudo, como endossar a tese de Schmaus de que as *démarches* empregadas por Durkheim em suas pesquisas podem ser vistas como exemplificações do método de livre criação de conjecturas ousadas seguida de tentativas implacáveis de refutação. A busca da definição, por exemplo, da natureza da religião envolve, para Durkheim, considerar as várias religiões em sua realidade concreta com o objetivo de tentar extrair o que têm em comum. Isso ensejaria identificar os traços fundamentais que despontam como característicos da mentalidade religiosa em geral. Diante das dificuldades de capturar o *essencial comum* a partir da diversidade de estipulações doutrinárias, da significativa variação nos rituais e dos modos de conceber a interação da imanência com a transcendência, que caracterizam as religiões complexas, Durkheim faz uso de um tipo de inferência indutiva, por ele batizada de "genética". Sua utilização permitiria que o geral essencial fosse extraído por meio da localização dos traços fundamentais do fenômeno em suas manifestações mais simples, já que o complexo não faria senão acrescentar elementos de sofisticação ao essencial primário:

> O acessório, o secundário, os desenvolvimentos de luxo ainda não existem para esconder o principal. Tudo se reduz ao indispensável, àquilo sem o que não poderia haver religião. Mas o indispensável é também o essencial, ou seja, o que importa, antes de tudo, conhecer [...] As civilizações primitivas constituem, portanto, casos privilegiados por serem casos simples. (DURKHEIM, 1968, p. 8)

Esposando o pressuposto questionável de que as religiões são comensuráveis, e não todos unitários indecomponíveis, de que podem ser apropriadamente dissecadas em suas partes constitutivas, Durkheim (1968, p. 6) sustenta que "em razão de serem todas as religiões comparáveis, de serem todas espécies de um mesmo gênero, possuem necessariamente elementos essenciais compartilhados". Apesar de acalentar a ambição de elaborar um conceito de *religião* a partir da identificação das características fundamentais, presentes onde quer que exista o fenômeno religioso, sua definição está longe de ter sido obtida por meio de minucioso levantamento observacional capaz de abarcar exaustivamente o conjunto de todas suas manifestações. Por esse motivo, o estudo de Durkheim deixa de provar que alcança a identificação do *típico* com base na produção de seguras generalizações legaloides. Para Durkheim, só as crenças e práticas sociais que implicam uma distinção entre sagrado e profano devem ser incluídas sob a categoria *religião*. Além dessa contraposição, a religião pressupõe crenças e práticas (rituais e cerimônias) que se articulam institucionalmente na formação de uma Igreja:

> Um sistema solidário de crenças e práticas relativas a coisas sagradas, ou seja, separadas e interditadas; crenças e práticas que unem em uma mesma comunidade moral, chamada Igreja, todos aqueles que a ela aderem. (DURKHEIM, 1968, p. 65)

É questionável que uma definição desse tipo seja derivada, como prega Durkheim, diretamente dos fatos. Pode receber determinado grau de sustentação das evidências empíricas disponíveis sem que se justifique propô-la como uma espécie de reprodução fidedigna da realidade que se manifesta como fenômeno religioso. Daí Smelser & Warner (1974, p. 79) alertarem para o fato de que "a ciência da sociedade de Durkheim de modo algum se confinara a um método de indução de fatos observados". Para Durkheim (1973, p. 35), "as propriedades essenciais de uma coisa são as que observamos em toda parte na qual essa coisa existe e que pertencem apenas a ela".

À diferença do que sustenta Durkheim, as definições representam uma primeira etapa da reconstrução teórica por meio da qual se opera a classificação e ordenação da enorme multiplicidade/diversidade dos fatos que compõem determinado universo de investigação. Em seus trabalhos empíricos, Durkheim formulou definições de seus objetos de investigação afinadas com determinados pressupostos teórico-ontológicos, mas tudo fez para legitimá-las como retrato especular do domínio de fatos estudado:

> Interpretar as coisas equivale a dispor as ideias, que a partir delas formamos, segundo uma ordem determinada, que deve ser a mesma que a dessas coisas [...] Enquanto Aristóteles e seus imitadores tomam emprestada sua classificação de uma noção abstrata de Estado, Montesquieu tira-a das próprias coisas. Esses três tipos não foram deduzidos de qualquer princípio formulado a priori. Foram formados comparando as sociedades que conheceu através da história. (DURKHEIM, 1953, p. 37 e 56)

Incluir, por exemplo, na definição de religião Igreja e excluir magia não corresponde a uma simples operação intelectual *autorizada* pelos dados empíricos. Serve, no fundo, para estabelecer o "primado do coletivo" que, em última instância, conduz a uma modalidade de sociologismo devotada a enfatizar a prioridade ontológica do grupo sobre o indivíduo:

> [As crenças mágicas] não têm por efeito ligar entre si os homens que a elas aderem nem uni-los em um mesmo grupo, vivendo uma mesma vida. *Não há Igreja mágica* [...] demonstrar que a ideia de religião é inseparável da de Igreja permite supor que a religião deve ser uma coisa eminentemente coletiva. (DURKHEIM, 1968, p. 61 e p. 65)

Os eixos teóricos seletivos utilizados por Durkheim atuam de maneira tácita em virtude de as definições serem apresentadas como derivadas diretamente da dimensão empírica. Os enquadramentos teóricos permanecem ocultos porque a justificação do enfoque adotado é apresentada como estribada na capacidade de apreender o *essencial* que, entendido como o que é *universalmente distribuído*, envolve apenas verificar as características presentes *sempre que* se manifesta o fenômeno. Durkheim não fez – e não se lhe exige – um exaustivo estudo comparativo das religiões existentes. Vale-se de uma suposição que tem a pretensão de dar conta de todas as religiões indistintamente: a de que todos os elementos básicos do pensamento e da vida religiosos devem ser encontrados, ao menos embrionariamente, nas religiões mais *simples*:

> Só podemos vir a compreender as religiões mais recentes se seguirmos, na história, a maneira pela qual progressivamente se formaram [...] sempre que tentarmos explicar uma coisa humana, tomada em determinado momento do tempo – quer se trate de uma crença religiosa, de uma regra moral, de um preceito jurídico, de uma técnica estética, de um regime econômico – cumpre começar por remontar à sua forma mais primitiva e mais simples, procurar capturar os caracteres pelos quais se define nesse período de sua existência e depois explicar como se desenvolveu e complicou pouco a pouco, como se tornou o que é no momento considerado. (DURKHEIM, 1968, p. 4)

Dados de realidade, *per se*, são incapazes de tornar epistemológica e ontologicamente obrigatório o ponto de vista teórico que identifica *sic et simpliciter* simplicidade com traços básicos essenciais. Em apoio à sua visão, Durkheim recorre de maneira vaga a questionáveis analogias com o desenvolvimento da biologia ou com os procedimentos metodológicos empregados pelo físico. Durkheim (1968, p. 5) sustenta que "a evolução biológica passou a ser concebida de modo totalmente diferente a partir do momento em que se descobriu a existência de seres unicelulares". Durkheim acalenta a pretensão de investir alguns componentes da sociedade da condição privilegiada de *simples reais e simples epistêmicos* a fim de poder, a partir deles, derivar a rede de construção da complexidade. A dificuldade reside em determinar se o distinguido como simples não é composto frente à outra estrutura ainda mais simples. A discussão do problema do simples está modelarmente proposta no *Teeteto* (202a) no qual Platão sustenta que em razão de só o complexo poder gerar conhecimento, o simples é insuscetível de análise e passível apenas de ser *nomeado*.

A opção pela ontologia construída com base no primado do simples leva Durkheim (1968, p. 9) a advogar que "as religiões primitivas além de permitirem depreender os elementos constitutivos da religião têm também a vantagem de facilitar a explicação na medida em que os fatos nelas são mais simples e as relações entre os fatos se mostram aí mais evidentes". A autoridade explicativa da física, ciência considerada modelar, é também invocada por Durkheim (1968, p. 11) em apoio à primazia ontológica que confere ao simples: "para descobrir as leis dos fenômenos que investiga, o físico procura simplificá-los, despojá-los de suas características secundárias; no que concerne às instituições, a natureza promove espontaneamente simplificações da mesma espécie no começo da história. Durkheim (1968, p. 7) acredita que "cada uma [das religiões complexas] é formada por uma tal variedade de elementos que se torna bastante difícil nelas distinguir-se o secundário do principal, o essencial do acessório".

Durkheim chega a buscar sustentação para sua teoria na avaliação controversa de que uma ciência em sua infância se defronta com a necessidade de formular problemas da forma a mais simples, que só com o passar do tempo logra torná-los gradativamente mais complicados. É importante notar que a problemática do que merece ser ontologicamente privilegiado como básico e essencial tem suscitado em ciências sociais posições conflitantes e até antagônicas. Marx defende ponto de vista diametralmente oposto ao de Durkheim quando se preocupa em definir o que deve receber prioridade ontológico-epistemológica:

> A sociedade burguesa é a mais desenvolvida e complexa organização histórica de produção. As categorias que exprimem suas relações, a abrangência de sua estrutura, possibilitam também apreender a estrutura e as relações de produção de todas as formações sociais desaparecidas [...]

> A anatomia do homem contém a chave da anatomia do macaco [...] desse modo, a economia burguesa fornece a chave para a economia antiga, etc. (MARX, 1977, p. 105)

O contraste com Marx deixa ainda mais claro que a teoria durkheimiana não resulta direta e naturalmente de como as coisas são. O objetivismo é uma proposta metodológica respeitável de encarar e abordar os fatos, mas não deve ser apresentado como a única maneira eficaz de neutralizar o substrato axiológico-ontológico que mais facilmente penetra no corpo de explicação forjado pelas disciplinas sociais. Não é preciso desconsiderar algumas das facetas essenciais do fenômeno religioso para se gerar uma concepção muito diferente da avançada por Durkheim. A verdade é que o recurso a pressupostos ontológico-epistemológicos distintos é suficiente para fazer com que se formem teorias divergentes, porém defensáveis, até sobre os mesmos fatos:

> Serão as características essenciais da religião mais claramente reveladas em uma sociedade primitiva, na qual a religião está intimamente ligada a muitas outras dimensões da vida social (grupos de parentesco, patriotismo tribal, procedimentos tecnológicos etc.) ou em uma sociedade altamente civilizada na qual todas as instituições têm-se tornado, em grau muito superior, diferenciadas e expurgadas de elementos extrínsecos? (BENOIT-SMULLYAN, 1967, p. 238)

A escolha feita por Durkheim do totemismo como a forma mais simples de religião conhecida, existindo no tipo mais simples de sociedade, é mais que uma operação afinada com o tipo de definição propugnado pelo observacionalismo e indutivismo. O mesmo se pode dizer da suposição de que as crenças e práticas ali identificadas representam a religião reduzida aos seus mínimos e essenciais elementos. Frazer (1923, p. 641-2) se recusa a ver no totemismo uma religião sob a alegação de que não há seres espirituais, orações, invocações, oferendas etc. Seria um sistema mágico, um tipo de ciência grosseira e errônea, um primeiro e inarticulado esforço para descobrir as leis das coisas. Está longe de ser fácil determinar o parâmetro empírico capaz de tornar justificável a tese que afirma a *continuidade,* no que têm de *essencial,* entre sistemas sociais complexos e organizações sociais primitivas:

> Para Freud, Deus é o pai, para Durkheim Deus é a sociedade. Se essa teoria é válida para os aborígenes australianos, é também para a religião em geral, uma vez que, no entender de Durkheim, a religião totêmica contém todos os elementos de outras religiões, incluindo as mais avançadas. Durkheim foi muito ingênuo para supor isso, o que equivale a dizer que o que é molho para o ganso é molho para o pato. Se a ideia de sagrado, de alma e de Deus podem ser sociologicamente explicadas no caso dos australianos, então, em princípio, a mesma explicação é válida para todos os povos entre os quais as mesmas ideias são encontradas com as mesmas características essenciais. (EVANS-PRITCHARD, 1965, p. 63)

Sem a adoção tácita de premissas sociologistas que privilegiam o par sagrado/profano como traço distintivo do *religioso*, Durkheim enfrentaria dificuldades ainda maiores para justificar o procedimento de classificação empírica que lhe permitiu distinguir religiões de "sistemas de crenças e práticas" considerados religiosos só pelas aparências. As manifestas diferenças entre as religiões não impelem Durkheim a enquadrá-las em distintas classes porque no sistema em que estiver ausente o par essencial sagrado/profano será equivocado identificar religião. Todas as formas de crença e práticas sociais que Durkheim caracteriza como religiosas são comparáveis em virtude de ser sempre possível atrelá-las em termos explicativos e ontológicos a uma versão originária mais simples.

O campo empírico é o tempo todo explicativamente estruturado por Durkheim à luz de uma teoria (da religião) que jamais tem seus pressupostos epistemológicos e ontológicos problematizados. Há sempre molduras teóricas enquadrando a diversidade encontrável no campo empírico tal qual demarcado pelo tipo de abordagem adotado por Durkheim. Apesar de apresentá-las como indutivamente obtidas, as explicações presentes nos trabalhos "empíricos" de Durkheim estão longe de satisfazer aos mais elementares requisitos da professada metodologia observacionalista/indutivista. São explicações marcadas pela ousadia teórica sempre ocultada pela alegação de que a pesquisa feita se estriba no estrito acompanhamento dos fatos.

Todo o sistema inferencial de Durkheim se organiza com base na questionável *indução por enumeração simples*, sujeita a incorrer na falácia da distribuição ilícita, sem que isso perturbe seu sono epistemológico. Durkheim (1949, p. 79) chega a defender a aplicação da indução a partir de um só caso: "é inexato que a ciência só possa instituir leis depois de ter passado em revista todos os fatos que elas exprimem ou que só possa formar gêneros depois de ter descrito integralmente os indivíduos por eles abarcados". Invocando o que chama de "verdadeiro método experimental", Durkheim o caracteriza pela capacidade de "substituir fatos vulgares, demonstrativos apenas quando numerosos, e que, por essa razão, só ensejam conclusões suspeitas, por fatos *decisivos* ou *cruciais*, como os denominava Bacon, que por si próprios e, independentemente de seu número, possuem valor e interesse científicos".

A única preocupação de Durkheim (1968, p. 352-3) no emprego da indução é a de "fazer uma experiência cujos resultados, como os de toda experiência bem-feita, se mostrem suscetíveis de ser generalizados". Mais problemática é sua tese que defende, em continuação, que "a homogeneidade da civilização australiana será, por si só, suficiente para justificar essa generalização". O comprometimento metodológico de Durkheim com a indução por enumeração simples, também adotada por Fernandes, enfraquece suas mais importantes conclusões e muitas das críticas que dirige aos outros métodos e a teses divergentes sobre os mesmos fenômenos. Diante das enormes dificuldades de reunir um número maciço de casos, Durkheim considera legítimo até mesmo derivar uma teoria a partir de um só caso, tido por exemplar:

> Nossa expectativa é a de que os resultados aos quais chegamos não são específicos ao totemismo e que podem nos ajudar a compreender

> o que é a religião em geral. Objetar-se-á que uma só religião, qualquer que possa ser sua área de extensão, constitui uma base diminuta para tal indução. Não temos a intenção de menosprezar o que uma extensa verificação pode acrescentar de autoridade a uma teoria. Mas não é menos verdadeiro que quando uma lei foi provada por uma experiência bem-feita, essa prova tem validade universal. (DURKHEIM, 1968, p. 593)

A despeito de os modos de Durkheim caracterizar a inferência indutiva estarem sujeitos às mais duras e fundadas críticas, Fernandes as endossa. Sem levar em conta a importante obra de metodologia sociológica na qual Znanieck (1934) faz restrições ao tipo de inferência a que recorre Durkheim, Fernandes (1972, p. 78) segue o mestre francês: "em suas obras, à exceção das descrições propriamente ditas, o termo indução é sempre empregado em um dos sentidos da ciência moderna (*indução amplificadora*) e a técnica de inferência consiste, coerentemente, em passar do 'mais particular' ao 'mais geral'".

Fernandes invoca inapropriadamente a indução *tal qual* empregada na ciência moderna. É matéria controversa que as ciências maduras façam uso extensivo e essencial da indução na construção de suas teorias. Longe de representar o emprego de uma metodologia universal que se ignorada impedirá o pesquisador social de fazer ciência, o indutivismo só desponta indispensável quando se abraça uma epistemologia empirista. Um mergulho na história das ciências maduras é incapaz até mesmo de determinar se efetivamente há a predominância do uso do modelo indutivo de explicação. Sendo assim, o imperativo de empregar a indução deveria ter natureza lógica. Contudo, a inferência ampliativa ostenta reconhecidamente vulnerabilidades lógicas quando opera a transição das premissas para a conclusão. Ainda que *de facto* subsista um largo uso de inferências indutivas, isso não justifica erigi-las em traço distintivo das ciências. Tendo em vista que *de jure* as inferências ampliativas suscitam debates quanto aos modos de justificá-las, falta respaldo para escorar, como ambiciona Fernandes, a indução na autoridade explicativa da ciência moderna. Fernandes defende a indução sem se preocupar com sua fundamentação por acreditar que está completamente respaldada pelos resultados alcançados pela ciência a partir de Galileu. Com isso, opera a desvinculação da indução do programa epistemológico empirista para justificá-la como uma *técnica* operada pelas ciências maduras.

As vertentes empiristas propendem a conceber a atividade definicional – com seus dispositivos de inclusão e exclusão – como embasada na constatação de certa tipicidade que, apesar de obtida através de procedimentos observacionais reconstrutivos, funda-se estritamente no domínio dos fatos e prescinde de óculos teóricos. Com base em um realismo direto, Durkheim (1968, p.32) advoga que "não é em nossos preconceitos, em nossas paixões, em nossos hábitos, que devemos buscar os elementos da definição de que necessitamos; é a própria realidade que se trata de definir". As práticas de pesquisa seguidoras de um estrito modelo empirista são incapazes de se enquadrar no figurino metodológico que supõe possível decalcar a ordem dada nos fatos. Isto porque à atividade definicional cabe promover, sem se confinar aos limites das "territorialidades empíricas", a inclusão ou exclusão de um dado em uma categoria cuja contribuição reside em conceitualmente identificá-lo para fazê-lo integrar uma teoria com capacidade de explicá-lo. O que a metodologia empirista afirma promanar exclusivamente do plano empírico envolve, na verdade, cortes teóricos seletivos operados sobre o variado e cambiante domínio potencialmente infinito da experiência. Programaticamente afiliado ao empirismo, Durkheim é incapaz de demonstrar que as provas etnográficas corroboram a rígida dicotomia que estabelece entre sagrado e profano:

> O que ele chama de sagrado e de profano pertencem ao mesmo nível da experiência e, longe de estarem apartados, despontam tão misturados a ponto de se mostrarem inseparáveis [...] As definições de Durkheim não deixam muito espaço para a flexibilidade situacional como, por exemplo, a de que o que é "sagrado" pode sê-lo apenas em certos contextos e em certas ocasiões, e não em outras [...] Do mesmo modo, a demarcação do

> sagrado por interdições pode ser verdade para muitos povos, mas não tem como ser universalmente válida como Durkheim supôs. (EVANS-PRITCHARD, 1965, p. 65)

Tendo que reconhecer que alguns autores como, por exemplo, Frazer e Lang, negam o caráter religioso do totemismo, Durkheim se recusa a situar a controvérsia no plano dos pressupostos teóricos e definicionais. Decretando que os procedimentos empregados por esses autores provocam a negação dos fatos, Durkheim (1968, p. 266) afirma: "supor que foi precedido por outra religião que dele diferia apenas em grau, é sair dos dados de observação para entrar no domínio das conjecturas arbitrárias e inverificáveis". A *pars destruens* do modelo de pesquisa proposto por Durkheim consiste, pela invocação de fatos supostamente refutadores, em demolir as teorias rivais enquanto a *pars construens* equivale a corretamente definir o(s) fenômeno(s) a investigar para fidedignamente captar-lhe(s) os traços essenciais. Consoante essa perspectiva metodológica, a operação definicional é decisiva em razão de predeterminar o que se detectará como essencial. Deixar de encarar a atividade de definir como retrato do empírico para dotá-la da função de enquadrar teoricamente a diversidade dos fatos à luz de pressupostos ontológicos, tornará claramente inadequada a visão segundo a qual definir é fruto do simples acompanhamento dos fatos com vistas a generalizá-los:

> Para ele [Durkheim] as definições de nenhum modo eram simples instrumentos tentativos de trabalho a serem descartados ou alterados durante o curso da pesquisa; supunha, ao contrário, que uma definição poderia desvelar uma verdade entranhada na natureza das coisas. (COSER, 1967, p. 166)

Os modos de Marx e Durkheim produzirem suas teorias sociológicas da religião evidenciam o impacto dos pressupostos ontológicos/ /políticos/axiológicos sobre a caracterização do que é essencial em um objeto de estudo. Chama a atenção que Durkheim não faz qualquer referência a aspectos disfuncionais das práticas religiosas. As chamadas "guerras santas", presentes tanto em povos "primitivos" quanto em "civilizados", jamais são lembradas. Coser (1967, p. 172) salienta que em nenhuma outra área de pesquisa Durkheim viu-se tão limitado por sua inicial orientação conservadora quanto em sua análise dos fenômenos religiosos: "obcecado pela necessidade de manter e recriar a base responsável pela ordem social acabou por ver na religião uma força exclusivamente integradora e coesiva".

Uma breve comparação entre o materialismo histórico e o sociologismo objetivista de Durkheim mostra que enquanto Marx não identifica um objeto correspondente às idealidades religiosas, concebendo-as como um jogo de "desrealização" da história tendente a mascarar a natureza dos conflitos *deste mundo*, Durkheim parte do princípio de que se a religião se reduzisse à veneração de espíritos irreais ou a forças naturais simbolicamente transfiguradas pelo homem não passaria de alucinação coletiva:

> Constitui, com efeito, um postulado essencial da sociologia o de que uma instituição humana não poderia repousar sobre o erro e a mentira: de outro modo não teria conseguido perpetuar-se. Se não estivesse estribada na natureza das coisas, teria encontrado resistência nas coisas que a teriam impedido de subsistir. Quando abraçamos o estudo das religiões primitivas, é com a certeza de que resultam do real e exprimem-no. Afinal, o que é uma ciência cuja principal descoberta consistiria em provocar o desvanecimento do próprio objeto de que trata? Mas a religião existe; é um sistema de fatos dados; em suma, é uma realidade. Como poderia a ciência negar uma realidade? (DURKHEIM, 1968, p. 3, 99 e 614)

Essa obsessão em reproduzir de modo especular a organização encontrável nos fatos faz com que Durkheim proponha uma modalidade de explicação para a qual se justifica ignorar a significatividade presente nos objetos sociais investigados. Identificada a *chose* religiosa, entra em cena a preocupação em detectar a que se dirigem, em última análise, os pensamentos e as práticas que se definem como integrantes do processo social dito religioso. Isso não significa que o que pensa o crente sobre o fenômeno religioso coincida com a função que o discurso sociológico coisalista vai lhe atribuir. A conclusão de Durkheim é a de que, malgrado acredite adorar forças transcendentes à vida social, o homem – enquanto ente social e não como indivíduo – venera a sociedade transfigurada, o que equivale, no fundo, a adorar algo *realmente* existente. A partir de seus pressupostos ontológicos substancialistas, Durkheim considera que nada há de mais real que a força da coletividade. Por ter prioridade ontológica – ser anterior/ /exterior aos indivíduos, os coagir e a eles sobreviver – a sociedade é cultuada, de modo transfigurado, pelos indivíduos. Durkheim (1968, p. 295) salienta que "uma sociedade tem tudo para despertar nos espíritos, pela ação exercida sobre eles, a sensação do divino, pois ela é para seus membros o que um deus é para seus fiéis".

A ascendência ontológica do grupo, ou da *Societè*, sobre o indivíduo é reiterada e incondicionalmente afirmada por Durkheim como central à sua ontologia e afeta diretamente a forma epistemológica do modelo explicativo adotado. A ascendência material e simbólica do coletivo sobre o plano da existência individual é o tempo todo afirmada:

> A crença na imortalidade da alma é a única maneira de o homem explicar para si mesmo um fato que não pode deixar de chamar sua atenção: a perpetuidade da vida do grupo. Os indivíduos morrem, mas o clã sobrevive [...] as almas são consideradas imortais apenas na medida em que essa imortalidade é útil para tornar inteligível a continuidade da vida coletiva. (DURKHEIM, 1968, p. 384-5)

Durkheim praticamente ignora o papel desempenhado pelos indivíduos nos processos responsáveis pelas erupções e manifestações do fenômeno religioso. No entanto, os profetas, videntes, intérpretes etc. desempenharam papel decisivo nas religiões primitivas. Em contraposição à visão de Durkheim, Malinowski (1954, p. 58) considera impossível elucidar minimamente o que vem a ser a *religião* sem que se realize uma adequada e profunda incursão pela mente do indivíduo. Nisbet (1965, p. 5 e p. 11) sublinha o fato de que os termos-chave usados por Durkheim – coesão, solidariedade, integração, autoridade, ritual e regulação – representam a adoção de um conjunto antiatomista de premissas e pressupostos claramente opostos à visão individualista predominantemente defendida pela sociologia norte-americana.

Em consonância com a metodologia veiculada em *Les régles de la méthode sociologique*, Durkheim procura dar à religião o estatuto ontológico de *chose*. Considera-a portadora de substrato real próprio, por mais que os indivíduos "errem" acreditando adorar deuses quando, na realidade, veneram, sem o saber e de modo indireto, a Sociedade na sua expressão transfigurada. A concitação de Marx (1982, p. 131-2) "para que [as pessoas] abandonem as ilusões sobre sua condição, equivalente ao *apelo para abandonarem uma condição que precisa de ilusões*" não só conflita com a maneira de a religião explicar o que se passa no mundo como também contraria a *forma de vida* – como a caracteriza Wittgenstein (1968, § 23) – construída em torno de uma visão religiosa de mundo adotada por muitas pessoas.

Concebendo a sociedade como permeada pelo conflito entre burguesia e proletariado, o materialismo histórico é incompatível com o pressuposto metafísico holístico de Durkheim que o leva a encarar os cultos como voltados, em última análise, para a Totalidade social concebida como instância autosubsistente pairando acima dos indivíduos e das classes. Para Marx, a "unidade ontológica" do gênero humano só pode ser pensada e, *eo ipso*, alcançada pela superação das diferenças socioeconômicas que ditam as maneiras de os homens e os grupos serem e se relacionarem.

Durkheim opta por uma ontologia que, deixando de considerar as classes sociais protagonistas da história, opera com o dualismo entre indivíduos e sociedade concedendo poder de determinação causal ao Todo sobre as partes. Além de terem como objeto a *Sociedade*, as teorias sociológicas se voltam para a investigação de fenômenos situados no "intervalo" simbólico entre o plano individual e o social. A primazia ontológica é atribuída à sociedade e todas as disfunções são encaradas como decorrentes da *hybris* individual, do *odieux individualisme*. Rejeitando esse tipo de dicotomia, Marx opta por uma ontologia centrada nas classes sociais – dominante e dominada – e credita as principais "anomalias" sociais ao fato de uma classe impor sua verdade espiritual e seu poder material contra valores universais historicamente realizáveis por meio da "equalização" do gênero humano no interior de uma sociedade livre de hierarquizações simbólico-espirituais economicamente provocadas.

A religião concebida como fonte de entorpecimento alienador, carente de substantividade própria, como propalam Marx e Engels (1973, p. 26), perderá sua *raison d'être* quando se completar o processo histórico de superação de todas as formas ideológicas de consciência empenhadas em legitimar a dominação. Por essa óptica, a religião é entrave ao ideal de uma vida social sem os mascaramentos ideológicos determinados por interesses de classe. No entender de Marx (1982, p. 131-2), "a miséria *religiosa* constitui ao mesmo tempo a *expressão* da miséria real e o *protesto* contra a miséria real"; "a religião é o suspiro da criatura oprimida, o ânimo de um mundo sem coração e a alma de situações sem alma"; "a religião é o *ópio* do povo", "a abolição da religião enquanto felicidade *ilusória* dos homens é a exigência da sua felicidade *real*". Instar os homens a abandonarem suas ilusões acerca de sua condição é concitá-los a se livrarem das condições que fomentam ilusões. Para Marx (1982, p. 132), "a tarefa da história consiste em estabelecer, uma vez que se desvaneça a verdade sobre o outro mundo, a verdade sobre este mundo", de tal maneira que "a tarefa da filosofia, que está a serviço da história, é desmascarar a alienação humana em sua roupagem secular depois de ter sido desmascarada em sua forma sagrada". O processo se desenrola por etapas: "a crítica aos céus se transforma na crítica às coisas terrenas, a crítica à religião na crítica ao direito e a crítica à teologia na crítica à política".

Durkheim não dispensa maior atenção aos subgrupos em conflito na sociedade de seu tempo e muito menos à existência de classes antagônicas. Seus escritos reportam-se quase sempre a grupos profissionais, que não se destacam por contraírem relações marcadas pelos conflitos de interesse, como ocorre com as classes sociais conforme vistas por Marx. A exceção na obra de Durkheim (1973, p. 367-80) é a parte final do *De la division du travail social.* Na Introdução à obra de seu tio, *Le Socialisme*, Mauss sublinha que Durkheim sempre se opusera ao socialismo pelo seu caráter violento, seu caráter classista, sua orientação doutrinária voltada para a classe operária etc. Durkheim (1928, p. 297) chega a afirmar que "a questão social não é uma questão monetária ou de força; é uma questão que envolve agentes morais; o que domina não é o estado de nossa economia, mas o estado de nossa moralidade".

A interpenetração subsistente entre a esfera metodológica e a ontológica mostra que o envolvimento com os pressupostos gnosiológicos empiristas, à luz dos quais o observável é encarado como limite do que se pode e se deve investigar, faz com que se envidem esforços no sentido de destronar as posições rivais acusando-as de sucumbirem a especulações incapazes de apreenderem os fatos em si mesmos. O real, em sua atual configuração histórica, é invocado como único árbitro apto a julgar conflitos de interpretação. Mannheim advoga que o conservador é alguém que pensa em termos do "todo" indeterminado, perdendo de vista os antagonismos e lutas entre as partes. Coser (1967, p.156) frisa que "o conservadorismo de Durkheim o levou a tomar uma série de decisões teóricas que influenciaram crucialmente a direção de sua pesquisa". Nisbet (1970, p. 88) abraça a tese de que Durkheim adotou uma visão conservadora de sociedade "elaborada a partir de um quadro essencialmente especulativo de investigação e o traduziu em determinadas hipóteses que tentou verificar de modo cabal".

Em defesa da *realidade*, da *efetividade ontológica*, da religião, Durkheim (1968, p. 3) sustenta que "no fundo não há religiões falsas; todas são verdadeiras ao seu modo: todas respondem, ainda que de maneiras diferentes, a condições dadas da existência humana". A ciência da religião é vista como tendo um *autêntico objeto* porque manifestações religiosas, sendo reais, não podem ser descartadas como ilusórias sem que se retire das *choses* a condição de instância capaz de prover as informações empíricas decisivas para a avaliação metodológica do que se proclama sobre a vida social. Durkheim defende uma tese passível de ser contraposta ao economicismo marxiano quando invoca a constatação de que a religião está na origem das principais instituições sociais:

> A hipótese marxista não só não está provada como é contrária a fatos que parecem estabelecidos. Sociólogos e historiadores tendem cada vez mais a concordar com a afirmação comum de que a religião é o mais primitivo fenômeno social. É dela que resultaram, por sucessivas transformações, todas as outras manifestações da atividade coletiva, direito, moral, arte, ciência, formas políticas etc. No princípio, tudo é religioso. Não conhecemos nenhum meio de reduzir a religião à economia. (DURKHEIM, 1987a, p. 253)

Marx qualifica a "realidade" do fenômeno religioso de aparência enganosa, de fantasmagoria cumpridora de função ideológica que fomenta a alienação. É importante ter presente que a teoria social de Marx não se dedica apenas a desmontar sistemas explicativos rivais invocando o que seria a realidade na sua dimensão essencial. Marx estende seu ataque crítico à própria realidade na medida em que não se adstringe a buscar a superação das teorias reputadas erradas ou especiosas. Denuncia entidades sociais vistas como resultantes de processos históricos inscritos na dinâmica da luta de classes. O Estado e o modo de produção capitalista são colocados no banco dos réus, julgados e condenados à desaparição por meio da práxis revolucionária. Como muito bem lembra Colletti (1975, p. 369-77), a *Crítica da filosofia do direito de Hegel* começa com uma crítica à filosofia hegeliana do Estado para imperceptivelmente transformar-se em uma crítica ao Estado enquanto tal. Além das "falhas" presentes nas teorizações dos filósofos – por exemplo, a concepção idealista de Estado defendida por Hegel está de cabeça para baixo –, a própria realidade, a do Estado, é enganosa na medida em que gera a impressão de ter natureza administrativa e protetora do cidadão quando sua função capital é a de instrumento de dominação de uma classe sobre outra. Além de a natureza e a função de uma entidade social serem distorcidas por uma teoria a serviço de uma ideologia, para Marx a entidade ela mesma tem sua origem determinada por disfunções necessárias para que o sistema social se reproduza em conformidade com o modo de produção capitalista fadado a ser suprimido. As teorias sobre o Estado "idealistas" camuflam sua real natureza, de aparato de dominação de classe, para apresentá-lo como executor de funções administrativas e de proteção ao indivíduo. Sendo o Estado com seu monopólio do uso da força física encarado como ente devotado a impor a dominação de classe, é inevitável pensar nos meios e modos capazes de provocarem seu desaparecimento. A própria ordem jurídico-política nada contém de universal enquanto existirem classes sociais antagônicas.

À diferença do estatuído pelo empirismo metodológico, tal qual professado por Durkheim e Fernandes, Marx não se limita a forjar críticas a este ou aquele autor apontando que suas explicações estão em dissonância com os fatos. A sentença de morte proferida contra certas *teorias* se estende às realidades que se estudadas como coisas, com estatuto ontológico intocável, ficariam protegidas de críticas. O desiderato de substituir as instituições é resumido no famoso *dictum* de Marx (1982, p. 137): "a arma da crítica não pode substituir a crítica das armas". O que está hoje dado como real é parcialidade histórica a ser superada pela práxis revolucionária dedicada a tornar realidade a universalidade encarnada pela sociedade comunista. Fica claro que Marx pugna não só pelo fim da filosofia hegeliana do Estado como também pela própria dissolução do Estado, não só pelo abandono da teoria econômica depreciada como burguesa bem como pelo modo de produção capitalista.

A definição de Estado dada por Durkheim pouco se coaduna com a visão marxiana, que o caracteriza como detentor do monopólio da violência institucionalizada posto a serviço da burguesia. Durkheim adota a óptica epistemológica devotada a buscar, para além dos conflitos político-sociais, o que nos fatos sociais cabe acuradamente observar a fim de se alcançarem seguras generalizações. Longe de ser produto da dominância de uma classe sobre outra, o poder de coerção do Estado deriva da Sociedade e é precondição dos relacionamentos regrados. A alternativa não seria a sociedade sem Estado idealizada por Marx, mas a anomia. As sociedades com pronunciados conflitos são aquelas em que subsiste diminuta integração entre seus membros e não as que apresentam uma acirrada luta de classes. Para Durkheim (1975, p. 295), "a moral tem o mesmo objetivo que o Direito – a função de assegurar a ordem social [...] o Estado é um mecanismo muito grosseiro para regular os movimentos assaz complexos do coração humano".

Durkheim rejeita a visão marxiana que vê na propriedade privada dos meios de produção a fonte das insuperáveis lutas fratricidas ao longo da história da humanidade. Enquanto Weber (2019, p. 43-4) caracteriza o Estado como uma instituição que detém o monopólio do uso legítimo da força física no âmbito de determinado território, Durkheim chega a atribuir uma missão "intelectual" ao Estado para além de seus encargos administrativos e de seus poderes de coação. Consoante a analogia durkheimiana, a função administrativa e a estatal diferem como o sistema muscular difere do sistema nervoso:

> Rigorosamente falando, o Estado é o órgão do pensamento social. Nas condições atuais, esse pensamento está voltado para um fim prático e não especulativo. O Estado não pensa por pensar, para construir sistemas doutrinários, mas para dirigir a conduta coletiva. Nesse sentido, sua função essencial é pensar. (DURKHEIM, 1969, p. 87)

Ao elaborar esse tipo de definição, Durkheim destaca o papel institucional desempenhado pela atividade governamental para além de seus vínculos políticos ou classistas. O poder político, nas diversas instâncias de autoridade que falam em nome do Estado, é indispensável para que exista ordem social e convivência harmoniosa. Caso se deixe de ver o Estado como condição de possibilidade do convívio pacífico entre os *socii*, como meio da preservação universal da liberdade, pode-se encará-lo como expressão de opressão e repressão exercidas pelo grupo nele encastelado. Para Durkheim, os fatos autorizam a qualificar o Estado como instrumento neutro de regulação do jogo social que, com essa identidade, pode promover formas justas de intervenção nas diferentes esferas da vida coletiva.

É importante notar que as avaliações críticas que levam Marx à pregação de supressão do Estado e de superação da religião se transformam em Durkheim em teorias *positivas* que identificam no Estado e na religião a execução de funções construtivas promotoras de integração social. Enquanto Durkheim encara a religião como portadora do estatuto ontológico de *chose*, apresentando sua teoria como diretamente derivada da *realidade*, Marx sustenta que a religião, sendo um epifenômeno dos fatores econômicos determinantes, cumpre a função de produzir alienação, de fomentar formas ilusórias de pensar e viver. A religião seria a forma mais sofisticada de ocultar os determinantes materiais dos fatos por trás de sua aparência deslocando a atenção para uma dimensão transcendente sobre a qual o homem é incapaz de exercer controle. Tendo essa natureza, a religião é passível de ser dissolvida desde que a vida social, resultante da revolução proletária, passe a ser determinada por mecanismos sistêmicos que tornem desnecessárias as "idealizações" que ideologicamente *esvaziam* a história de sua crua realidade marcada pela exploração e dominação. Trata-se de posição antipódica à de Durkheim, que sustenta não ser da alçada de uma ciência fazer diagnósticos e prescrições que ambicionem provocar o desvanecimento de seu objeto de estudo – no caso a religião, o Estado ou o modo de produção capitalista.

O ideal mirado por Marx – o da construção de uma sociedade fundada na completa igualdade material capaz de dispensar qualquer tipo de coerção institucionalizada ou interpessoal – envolve a negação dos pilares da realidade social dada. Para Durkheim, a ciência se restringe a buscar explicar o que existe. Almejando combinar ciência e revolução, Marx denuncia os mascaramentos que supostamente recobrem o que se toma por realidade para assim negar a ordem gerada pelo modo de produção capitalista. Na epistemologia *coisalista* de Durkheim, o atual estado histórico do objeto de estudo se coloca como limite ontológico intransponível para toda e qualquer alegação de conhecimento. Para Marx, o real dado é parcialidade em virtude de ter uma funcionalidade defeituosa passível de ser superada e substituída por novas formas de ser portadoras de identidades históricas libertárias, que ficam impedidas de florescer pela vigência da *atualidade* geradora de *alienação.*

Estando a caracterização da essencialidade de um fenômeno eivada de pressupostos filosóficos, desponta insuficiente concentrar a atenção apenas nos fatos quando se pretende construir e fundamentar uma explicação. Diante da proliferação de teorias sociais, é comum se procurar demonstrar a superioridade de uma explicação indigitando as debilidades (supostamente) presentes nas rivais. Dada sua importância para confrontar teorias rivais, o *argument by elimination* foi amplamente usado por Durkheim para descartar as teorias precedentemente formuladas sobre determinado objeto de estudo. Em que pese a maioria dos pesquisadores anteriores ter concedido importância capital ao conceito de sobrenatural na caracterização das religiões, Durkheim reputa inadequado definir religião com base na noção de "sobrenatural" ou de "divindade". Durkheim é de opinião que conceitos como esses só puderam surgir recentemente em virtude de pressuporem secularização e contraposição ao *mundo natural* visto como governado por leis impessoais. A noção de Deus também deixa de ser considerada essencial à caracterização de religião devido à existência de contraexemplos como, por exemplo, o do budismo – uma religião sem Deus.

As análises críticas que visam a desacreditar as tentativas alternativas de explicação para dar autoridade lógico-empírica à remanescente supõem que as opções possíveis são apenas as colocadas em discussão. Durkheim repele tanto a teoria animista da religião, defendida especialmente por Edward Taylor e Herbert Spencer, quanto a naturalista perfilhada principalmente por Max Müller, se valendo da cômoda suposição de que, junto com a que será por ele proposta, exaurem o conjunto de todas as possíveis explicações sobre o fenômeno *religioso.* As teorias rivais são rechaçadas por sua suposta incapacidade de explicar a inteira gama de fenômenos religiosos, por sua "insuficiência indutiva". E também por deixarem de explicar a heterogeneidade radical entre sagrado e profano, o que faz com que sejam incompatíveis com os pressupostos teórico-ontológicos da definição durkheimiana considerada coincidente com o que a religião tem de essencial; e finalmente por provocarem o desvanecimento do objeto de uma ciência da religião ao lhe cassarem o estatuto ontológico de *chose*.

A aplicação que Durkheim (1973, p. 329-30 e 340-6) faz do *argumento por eliminação* supõe de maneira questionável que as teorias se excluem mutuamente e que as competidoras são as únicas viáveis, de tal maneira que é imperioso escolher uma delas. Em *Le Suicide*, Durkheim arrola os fatores extrassociais que têm sido invocados na interpretação das taxas de suicídio: clima, raça, hereditariedade, desequilíbrio mental etc. Recorrendo a interpretações estatísticas baseadas em informações oficiais recolhidas em vários países, Durkheim ignora, como aponta Hindess (1973, p. 9-35), os problemas referentes à *confiabilidade* dos "números oficiais" para a elaboração de uma pesquisa que se pretende científica.

Durkheim procura demonstrar o fracasso das tentativas de explicar as variações nas taxas de suicídio que deixam de se concentrar em fatores sociais. O sociologismo leva Durkheim (1967, p. 222-3) a só considerar aceitável a teoria segundo a qual "o suicídio varia na razão inversa do grau de integração da sociedade religiosa, doméstica e política [...] O suicídio varia na razão inversa do grau de integração dos grupos sociais dos quais os indivíduos fazem parte". O método das variações concomitantes não registraria qualquer correlação relevante entre os fatores extrassociais e as taxas de suicídio. Sendo assim, só as influências sociais podem explicar a variação na incidência dos níveis de suicídio. A natureza social ou supraindividual do suicídio seria decisivamente corroborada pela constatação de que a taxa de suicídio (ou taxa de variação) em uma sociedade permanece surpreendentemente constante de ano para ano. No entender de Durkheim, tal constância não teria como ser explicada se a taxa de suicídio dependesse de idiossincrasias e volições individuais que, por serem variáveis e circunstanciais, só exibem casualidade refratária à investigação científica. Os diversos tipos de coesão (egoísmo, altruísmo, anomia, fatalismo) são as variáveis independentes enquanto a taxa de suicídio é a variável dependente. A principal hipótese de Durkheim é a de que extremos de coesão social – diminuta ou exacerbada – causam as taxas constantes de suicídio.

Em consonância com os imperativos epistemológicos e ontológicos *coisalistas*, a definição de suicídio de Durkheim descarta a importância de se fazer referência às intenções dos agentes. Os atributos da intencionalidade e da significatividade presentes na ação humana são colocados de lado por Durkheim (1967, p. 4) com base na alegação metodológica observacionalista de que "a intenção é coisa demasiado íntima para ser de fora acessada". Fazendo coro com os críticos do introspeccionismo, Durkheim afirma que "se esconde até mesmo da observação interior". Por meio dessa *démarche*, procura legitimar seu enfoque apresentando-o como respaldado por fatos exteriormente registráveis e colocando sob suspeição as pesquisas que procuram também lidar com "estados internos da consciência". A atenção a fatores pessoais ou subjetivos impediria, no entender de Durkheim, que o estudo sobre o suicídio tivesse natureza empírica. É importante ter presente que, para Durkheim, o fato social é sempre "externamente" determinado, de tal maneira que só pode ser explicado por meio de outro fato social (anterior). Qualquer fator "descontínuo" – por exemplo, o biológico ou o psicológico – é incapaz de dar qualquer contribuição ao estudo sociológico. Durkheim (1987a, p. 250) defende que "a vida social deve ser explicada não com base nas concepções elaboradas por aqueles que dela participam, mas pelas causas profundas que escapam à consciência". Lowie (1937, p. 206) adverte que "o sociólogo não pode descurar dos estados de consciência, e Durkheim, em realidade, não os elimina, apenas os contrabandeia conforme sua conveniência; é evidentemente uma condição psicológica o *état d'exaltation* que ele detecta na base das emoções religiosas".

Ainda que os fatores extrassociais não sejam causas determinantes, isso não autoriza a conclusão de que em nada influenciam as taxas de suicídio. Nada impede que se articulem com os fatores sociais, com aqueles aos quais Durkheim atribui efetivo poder causal, na produção das variáveis taxas de suicídio. Por mais que desequilíbrios psicopatológicos e neuropatias não possam ser erigidos em causas das variações nas taxas, nada impede que fatores psicológicos e biológicos se associem aos sociais na causação do suicídio. Tal possibilidade está excluída do horizonte metodológico de Durkheim em primeiro lugar por sua obsessão de dar à sociologia um objeto exclusivo e de incumbi-la de prover a única explicação cabível. Só a sociologia está capacitada a identificar e explicar os fatores que determinam a ocorrência de fenômenos supostamente portadores de natureza essencialmente social. Em contraposição, Weber destaca que pode ser potencialmente infinito o número de causas que determinaram certo evento individual; sem falar que as *coisas* não têm uma característica intrínseca que permita isolar uma parte a fim de que só essa venha a ser analisada.

Em razão de Durkheim (1968, p. 352 e p. 594 e 1967, p. 50) adotar um modelo monocausal de explicação, fica liminarmente vetada qualquer tentativa de se buscarem articulações causais entre *vários tipos* de condições como as sociais, as psicológicas e as biológicas. A primazia ontológica e o poder de determinação causal concedidos ao coletivo desaguam em uma definição de *suicídio* para a qual se torna dispensável qualquer referência à consciência e às suas intenções. Isso leva Durkheim (1967, p. 139) a afirmar "que em cada grupo social há uma tendência específica para o suicídio, que não é explicável a constituição orgânico-psíquica dos indivíduos nem pela natureza do meio físico; portanto, por eliminação, depende necessariamente de causas sociais e constitui por si só um fenômeno coletivo". Diferentemente do que dá a entender Durkheim, o primado ontológico conferido ao *coletivo* não é fruto de observações e nem tem como ser indutivamente derivado de qualquer conjunto de dados. Tomando como exemplo a forma com que Durkheim aborda a problemática do suicídio, constata-se que o controle exercido pelo *coletivo* sobre o plano individual não é apenas um modo de caracterizar a natureza dos fatos sociais, mas principalmente um modo de explicá-los. Donde se conclui que a definição proposta já esboça o modelo de explicação a ser adotado:

> Por ser o suicídio uma tendência social, chega ao indivíduo de fora, portando uma força coercitiva. Se assim é, por que nem todos os indivíduos de uma sociedade cometem o suicídio? Porque o grupo é coeso e poderoso o suficiente para protegê-los disso e controlá-los na direção oposta. Em outras palavras, o controle pelo grupo é a explicação dos fatos sociais, e não apenas sua definição. (GEHLKE, 1915, p. 148)

Ao comparar as religiões consideradas mais simples com outras supostamente mais complexas, Durkheim conclui que, não obstante as diferenças que encerram, podem constituir uma só classe. À separação que todas supostamente estabelecem entre sagrado e profano é dada importância decisiva. É justamente isso que enseja enquadrá-las na mesma categoria. Agrupar-se um conjunto de fenômenos sob uma mesma categoria envolve mais que observação, uma vez que se trata de uma operação definicional acompanhada de recorte teórico seletivo. Vai além de uma atividade de coletar fatos para generalizá-los, a escolha de certo(s) atributo(s) como traço(s) distintivo(s) dos fenômenos investigados. Considerações de ordem exclusivamente empírica são insuficientes para justificar a assunção de determinados compromissos ontológicos e para a classificação das propriedades – como essenciais ou inessenciais – encontráveis no objeto que se pretende conhecer:

> É adequado considerar a contribuição da definição durkheimiana de religião não tanto como uma descoberta indutiva do que é "essencial" na religião, mas como classificação, a partir de uma nova óptica, dos fenômenos religiosos com vistas a torná-los comparáveis. Alguns fenômenos considerados religiosos a partir de outras definições são excluídos e alguns não considerados religiosos, consoante outras definições, são incluídos. (SMELSER, 1976, p. 77-8)

O pesquisador se sente confiante quando acredita justificável defender sua classificação como retrato fidedigno dos fatos, como ontologicamente respaldada por sua (pretensa) correspondência com a realidade. Contudo, na prática de pesquisa é inviável realizar operações definicionais sem recorrer a pressupostos teóricos seletivos incompatíveis com os modelos de legitimação próprios à metaciência observacionalista/indutivista defendidas por Durkheim e Fernandes. É inevitável valer-se de esquemas teóricos que forneçam, tácita ou abertamente, critérios de vinculação e diferenciação – definidores de relevância –por meio dos quais se procede à identificação e classificação das propriedades presentes nos objetos de estudo. Escapando do receituário indutivista programaticamente adotado, Durkheim realiza o tempo todo *reconstruções teóricas* do "material empírico". Isso também fica evidenciado com a constatação de que, em alguns casos, as fontes e os "fatos" nos quais Durkheim se apoiou são praticamente os mesmos utilizados por outros pesquisadores.

Sustentar, como faz Fernandes, que Durkheim é um dos formuladores das soluções fundamentais para o problema da indução sociológica é parcamente convincente. De saída, cabe salientar que Fernandes não se preocupou em exemplificar o emprego da inferência indutiva nos "trabalhos empíricos" durkheimianos. O emprego eventual que Durkheim faz da indução por enumeração simples, sempre sujeita a incorrer na falácia da distribuição ilícita, torna injustificável destacar sua obra por sua capacidade de adaptar a indução ao campo do conhecimento sociológico. Para Fernandes (1972, p. 131), "os caracteres mais expressivos da indução amplificadora que procede pela acumulação de dados se apresentam vigorosamente em suas [de Durkheim] explanações generalizadoras". O que Fernandes ignora é que se a indução é uma inferência amplificadora isso se deve ao fato de sua conclusão sempre acrescentar algum conteúdo novo ao veiculado pelas premissas e não a se dedicar à febricitante reunião de informações empíricas. Mesmo porque a rigorosa coleta de informações sobre particulares por si só não confere credibilidade epistêmica à generalização que se pretende deles extrair.

Visto que o problema da indução nunca se mostrou passível de solução positiva, é descabido advogar, como faz Fernandes, que a obra de Durkheim não só adere genericamente ao indutivismo como também equaciona dificuldades metodológicas geradas pelo tipo ampliativo de inferência. Em disciplinas como as sociais, marcadas pela endêmica polêmica metodológica, o indutivismo se apresenta como uma retórica sem capacidade de produzir explicações consensualmente acolhidas. Na ciência, a pretendida "escravização" aos fatos é inatingível porque muitas mediações teóricas e ontológicas se revelam inevitáveis no processo de construção de explicações. Apesar de ter sempre defendido em seus textos metodológicos o observacionalismo/ /indutivismo, Durkheim em seus trabalhos empíricos forja explicações resultantes de operações de reconstrução teórica pouco submissas ao crivo dos fatos:

> De fato, Durkheim salienta que a ordem existente nas relações humanas em sociedade é compatível com o princípio do determinismo universal. Aliás, a maioria dos cientistas e os lógicos indutivos do século passado admitia que esse princípio constituía o próprio fundamento da indução. Como argumentavam, sem ele nada poderia justificar a convicção de que aquilo que é verdadeiro para alguns casos o seja para uma totalidade de casos, ou que aquilo que é verdadeiro para uma época, o seja para diversas épocas, que apresentem certas condições em comum. (FERNANDES, 1972, p. 82)

Essa tentativa de respaldar a indução no axioma do curso uniforme da natureza, ou no princípio do determinismo universal, é pouco defensável, uma vez que tenta contornar os complicados problemas lógicos suscitados pela inferência indutiva se valendo da bengala de pressuposições "metafísicas" como a que aposta que a identificação de padrões permite apostar que a realidade continuará a exibi-los. Incide em circularidade viciosa o pressuposto do curso uniforme da natureza na medida em que, invocado para fundamentar a indução, é gradativamente "validado" recorrendo-se a comprovações obtidas de forma indutiva. Só se evita o *petitio principii* fazendo de tal princípio uma espécie de *a priori* metafísico. O fato é que adotá-lo pouco ou nada ajuda a prover a fundamentação epistemológica da indução. A tese do curso uniforme da natureza é incapaz de respaldar a indução em geral e mais ainda a enumerativa vinculada à crença de que "aquilo que é verdadeiro para alguns casos o será para a totalidade dos casos do mesmo tipo". Mesmo que ostente longevas regularidades, um domínio específico da realidade não tem como apoiar generalizações irrestritas antes de ter sido exaustivamente acompanhado. Na contramão do que sustenta Fernandes, há quem deixe de ver em Durkheim um seguidor da metodologia indutivista:

> Por "indução" Durkheim não entendia o que os filósofos hoje chamam de indução enumerativa, isto é, o acúmulo de fatos empíricos e a derivação a partir deles de generalizações. Ao contrário, Durkheim empregava os métodos de Mill de indução, que são métodos de eliminação de hipóteses causais putativas comparando-as com os fatos. Em suma, as induções metódicas de Durkheim referem-se a procedimentos de teste de hipóteses. (SCHMAUS, 1994, p. 96)

Há uma passagem representativa em que Durkheim contraria a leitura de Schmaus ao deixar claro que pouca importância atribuía aos contraexemplos, aos casos capazes de levarem à refutação de uma teoria. A argumentação de Durkheim tem curiosamente semelhanças de família com a visão de Kuhn, que substitui o conceito de contraexemplo pelo de anomalia para indicar como as comunidades científicas ficam presas à reprodução do paradigma até que uma crise estrutural venha a abalar a percepção que se tinha de sua solidez e até que alternativa melhor tenha sido efetivamente obtida:

> Quando uma lei científica reúne a seu favor a autoridade de experiências numerosas e variadas, nenhum método advoga seu abandono fácil a partir da descoberta de um fato que parece contradizê-la. Ademais, é preciso ter certeza de que esse fato só comporta uma única interpretação e que só podemos explicá-lo deixando de lado a proposição que ele parece infirmar [...] Se o crente se mostra indócil a certas lições da

> experiência é porque se baseia em outras experiências que lhe parecem mais demonstrativas. O cientista faz o mesmo, só que com mais método. (DURKHEIM, 1968, p. 515-6)

Defendemos a tese de que todas as dificuldades de enquadrar metodologicamente a obra de Durkheim derivam de esposar explícita e programaticamente uma visão empirista de método científico e de se valer, nos trabalhos empíricos, de uma pletora de pressuposições filosóficas *tacitamente operantes*. A ambivalência metacientífica encontrável em Durkheim decorre de por um lado ser inequívoco seu esforço de forjar teorias respaldadas nos fatos e, por outro, de prevalecer implicitamente a tentativa de harmonizá-las com uma *filosofia social* entimemática. Como aponta Fletcher (1972, p. 298), cabe atribuir a Durkheim mais a condição de teórico ousado, desatento até a fatos primários, do que a de cuidadoso observador devotado à identificação de tipicidades – no plano micro e no macro – em condições de respaldar generalizações. A verdade é que Durkheim partiu *de* fatos selecionados, e não *dos* fatos, para forjar livremente suas teorias:

> Durkheim foi um ousado e aventureiro construtor de teorias que, mesmo não alegando que os "fatos estão errados", mostrava-se, a despeito de suas aspirações a produzir uma ciência objetiva e empírica, em geral surpreendentemente insensível ao papel dos fatos na falsificação ou verificação de suas teorias. (LUKES, 1977, p. 34)

Apesar de sua ontologia ser retoricamente coisalista, Durkheim elabora teorias que se apresentam incompatíveis com a metodologia centrada na observação e na indução. É comum generalizações contidas em suas explicações desconsiderarem importantes fatos. Em *Les régles de la méthode sociologique*, por exemplo, há a clara preocupação com a formulação de um critério objetivo de saúde e patologia. Concebida como uma espécie de "medicina social", a sociologia define saúde em termos de "normalidade", e a generalidade é o critério de sua aferição: o tipo normal equivale ao tipo médio e todo desvio desse padrão é tido como um fenômeno patológico. Esse tipo de visão vai muito além do que se pode observacionalmente depreender. Algo similar se pode dizer do crime que, presente em todas as sociedades, é considerado por Durkheim normal e integrante do quadro de saúde social. Já a taxa de suicídio e outros desajustes – como, por exemplo, os econômicos – são classificados como patológicos.

Nada disso pode ser assim proposto sem o recurso a esquemas teóricos e axiológicos. A dimensão estritamente empírica é incapaz de determinar onde inserir o crime e o suicídio, e muito menos definir em que categorias distintas de saúde social cabe enquadrá-los. As categorizações e conceituações durkheimianas precedem as observações para conduzi-las por mais que as teorias resultantes possam, em tese, ser submetidas ao crivo dos fatos. A obra de Durkheim exemplifica a ambiguidade de tentar tornar a sociologia ciência apoiando suas teorias na evidência empírica buscando afastar qualquer resquício filosófico, mas contrabandeando pressupostos ontológicos e axiológicos. A problemática da seleção, dentre os vários modos admissíveis de *se dirigir aos fatos*, é deixada de lado quando se acredita que os fatos "falam" por si mesmos.

Só se justificar afirmar que Durkheim encara a sociologia como uma ciência indutiva caso se fique restrito ao campo de suas proclamações metodológicas programáticas, mas não quando seus trabalhos empíricos são dissecados. Durkheim é hábil construtor de arquiteturas teóricas no interior das quais os fatos escolhidos são os que se harmonizam, ainda que parcialmente, com o substrato filosófico tacitamente operante. Douglas (1971, p. 54) faz a procedente observação de que "com frequência, chegou-se em França a reconhecer, pelos que não eram seus discípulos, que as preocupações filosóficas, e até metafísicas, eram proeminentes nas obras de Durkheim, e que os fatos eram usados retoricamente para justificar suas ideias metafísicas preconcebidas".

6.2. A metodologia weberiana: entre o ideográfico e o nomotético

Nesta parte do trabalho, procuraremos demonstrar ser problemático caracterizar, como faz Fernandes, a sociologia weberiana como ciência indutiva *stricto sensu*. Reiteraremos a tese de que muitas das diferenças nos modos de caracterizar epistemológica e substantivamente a sociologia promanam de distintos pontos de partida (e de chegada) filosóficos. É questionável a posição assumida por Fernandes quando discute de modo sucinto a situação da sociologia na Alemanha, quando sustenta que as *complicações* das correntes filosóficas nesse país retardaram ou tornaram mais espinhoso o processo de fazer da sociologia uma ciência. Essa avaliação só faz sentido se tivermos presente seu *parti pris* de que o empirismo, que impregna a metodologia da parte mais importante do desenvolvimento inicial da sociologia francesa, reproduz a racionalidade da ciência como tal. Só isso explica por que Fernandes esposa a opinião de que, na corrida pela cientificidade, a França despontara como mais avançada. Como o empirismo sempre envidou esforços no sentido de modestamente destacar a *descrição* dos fatos como condição *sine qua non* para tornar possível a explicação embasada na realidade, suas formulações metacientíficas pareceram se confundir com a racionalidade operacional da ciência. Até insignes cientistas ficaram com a impressão de que o aparato metodológico proposto pelo observacionalismo/indutivismo representava os procedimentos genuínos das ciências (naturais).

Considerar a via francesa mais próxima dos requisitos fundamentais da cientificidade é consequência da ocupação de um lugar filosófico. Como destacam Parsons (1971, p. 12-25), Cohn (1979, p. 77-88), Saint-Pierre (1991, p. 43-87), na Alemanha, o dualismo introduzido por Kant, entre o mundo da *Natur* e o da *Kultur* ou do *Geist,* que engloba "a razão prática", os valores e os problemas da significação da ação, colidia frontalmente com as atitudes epistemológico-ontológicas assumidas pelo naturalismo sociológico de matriz epistemológica empirista. As soluções monistas – só há um método para todas as ciências, uma só realidade sem descontinuidade entre o natural e o social – típicas do naturalismo anglo-francês daquela época – não têm como ser conciliadas com o *background* filosófico do kantismo.

> O dualismo kantiano [contra o monismo positivista] e seus desdobramentos evitaram que essa forma de empirismo desempenhasse um importante papel nas ciências sociais na Alemanha. (PARSONS, 1968, p. 590)

Na parte dedicada à tentativa de demonstrar que também a sociologia weberiana é uma ciência indutiva, Fernandes reconhece o influxo que o kantismo exerceu – por meio de figuras como Sigwart, Dilthey, Jellinek, Windelband e, especialmente, Rickert – sobre algumas das mais importantes posições metodológicas assumidas por Weber. Deixa, contudo, de indicar como se deu a reestruturação epistemológica da filosofia de Kant de modo a compatibilizá-la com o "ponto de vista científico" confundido por Fernandes com o empirismo metodológico. Depois de apresentar, de modo sucinto e genérico, alguns dos traços distintivos da gnosiologia kantiana, Fernandes (1972, p. 85) se apressa em ressalvar que "é preciso ressaltar que, em conjunto, essas ideias não pressupõem a intenção de impor esquemas da razão à natureza ou de eliminar os fundamentos empíricos do conhecimento".

Ao que tudo indica, tal comentário tenciona tranquilizar os que nutrem suspeitas com relação à proficuidade das *complicações* filosóficas alemãs, assegurando que o kantismo não se envolve com qualquer tipo de apriorismo tendente a impor unilateralmente as razões da Razão à ordem dos fatos. A preocupação parece ser a de deixar claro que, mesmo com o abandono do fatualismo estrito, não serão as bases do conhecimento empírico erodidas. Com Weber, o pesquisador deixa de ser visto como coletor de evidências empíricas a serem cuidadosa e criteriosamente generalizadas. Ademais, o agente é ativo na atribuição de significado às suas ações. Diante dessas singularidades da sociologia *compreensiva*, Fernandes se preocupa apenas em assegurar que não deságuam no subjetivismo ou psicologismo. O que isso significa em termos de *diferenças filosófico-metodológicas* não se torna em momento algum objeto de reflexão epistemológica ou sociológica.

A impressão que se tem é que o projeto de *cientificizar* a sociologia endossando tacitamente os princípios fundamentais da gnosiologia empirista faz com que Fernandes force a inserção da contribuição weberiana, evitando desqualificá-la, na moldura indutivista. É como se Fernandes estivesse oferecendo "garantias" de que, não obstante a incorporação do pesado *background* filosófico kantiano, Weber é um sociólogo *alemão* que respeita os postulados do chamado método empírico. Do contrário, é pouco elucidativa a proclamação de Fernandes de que a sociologia weberiana também opera com a indução. Fernandes negligencia que os metacientistas, mesmo concordando que a matéria-prima da ciência são os fatos, divergem profundamente com relação às maneiras de entenderem o que seja empírico e às formas de seu relacionamento com o processo de teorização. Em consequência, a preocupação em assegurar que essa *outra* teoria do conhecimento ou da ciência, esposada por Weber, preserva as bases do saber empírico deixa de problematizar, com um mínimo de profundidade, de que modo enfoques epistêmicos tão diferentes quanto os de Durkheim e Weber podem ser indistintamente tachados de indutivistas:

> Contra a tendência marxista ou social darwinista de buscar determinantes sociais ou biológicos, Weber sustentava que as ideias e o comportamento individual também possuem uma dimensão irredutível que precisa ser entendida em seus próprios termos. Essa posição complexa, intermediária entre o racionalismo e o reducionismo, se reflete nas definições iniciais que enfatizam a importância do significado (*Sinn*) para nossa compreensão do comportamento do homem na sociedade. (BENDIX, 1962, p. 474)

Avaliar até que ponto o kantismo de Weber fica dentro dos limites da territorialidade demarcada como a do saber empírico é menos importante que detectar o que diferencia o kantismo weberiano do *empirismo* defendido por Fernandes como reprodução especular da racionalidade operacional da ciência. Se a filosofia que está no ponto de partida da sociologia weberiana é vista como compatível com a produção do conhecimento empírico, isso significa que não integra o grupo de *filosofias* que epistemologicamente travam ou dificultam a busca de conhecimento. Uma concepção de empírico, acoplada a certos pressupostos epistemológicos, classifica as filosofias em benéficas e maléficas à cientificidade. Só de posse de um conceito compartilhado de empiricidade faz sentido tentar avaliar de que modo as concepções divergentes do que seja empírico se aproximam ou se afastam do modo *correto* de se produzir conhecimento fatual. A inquietação de Fernandes relativa a se o kantismo é ou não metodologicamente apriorista se vale do parâmetro empirista de aferição. Apresentada como reflexo *da* ciência real, a metodologia indutivista se considera com legitimidade para neutralizar propostas alternativas capazes de ajudarem a indicar, por contraste crítico, de que lugar epistemológico e ontológico é elaborada determinada teoria *sobre* a ciência.

A metodologia de Fernandes representa uma modalidade de discurso que, a despeito de não ser o da própria ciência, ambiciona falar em nome da ciência e assim estatuir o que é e como se reproduz. Com esse tipo de manobra se oculta o fato de que há variadas e defensáveis reconstruções metacientíficas, todas pretendendo elaborar a mais fidedigna visão *sobre* a ciência. Em tese, todas são iguais perante a ciência, *de facto* cada uma precisaria poder demonstrar a superioridade das técnicas reconstrutivas que propõe. O que nenhuma logra legitimar é a postulação de monopólio discursivo sobre o ser e o fazer da(s) ciência(s).

Abraçando a tese de que a produção sociológica que aspire a ser científica *tem de* gerar suas teorias se valendo essencialmente de procedimentos de tipo indutivo, Florestan é levado a encarar de modo injustificado autores metodologicamente tão diferentes como Durkheim, Weber e Marx como indutivistas. O pressuposto infundado de que a pesquisa *é* e *deve ser* indutivamente estruturada para ser científica torna inevitável esse rígido enquadramento dos pais fundadores da sociologia. Se colocada em seu devido lugar, como um procedimento *inevitável* apenas a um tipo de metaciência, a empirista, perde sentido o esforço de tornar a indução metodologicamente ubíqua. É inconvincente a tese de que os pais fundadores – com diferenças epistemológicas, ontológicas e axiológicas tão gritantes – organizaram da mesma maneira seus modelos explicativos. Não por acaso, Fernandes se refere de forma genérica, nada elucidativa, à contribuição de Weber à indução sociológica:

> Os conceitos assim elaborados são conceitos generalizadores: retêm o que é *essencial* e não o que é *acessório*[...] embora os conceitos possam ser aplicados universalmente, por seu caráter geral e unívoco, e apesar de a sociologia ser uma ciência generalizadora (nomotética), na explicação de situações concretas, o sociólogo precisa respeitar os limites de abstração impostos pelo universo empírico considerado. Essa é, porventura, a mais importante contribuição de Max Weber à lógica indutiva da sociologia moderna. (FERNANDES,1972, p. 93-4)

Na verdade, Weber não merece o crédito que lhe dá Fernandes de ter desenvolvido uma versão de inferência indutiva portadora de alguma originalidade porque simplesmente nunca se dedicou a esse projeto. Seu tipo-ideal está longe de poder ser enquadrado no campo de justificação delimitado pela modalidade indutiva de explicação. Em sua tentativa de conciliar *sentido* e *causa,* Weber, envida esforços no sentido de superar a contraposição, que tanto marcara algumas controvérsias metodológicas nas disciplinas sociais, entre o ideográfico, o singular, e o nomotético, o geral:

> Weber rejeitava tanto a alegação positivista de que os objetos cognitivos das ciências naturais e sociais são basicamente os mesmos quanto a doutrina alemã historicista oposta de que no reino da *Kultur* e do *Geist* (isto é, no domínio da história) é impossível fazer generalizações legítimas, já que as ações humanas não estão sujeitas às regularidades que regem o mundo da natureza. (COSER, 1977, p. 219)

A leitura indutivista de Fernandes dos pais fundadores leva a pensar que entre Durkheim e Weber há, malgrado diferenças substantivas, continuidade metodológica decorrente de ambos operarem com o método indutivo. A questão é saber se, por exemplo, a atividade de apreender o *sentido subjetivo* de uma ação social apenas se soma à busca de uniformidades exteriores de comportamento ou se envolve a construção de um modelo híbrido fundado em bases metodológicas completamente diferentes das tradicionais. A equivocidade envolvida nos conceitos de 'sentido' e 'subjetivo' indica que está longe de ser fácil traduzir uma categoria "linguística", como a de sentido, para o domínio dos fatos referentes à ação humana e a como é pensada pelos próprios agentes. Por não ter desenvolvido a contento a noção de subjetividade, Weber a emprega de modo abrangente para fazê-la denotar os processos situados no plano *da consciência*, os conteúdos psicológicos, sem deixar de conectá-los ao *setting* social e sem deixar de contrapô-los aos fenômenos naturais. Em nítida dissonância com a perspectiva metodológica weberiana, Durkheim desqualifica a intencionalidade em prol de uma ontologia objetivista, coisalista. É artificial desconsiderar, em defesa do indutivismo generalista, o fosso epistemológico e ontológico entre o objetivismo externalista de Durkheim e a sociologia de Weber devotada à apreensão e compreensão do *sentido subjetivo* da ação.

Lukács (1981, p. 612) destaca que "o caráter em última análise subjetivista da sociologia de Weber se torna mais nítido em seu conceito de lei". Este tipo de avaliação em parte decorre de Weber sustentar a insuficiência do estabelecimento de conexões causais em ciências sociais em virtude de considerar fundamental conferir papel crucial à formulação de conexões de sentido via a técnica *Verstehen.* Nesse sentido, o máximo que Durkheim e Weber compartilhariam, em seus modelos de explicação, seria a atividade metodológica dedicada à captação de uniformidades/regularidades, isto é, o procedimento generalizador com base no qual o pesquisador estabelece a vinculação nômica ou estatística entre os eventos. Pela óptica weberiana, é imperioso reconhecer que decisiva é a *atividade compreensiva* peculiar às *ciências sociais*:

> Todo esforço de Weber [...] levou ao seguinte problema: a partir de que condições, dentro de que limites, um juízo baseado na compreensão pode ser considerado válido para todos, isto é, verdadeiro? Com efeito, o traço distintivo das realidades inteligíveis é que se prestam sempre a uma multiplicidade de interpretações. À diferença das ciências naturais, não nos arriscamos a não compreender, a não ter como escolher entre diversas maneiras de compreender. (ARON, 1950, p. 244)

Ao reconhecer que, para Weber, a sociologia tem por objeto a compreensão da ação social, o que envolve a atividade de descobrir o sentido subjetivo atribuído às ações, Fernandes (1972, p. 88) deveria ter visto nisso uma rejeição da redução da explicação sociológica – como prega o *objetivismo* – à pura captação de regularidades comportamentais exteriores. Nesse caso, deixa de se justificar definir a sociologia como uma ciência indutiva a partir do momento em que se revela necessária a reconstrução compreensiva do sentido que o agente dá à sua ação. Tal reconstrução não tem como ser epistemologicamente enquadrada e legitimada no estrito âmbito da explicação indutiva. À diferença da sociologia de Durkheim, agente e investigador desempenham *papel ativo* no processo de pesquisa. O sentido dado à ação pelo agente é identificado pelo pesquisador, que o submete a uma ressignificação interpretativa capaz até de tornar possível uma espécie de *diálogo* entre o estudioso e o estudado. Visto que esse tipo de visão apresenta significativas afinidades com propostas metodológicas veiculadas pela Escola Hermenêutica, Von Wright (1971, p. 5) considera consentâneo conceder à sociologia compreensiva o título de saber hermenêutico.

Weber esposa a tese de que o social não são apenas articulações uniformes entre fenômenos ou fatos concebidos como coisas. Ainda que procurando manter-se distante do psicologismo, Weber se recusa a reduzir o *social* a algo externo, como se fosse coisa, para associá-lo ao que se passa no plano *interno*, mas intersubjetivável, da consciência do sujeito. Diferentemente de Durkheim, Weber rechaça a ontologia que postula a existência de uma *consciência coletiva autossubsistente*. Aliás, o individualismo metodológico adotado por Weber (2019, p. 89) faz com que descreia que a sociologia tenha a necessidade de pressupor a existência de entidades supraindividuais. Weber dispensa atenção às entidades pensadas como primariamente sociais quando o sujeito pauta sua ação considerando-as portadoras de vida própria, como se existissem *per se*. Sendo a ação individual, junto com a consciência que lhe confere sentido, a unidade básica de interpretação, o estudo do *social* não tem como ser realizado nos moldes propostos pelo indutivismo. Em carta a Robert Liefmann, Weber (2012, p. 946) deixa claro de que modo rejeita o coletivismo metodológico e perfilha o nominalismo ontológico: "a sociologia só pode se basear na ação de um, vários ou muitos indivíduos; só pode ser praticada segundo um método estritamente "individualista". Em termos sociológicos, o Estado nada mais é do que a chance de que determinados tipos de ação específica ocorram".

A preocupação com a captação do sentido subjetivo em cenários específicos de intercâmbio social gera dificuldades de fundamentação epistemológica tão ou mais complicadas que as enfrentadas pelo indutivismo. Ao dar primazia à *compreensão,* Weber não tem como deixar de encarar as realidades estudadas como eventos para a existência dos quais a consciência individual muito contribui. Cabe, no entanto, ter presente que o social resulta da atividade *da* consciência movida pelo intuito de conversar consigo mesma ou de dialogicamente *se dirigir a* outrem. Daí Weber (2019, p. 99) afirmar que "nem todo tipo de contato humano tem caráter social; só é social a ação quando o comportamento de alguém está sensivelmente dirigido ao de outrem". No entender de Weber (2019, p. 79), "determinado comportamento é "social" no caso de o significado pretendido pelo ator ou atores se relacionar com o comportamento de outros, e a ação ser assim orientada". Reconhecer a atuação da consciência na construção de sentidos não acarreta, pensa Weber, sucumbir a alguma forma de psicologismo em virtude de os processos mentais (e até fisiológicos) que possibilitam o sentido não estarem em questão na análise levada a cabo pela sociologia. O social é mais fruto dos sentidos que as consciências criam para si e para se relacionarem do que resultado de fatos exteriores capazes de coagir os indivíduos. Com isso, à dimensão psicológica é dada a devida relevância no âmbito até mesmo dos estudos de natureza sociológica:

> A noção de sentido, correlativa da compreensão, permanece obscura: o sentido pertence, como em Rickert, a uma terceira esfera entre o físico e o psíquico ou designa um aspecto da realidade psíquica? Em geral, Weber se inclina, sob a influência de Jaspers, a aceitar essa última solução. (ARON, 1953, p. 90)

O que interessava a Weber era postular a existência de uma esfera *psicossocial* de produção de sentido que, portadora de autonomia em relação aos fatos marcadamente psicológicos e fisiológicos, gera os estados de coisas específicos estudados pela sociologia. Sendo assim, cabe defender que a vertente compreensiva nasce preocupada em assegurar autonomia à sociologia sem nutrir o temor, manifestado por Durkheim, de que levar em conta o fator psicológico conduz abordagens subjetivistas do fato social. Weber se dera conta de que o estudo das manifestações observáveis do comportamento social requeria também lidar com a intrincada problemática da produção e captação do sentido subjetivo. Até porque a ação é meramente reativa, sem maior importância para a sociologia, caso não se faça acompanhar de sentidos subjetivos, por mais que forjados por meio de códigos e linguagens socialmente construídos. Quando fala de sentido *subjetivamente* visado pelo agente, Weber enfatiza que ao sociólogo cabe evitar estipular axiologicamente o sentido objetivamente *correto,* o historicamente *autêntico* ou o sentido metafisicamente *verdadeiro* da ação. Com isso, Weber sugere que os modos de produzir sentidos *subjetivos* acabam por constituir o domínio *objetivo* de investigação do cientista social.

A desconsideração que Durkheim sempre expressou para com a problemática da intenção permitia-lhe entender o fato social apenas como fator que se impunha de fora às consciências individuais e não como elaboração de tessituras de sentido visando a uma *autocompreensão* ou a *compartilhamento* de *compreensão com o outro*. Em consonância com o objetivismo, o mesmo modelo de explicação, estritamente causal, se aplica tanto aos objetos naturais quanto aos agentes sociais. Daí o desprezo nutrido pela modalidade teleológica de explicação e pelo comportamento intencional.

Evitando se comprometer com a suposição de que a consciência é transparente a si mesma, a sociologia compreensiva rechaça o objetivismo com seu pressuposto de que quase nada é transparente à consciência em razão de sofrer a determinação de fatores, internos ou externos, que escapam ao seu controle. O que a *Verstehende Soziologie* sublinha é que os sentidos construídos pela consciência são constitutivos da ação social, que deve ser escolhida como o objeto de estudo da sociologia. Mesmo que a consciência por meio da elaboração de sentidos procure mascarar alguma coisa, esse "sintoma" revela muito de por que optou por determinado curso de ação. O fato é que só atentando para a "gramática dos sentidos", por meio de reconstrução empática, se torna possível compreender comportamentos intencionais. Caso se queira levar em consideração a atribuição de sentidos às ações e às interações no palco em que se desenrolam os intercâmbios comunicativos, a indução é inadequada; serve quando muito para registrar a frequência com que determinados sentidos são dados às ações. Aron (1953, p. 88) sublinha que "na medida em que se aplica a individualidades históricas, o tipo ideal tem por função, contrariamente à ideia geral da lógica e do positivismo, desentranhar o que individualiza, não o que vincula, os traços únicos, não os caracteres gerais".

No entender de Weber, o *particular*, o *individual,* em suma, o ideográfico, desempenha função essencial no processo de pesquisa levado a cabo pela sociologia compreensiva. O *geral* induzido tem sua serventia condicionada à elaboração de teorias que se mostrem também capazes de apreender a *adequação de sentido*. Até porque o *geral* interessante é aquele que, na construção da explicação científica, aparece em inextricável associação com as peculiaridades subjetivas e os quadros culturais. Os eventos que se caracterizam pela historicidade exigem a combinação do singular com o geral. Giddens (1972, pp. 41-50) e Bendix & Roth (1971, pp 253-4) dão a devida ênfase ao aspecto de que, para Weber (1974, pp. 84-120), esquemas causais são fecundos se, e somente se, andam juntos com a atividade de decodificação do significado subjetivo-cultural presente nos fatos sociais. A sociologia não deixa de ser uma ciência generalizadora, mas os constituintes das sequências causais devem doravante ser abordados atentando-se para os sentidos acompanhantes. A despeito das afinidades que têm com a sociologia compreensiva, Popper (1966, Vol. II. p. 364 e 1976, pp. 145-6) lamenta o fato de Weber ter-se colocado contra a opinião de que a causalidade histórica se prende a leis universais.

Deixa de ser suficiente estabelecer concordâncias, diferenças e variações concomitantes entre os fenômenos porque passa a ser reputada crucial a a apreensão e compreensão dos processos por meio dos quais pessoas dão, no interior de culturas específicas, sentidos às ações. Aron (1953, p. 89) adverte ser "preciso distinguir entre o sentido que *nós* damos a uma regra dentro de nossa construção ideal e o sentido dado pelos homens que a obedeciam ou os juristas que a interpretavam; a sociologia se debruça sobre o sentido vivido". Quando empregada pela sociologia compreensiva, a inferência indutiva tem uma função quando muito coadjuvante, tornando-se impróprio utilizá-la na caracterização da cientificidade. Ecoa com força, no tipo de metodologia proposto por Weber, a súmula de Dilthey: *die Natur erklären wir, das Seelenben verstehen wir* (explicamos a natureza, compreendemos a vida do espírito). Por mais que se revele importante e capaz de dar respaldo a generalizações, o registro de uniformidades ou variações simultâneas perde com Weber a condição de objetivo final da pesquisa tal qual supostamente o é para as *ciências da natureza*:

> Para as ciências exatas da natureza, as "leis" são tanto mais importantes e valiosas quanto mais universal é sua validade. Para o conhecimento da base concreta dos fenômenos históricos, as leis gerais, por serem as mais desprovidas de conteúdo, são frequentemente as menos valiosas. Isso se deve ao fato de que quanto mais vasto é o domínio de validade

> de um conceito de espécie tanto mais se afasta da realidade concreta. Para poder abarcar o elemento comum do maior número possível de fenômenos, deverá ser necessariamente o mais abstrato possível e, por extensão, pobre de conteúdo. O conhecimento do geral jamais tem valor por si próprio nas ciências culturais. (WEBER, 2012, p. 95)

O fato é que o sentido subjetivo da ação e as peculiaridades dos contextos histórico-culturais em que é atribuído pelo agente passam a merecer prioridade. A generalidade da teoria serve para indicar que o significado apreendido tem sido dado com regularidade. A identificação de sequências regulares de comportamento é incapaz de dar conta do jogo de sentidos típico das ações sociais. Mais importante que determinar a frequência de ocorrência é a apreensão das condições particulares com que significados são conferidos aos fenômenos sociais:

> O positivismo sente-se tentado a considerar *essenciais* as características que são universais [...] Esforça-se por estabelecer *a* definição válida; no início de sua investigação escolhe a característica mais óbvia ou mais frequente e espera atingir uma definição completa no momento oportuno [...] Ao contrário, no trabalho de Weber, mais que em sua teoria, o tipo ideal é empregado com o fito de descobrir *aspectos únicos* de cada fenômeno histórico. (ARON, 1970, p. 82)

A desqualificação da problemática do sentido feita pelas correntes positivistas/empiristas, e afins, resulta de identificarem o *essencial* ao que se repete uniforme e regularmente ou às propriedades que se fazem presentes onde quer que exista um tipo específico de fenômeno. Uma ciência social estritamente generalizadora mostra obsessão pela *vinculação irrestrita ou estatística* entre os fatos (eventos). Ressalte-se ainda que a problemática do tipo-ideal, vital à epistemologia weberiana, não tem como ser enquadrada no campo da justificação indutiva. Weber não se cansou de salientar a impossibilidade de definir o tipo-ideal recorrendo a formas tradicionais, como a aristotélica, de definir alguma coisa. O fato de não se tratar de um conceito geral ao qual devem ser subsumidos casos particulares leva Weber (2001, p. 28) a enfatizar que em razão de "esse conceito histórico [espírito do capitalismo] se referir em seu conteúdo a um fenômeno significativo por sua individualidade única impede que seja definido segundo a fórmula *genus maximum* e *differentia specifica*".

Um tipo-ideal é um construto teórico imaginativamente elaborado com o intuito de explicativamente fazer frente a fatos organizáveis e classificáveis *como se* fossem "universais" a exemplo de capitalismo, liberalismo, socialismo, Estado etc. É forjado pela síntese de muitos fenômenos individuais difusos, mais ou menos presentes e ocasionalmente ausentes, fornecedores de um esquema analítico unificado pela acentuação unilateral de um ou vários pontos de vista. A pureza conceitual que Weber concede ao tipo-ideal jamais encontra correlação biunívoca com os eventos reais. Isto porque o tipo-ideal não é um *universal derivado dos particulares,* nem o caso individual representativo, e sim uma criação interpretativa "utópica", um conceito-limite que enseja comparar os fenômenos concretos com vistas a explicar *alguns* de seus componentes distintivos:

> Sendo impossível definir "romântico", "grego" ou "chefe de empresa" por caracteres próprios a todos os românticos, a todos os gregos, a todos os chefes, nem através da média dos caracteres dos indivíduos pertencentes ao grupo considerado, "estilizamos", isto é, conservamos tão somente o que se nos afigura característico, ampliamos o tipo. Daí a definição de tipo-ideal como uma "imagem mental" obtida não por generalização dos traços comuns a todos os indivíduos, mas por racionalização utópica. (ARON, 1953, p. 86)

Havendo singularidades nos fenômenos, sentidos atribuídos de modo "personalizado", técnicas estritamente indutivas revelam-se insuficientes e, por vezes, inadequadas. Assim sendo, carece de fundamento a pretensão de Fernandes de definir a sociologia weberiana como sendo também uma exemplificação de ciência indutiva.

Poder-se-ia até mesmo caracterizá-la, com atenção às suas peculiaridades metodológicas, como uma pesquisa de tipo hermenêutico em razão de as categorias reconstrutivas empregadas pelo investigador *(explanans)* buscarem *compreender* os sentidos que os agentes concedem às suas ações (*explanandum*) entabulando um diálogo com eles. Acaba se tornando inevitável construir um modelo dialogal de explicação se o sentido está presente tanto no *explanandum* do agente quanto no *explanans* do pesquisador. As idiossincrasias da sociologia compreensiva podem ser insuficientes para qualificar a sociologia de Weber de hermenêutica, mas não para afastá-la do indutivismo:

> Contra os historicistas Weber argumentava que o método da ciência, quer lide com coisas ou homens, procede sempre por abstração e generalização. Contra os positivistas assumiu a posição de que o homem, em contraste com as coisas, poderia ser entendido não só em termos de manifestações exteriores, isto é, em termos de seu comportamento, mas também em termos das motivações subjacentes. (COSER, 1977, p. 219)

Tudo isso evidencia quão precário é enquadrar, como faz Fernandes, as Três Grandes Sociologias no rígido figurino indutivista de ciência. A sociologia weberiana só complementarmente opera em consonância com procedimentos próximos do indutivismo, uma vez que a aplicação da indução, quando ocorre, é posterior à apreensão do sentido subjetivo da ação. As regularidades da conduta só contam se forem portadoras de *significado intrínseco* encarado como a forma de a consciência se expressar para si e para o outro nos processos socioculturais de construção das identidades e diferenças. Possui apenas importância parcial a recorrência caso os fenômenos deixem de ser apreendidos junto com os sentidos que os acompanham. Quando muito, as técnicas indutivas podem abraçar a função de determinar o grau de difusão dos *sentidos atribuídos*. O principal é o entendimento dos *sentidos subjetivos*. Complementarmente, é importante identificar de que modo o engendramento de padrões culturais é afetado pelo compartilhamento das formas de dar sentido. Ainda que relevante, a técnica restrita à generalização, à classificação distributiva dos fenômenos, é insuficiente para lidar com os fatos culturais:

> Será que conceitos como "individualismo", "imperialismo", "feudalismo", "mercantilismo" podem ser definidos de modo "convencional"? E os inúmeros conceitos desse mesmo tipo, mediante os quais tentamos apreender a realidade por meio de nosso intelecto e compreensão, podemos defini-los em substância descrevendo qualquer fenômeno concreto único "sem recorrer a pressupostos" ou abstraindo e sintetizando o que é comum a vários fenômenos concretos? (WEBER, 2012, p. 126)

Negligenciando o que singulariza a metodologia weberiana, Fernandes força a inserção da sociologia compreensiva nas estreitas bitolas da concepção indutivista de ciência recorrendo a truísmos como os veiculados nas passagens em que caracteriza vagamente a indução como o respeito que todo e qualquer modelo explicativo precisa ter pelos fatos:

> Vê-se que o procedimento interpretativo examinado se funda em dados de fato, isto é, ele possui um fundamento estritamente empírico. Contudo, o sujeito-investigador também se recusa imputar à realidade qualquer coisa que lembre o postulado do determinismo universal. Se certas regularidades existem, elas nascem da repetição conjunta ou coordenada de certas condições exteriores e de certos motivos subjetivos das ações. (FERNANDES, 1972, pp. 90-1)

O fatualismo propugnado por Fernandes olvida que o que varia de modo crucial são os modos de os modelos explicativos *enquadrarem*, por meio de operações *reconstrutivas,* a dimensão fatual. Esse aspecto acaba desconsiderado por Fernandes quando deixa de reconhecer que os dados, por receberem um tratamento bastante diferente dos prescritos pelas metaciências de tipo estritamente positivista/empirista, acabam por merecer em Weber um entendimento peculiar. A desatenção ao que singulariza a sociologia compreensiva é grave em razão de ser trivial o reconhecimento de que a ciência está sempre envolvida com fatos em busca da identificação de padrões e regularidades, mas não o reconhecimento de que variam os modos de se entender como se dá, ou deve se dar, a reconstrução explicativa dos fatos.

O indutivismo abraçado por Fernandes o impede de dar o merecido destaque à peculiaridade metodológica da sociologia compreensiva que a leva a construir, sem descurar das regularidades comportamentais exteriores, um modelo explicativo voltado para captação dos sentidos subjetivos das ações. Sendo a ação individual e seu significado a base de qualquer análise social, esta precisa lidar com uma multiplicidade de ações cuja integração, ou mesmo articulação sistêmica, está sujeita tanto a variações pessoais quanto às contingências do contexto histórico e cultural. Weber não busca explicar a ação individual a partir de estruturas sociais concebidas como capazes de direcioná-la no curso de processos que se reproduzem de modo uniforme, duradouro ou descontínuo. A variabilidade situacional é impermeável a modalidades de análise como a que submete o processo histórico a uma dinâmica e teleologia de classe.

São coincidentes e rasteiras as apreciações que Fernandes faz sobre o kantismo e a sociologia de Weber: ambos não desprezam os fatos. A preocupação em destacar que Weber salvaguarda a prioridade do "empírico em geral" serve para mostrar que sua sociologia também pode ser enquadrada na moldura do empirismo metodológico. Enxergar diferentes tipos de indutivismo em autores tão dessemelhantes quanto Durkheim, Weber e Marx corresponde a promover entre eles uma forçada convergência metodológica adotando um ponto de vista que, a rigor, se aplica programaticamente apenas a Durkheim. A *base empírica* da sociologia weberiana é impactada pela proeminência conferida à dimensão *significativa* da ação humana, de tal maneira que sua óptica compreensiva se opõe frontalmente ao requisito "behaviorista" externalista, que só admite como objeto de investigação científica o que é direta ou indiretamente observável/controlável:

> Uma verdadeira interpretação causal de determinada ação envolve que sua execução externa e seu motivo sejam adequadamente reconhecidos

> e, ao mesmo tempo, que se tornem significativamente compreensíveis em seu contexto. Uma verdadeira interpretação causal da ação *típica* (de um tipo de ação compreensível) requer que as circunstâncias tipicamente alegadas para essa ação pareçam, em algum grau, significativamente adequadas e também que essas circunstâncias possam ser tratadas, em determinada extensão, como causalmente adequadas. Sem a adequação de sentido (*Sinnadäquanz*) se fica, mesmo diante da maior regularidade probabilística precisamente quantificável em sua ocorrência (externa e psíquica), apenas diante de uma probabilidade estatística ininteligível ou parcialmente inteligível. (WEBER, 2019, p. 88)

Ainda que se mostrem adequados às ciências naturais, o simples registro de relações funcionais, a identificação de padrões e as tentativas de estabelecer leis causais entre os eventos, são insuficientes à luz dos princípios nos quais se assenta a *sociologia compreensiva*. Como enfatiza Smelser (1976, p. 47), Weber tinha manifesto interesse em uniformidades estatístico-indutivas desde que nelas também fossem apreendidas manifestações do sentido subjetivo atribuído pelo agente a um curso de ação. Essa peculiaridade é suficiente para distanciar Weber das práticas metodológicas indutivas concebidas por Fernandes como condição *sine qua non* da cientificidade:

> Ao insistir na importância do significado subjetivo, Weber percebeu que a tarefa do observador – a de compreensão empática – demanda um esforço mais ativo que a observação e o registro dos fenômenos que a natureza produz. (SMELSER, 1976, p. 48)

À diferença da natureza, a cultura seria o lugar da criação, recriação e conservação de significados, das tramas de sentido urdidas pela consciência em palcos históricos específicos. Daí ser insuficiente, até mesmo inadequada, a atividade de simples catalogação de *fatos* e a indicação de seus padrões regulares de ocorrência. Weber, em contraposição a Durkheim, não advogava que o sociólogo deve seguir os procedimentos adotados pelo físico, químico e biólogo. A exigência de que a ação humana seja *compreendida,* e não apenas *explicada* através de modelos de subsunção do particular ao geral, é uma das razões invocadas por Weber para recusar a ideia de fundamentar a sociologia em outra ciência como a fisiologia ou a psicologia naturalista.

Para Weber, pesquisas circunscritas à formulação de uniformidades causais e à explicação de fatos individuais subsumindo-os a leis gerais estariam fadadas ao fracasso por atuarem em consonância com uma metodologia que, ainda que tivesse sido extraída das práticas de pesquisa das ciências naturais, se revela incapaz de dar conta da especificidade do social: a fabricação de sentido pela consciência em situações de interação. Por essa razão, Weber (2019, p. 91-2) frisa que "não "compreendemos" o comportamento das células uma vez que delas só podemos registrar as relações funcionais e determinar sua atividade por referência a leis". Esse aspecto faz com que o conhecimento alcançado pelas disciplinas sociais seja, no entender de Weber, mais "frágil", mas nem por isso menos válido e valioso: "a superioridade da explicação construtiva sobre a observacional envolve o custo de seus resultados serem substantivamente hipotéticos e fragmentários; essa é a especificidade do conhecimento sociológico". Schutz (1967, pp. 3-44 e 215-49) observa que o cuidado de Weber para evitar se enredar em explicações com componentes psicológicos insuscetíveis de comprovação empírica pode ser responsabilizado pela busca ambivalente de aval *causalista* para o empreendimento *compreensivo* de captação do sentido subjetivo da ação.

Contra as teses defendidas por Fernandes, inexiste justificativa para caracterizar a sociologia weberiana como tendo sua cientificidade definida pelo emprego do método indutivo. Para que um atributo possa definir um ente é preciso que seja o mais preeminente, não bastando detectar sua eventual presença entre suas características. Se a explicação sociológica implica adequação no plano do significado (*sinnhaft adeqüat*) e no causal (*kausal adeqüat*), deixa de ser apropriado tachar de indutiva a cientificidade da sociologia. O indutivismo só poderia ser estendido a Weber caso a atribuição de *significado* à ação pudesse ser vista como propriedade secundária, coadjuvante, dos fatos sociais explicáveis por meio de seus nexos causais:

> Somente as regularidades estatísticas que correspondem ao sentido visado compreensível da ação social constituem tipos de ação passíveis de compreensão, isto é, são "regras sociológicas". Somente essas construções racionais de ação significativamente inteligível são tipos sociológicos de eventos reais, que se mostram observáveis em algum grau. (WEBER, 2019, p. 88)

É preciso ter presente que a tentativa weberiana de conciliar *compreensão* e *explicação* (probabilística) recebeu críticas duras tanto dos setores "positivistas" quanto dos "antipositivistas". Winch (1976, pp. 111-20) e Schutz, para citar apenas dois importantes filósofos das ciências sociais, não aceitam o projeto epistemológico que concede à noção de sentido subjetivo um valor científico somente quando se opera sua inserção em modelos estatísticos de explicação, ou seja, quando se subordina a identificação *do sentido* ao estabelecimento da *frequência* com que é atribuído. Já os simpatizantes do empirismo metodológico, como Lazarsfeld & Oberschall, (1965, p. 185-98) rotulam de "metafísico" o conceito de *sentido* por considerá-lo insuscetível de passar pelo escrutínio empírico. Com base em motivações igualmente "positivistas", Rudner (1966, Caps. 3 e 4) e Abel fazem importantes restrições à categoria de sentido reconhecidamente vital à *verstehende Soziologie.* Abel (1948, pp. 221 e ss) reduz a *Verstehen* a um processo auxiliar capaz apenas de facilitar a geração de hipóteses. Runciman (1969, p. 8) sublinha que Weber, como Marx, é um autor que recebeu um número de interpretações coincidente com o número de leitores; tanto as leituras cordatas quanto as críticas se envolveram com pressupostos axiológicos e ideológicos.

Independentemente da extensão de suas diferenças, as avaliações da sociologia de Weber são suficientes para tornar patente a natureza controversa da caracterização de Fernandes da sociologia weberiana como uma versão peculiar de ciência indutiva. Para os filiados à tradição empirista, Weber teria sucumbido, em alguns dos procedimentos metodológicos adotados, às tentações metafísicas do *Idealismo* e do *Historismus.* Já os antipositivistas sublinham sua incapacidade de se libertar completamente das peias de uma "metodologia causalista" inadequada às *ciências do espírito*. Essa polêmica demonstra com clareza meridiana o quanto é complicado fazer o enquadramento epistemológico da sociologia weberiana. O que parece mais suscetível de consenso é que não se lhe pode atribuir de modo distintivo o predicado 'indutivo'. Apesar de qualquer classificação poder sempre despontar controvertida, é inegável que todos que aderem aos princípios basilares da metaciência empirista fazem severas restrições a Weber por não ter dado, à diferença do que pensa Fernandes, a devida primazia à observação, ao controle das variáveis comportamentais exteriores, ao modelo indutivo de explicação.

> [Weber] tenta, como Rickert, levar a cabo uma divisão no âmbito da ciência que torna impossível qualquer conexão universal entre as características legaloides exigidas pelas ciências empíricas em suas previsões. Com Weber, a imersão empática aparece no lugar da ciência. Mas tal atividade poética não pode ser submetida a teste ou controle empírico e nem pertence à explicação científica. (NEURATH, 1973, p. 357)

Vindo de Neurath, um pensador que de modo heterodoxo combina empirismo e marxismo, esse tipo de crítica à sociologia compreensiva evidencia o quanto é artificial ou forçada a leitura indutivista que Fernandes faz da sociologia de Weber. A avaliação de Neurath, epistemólogo indutivista, torna manifesto o quanto a via metodológica proposta por Weber está em tensão com tudo que Fernandes advoga. Com pitadas de radicalismo empirista, Neurath (1973, p. 359) sustenta que "todos os enunciados que pressupõem diferentes tipos de causalidade com relação a eventos inorgânicos, orgânicos e sociais são sem sentido". A esmagadora maioria dos adeptos da concepção indutivista de ciência se recusaria a concordar com a proposta, genericamente enunciada por Fernandes, de se forjar uma espécie de "indução significativa", através da qual se formariam séries frequenciais de produção de sentido, alegando que isso conduziria ao subjetivismo metodológico:

> Apesar de a empatia, a compreensão (*Verstehen*) e similares poderem ajudar o pesquisador, integram a totalidade dos enunciados científicos tão pouco quanto uma boa xícara de café, que só serve para estimular o pesquisador em seu trabalho. (NEURATH, 1973, p. 357)

Como assinala Runciman (1972, p. 11), houve quem visse na linha metodológica adotada por Weber um esforço no sentido de conciliar os extremos filosóficos do Idealismo e do Positivismo em uma síntese capaz de dar funcionalidade explicativa à pesquisa social. Hirst (2010, p. 27) parece adotar a "óptica conciliadora", a que alude Runciman, ao caracterizar, de forma um tanto esdrúxula, a posição epistemológica de Weber de "positivismo neokantiano". Como vimos, Fernandes atribui a complicações filosóficas as dificuldades mais espinhosas enfrentadas pela sociologia alemã em seu esforço de granjear estatuto científico. Com esse tipo de avaliação deixa de reconhecer que o grande responsável pelo debate metodológico endêmico na Alemanha foi o conceito de compreensão interpretativa, ou *Verstehen,* por meio do qual historiadores e sociólogos do final do século XIX e começo do XX pretenderam desvendar uma nova via de investigação capaz de proporcionar conhecimento tanto das regularidades da conduta exterior quanto dos mecanismos subjetivos que levam à produção das razões que desencadeiam e "justificam" uma ação social:

> A ideia de um método compreensivo *verstehende*, que deveria colocar-se contra o método de explicação causal, sintetizava uma hostilidade caracteristicamente alemã ao pensamento social "positivista" dominante na França e Inglaterra e representado por homens como Augusto Comte e J. S. Mill. (OUTHWAITE, 1975, p. 11)

A simples contraposição entre os leitores "positivistas" e os "hermenêuticos" de Weber evidencia que Fernandes opera uma classificação no mínimo polêmica quando enquadra a sociologia weberiana no rol do que chama de ciências indutivas. Conceber, como faz Fernandes, a razão indutiva como presente nas mais diversas formas de fazer sociologia, sobretudo entre os pais fundadores, equivale a ler Weber e Marx com as lentes da metodologia empirista apresentada como expressão da racionalidade científica. Em uma de suas observações finais sobre a indução que detecta em Weber, Fernandes deixa transparecer como sua postura metodológica esmera-se em anular diferenças:

> Sua técnica indutiva consistia, como vimos, em abstrair o essencial com base na suposição lógica de que os caracteres essenciais tendem a repetir-se nos casos ou instâncias similares, e em admitir que a experiência permitiria comprovar qualquer conclusão a respeito. (FERNANDES, 1972, p. 94)

Tal passagem, de conteúdo assaz genérico, deixa até mesmo de reconhecer na sociologia weberiana uma forma singular de operar, supondo-se que opere, com a indução. Da forma como a entende Fernandes, está ausente da sociologia compreensiva. De um modo geral, o que Fernandes apresenta como indução se aplica a qualquer autor que vagamente postule o respaldo dos fatos para suas teorias. Por encarar a sociologia como uma ciência hibridamente generalizadora e individualizadora, Weber não merece ser qualificado de indutivista. Descurando o antinaturalismo professado pela *verstehende Soziologie,* Fernandes (1972, p. 99) sustenta que "à medida que suas aspirações [de Durkheim e Weber] de construir a sociologia como uma ciência nomotética se encontravam, tendiam a considerar o sistema social de uma forma parecida com o esquema físico da estrutura mecânica da matéria (no que concerne às possibilidades empíricas da explicação generalizadora, é óbvio)".

A tentativa metacientífica de Weber de superar a contraposição entre nomotético e ideográfico indica a necessidade de se buscar alcançar fundadas generalizações sem descurar dos aspectos que singularizam a ação social, como o de ser executada sempre acompanhada do sentido subjetivo que lhe é atribuído. Ademais, é manifesto que a proposta epistemológica weberiana de construir tipos ideais se afasta da modalidade de justificação proporcionada pelo método indutivo. A prioridade concedida à apreensão e compreensão do sentido subjetivo, por oposição à identificação de modos de comportamentos exteriores regulares, deixa claro que, para Weber, o registro da recorrência dos fenômenos, privilegiado pelas metaciências empiristas, é informação desprovida de valor intrínseco se separada da captação dos sentidos.

6.3. Marx: a dialética contra a indução, a ciência a reboque da revolução

Não há na obra de Marx um lugar específico no qual se devote à tarefa de fundamentar suas posições epistemológicas. Esporádicos e circunstanciais são os parênteses que abre com o objetivo de fazer comentários estritamente metodológicos. No entanto, de seus trabalhos deflui uma postura epistemológica manifestamente conflitante com alguns dos padrões de avaliação considerados inquestionáveis por algumas das mais importantes tradições filosóficas. Apesar de jamais ter feito uso do termo "sociologia" em sua obra, Marx foi lido dos modos os mais diversos pelos sociólogos. Em *Contemporary Sociological Theories*, Sorokin chegou a rotular sua obra de "ideológica". Outros sociólogos consideraram Marx fundador de uma sociologia crítica por contraposição à sociologia "burguesa" ou acadêmica. O próprio desenvolvimento do marxismo viria a apresentar duas vertentes básicas: a escola "científica" e a "crítica". A primeira envida esforços no sentido de depurar o marxismo de supostos desvios especulativos a fim de torná-lo "rigorosa" teoria científica. Dentro dessa corrente destacam-se nomes como Althusser, Poulantzas, Godelier, Della Volpe. A segunda acredita na força "negadora" da filosofia e busca identificar os elementos de ligação e continuidade entre Marx e Hegel, rejeitando qualquer tentativa no sentido de se cindir Marx em dois – o jovem e o maduro. Seus principais defensores são: Lukács, Gramsci, Sartre, Goldmann e a Escola de Frankfurt.

Como assinala Smart (2014, p. 45), Marx já apareceu à testa de diferentes teorias sociais: teórico do conflito, funcionalista, adepto do economicismo determinista e até chegou a ser visto como teórico da ação. Se as questões abordadas por Marx – e seus modos de tratá-las – deram ensejo a que fosse interpretado dessas tantas maneiras pela sociologia acadêmica, chama a atenção as diferenças epistemológicas entre as alas que, no interior do próprio marxismo, se autointitulam respectivamente crítica e científica. Se o marxismo propiciou que brotassem de suas entranhas tanto a ala crítica quanto a científica é porque obviamente fornecia condições teórico-epistemológicas mínimas tanto para uma quanto para a outra.

O fato de na obra de Marx poderem ser priorizados diferentes tipos de problema tem relação também com os pressupostos filosóficos escolhidos para percorrer seus intrincados meandros teóricos. Bottomore (1976, p. 87) ressalta que "na própria teoria de Marx, essas duas concepções – a interpretação histórica de uma sequência única de acontecimentos e a construção de leis universais cobrindo acontecimentos recorrentes – coexistem e os marxistas posteriores optaram por uma ou outra visão". A pretensão de "ler" Marx sem ocupar um lugar filosófico revela-se problemática até mesmo quando se confere estatuto *científico* à sua obra. Fernandes ignora que todo esforço que intenta entender Marx como um cientista (social) não tem como evitar a espinhosa problemática de como o substrato filosófico determina boa parte de seu percurso argumentativo. Os projetos dedicados a identificar a especificidade do modelo explicativo proposto por Marx têm desembocado em caracterizações discrepantes da via metodológica por ele empreendida.

Fernandes postula a existência de um Marx que extrai suas principais conclusões segundo o modelo de justificação das explicações proporcionado pelo tipo indutivo de inferência. Não há dúvida de que inserir Marx no campo da modalidade indutiva de sociologia gera desconforto epistemológico tanto para os seguidores da metaciência empirista quanto para os que postulam a existência de um método dialético. Mesmo porque a partir de 1920 foi ficando cada vez mais claro que o "problema da indução" não concernia necessariamente à ciência *como tal,* já que representava um desafio a ser enfrentado, antes de tudo, pelos projetos dedicados a prover a fundamentação da concepção empirista de conhecimento. Nesse sentido, qualificar Marx de indutivista – sem sequer indicar a existência de outros Marxs metodológicos – é correr o risco de forçar seu enquadramento na órbita de justificação epistemológica empirista. A eventual constatação de que Marx faz uso circunstancial da inferência ampliativa não autoriza a definir sua sociologia como indutiva. Não é descabido sustentar – como fazem, por exemplo, Sweezy (1978, p. 39 e ss) e Godelier (1978, p. 170 e ss) – que a temas decisivos de *Das Kapital* é aplicado o método dedutivo. Poder-se-ia ainda com mais plausibilidade afirmar que a especificidade da obra de Marx reside, de um ponto de vista filosófico e metodológico, no uso que faz do chamado método dialético de Hegel, conforme destacado por Bobbio (1971, p. 253-74), adaptando-o às pressuposições absolutas do materialismo histórico.

Ainda que Marx tivesse recorrido a formas indutivas de explicação em importantes momentos de sua obra, careceria de adequada justificação ver a indução como o que singulariza sua obra em termos metodológicos. Mesmo que Marx tivesse introduzido, como crê Fernandes, um novo tipo de indução – a capaz de apreender a dinâmica conflituosa da realidade – não haveria razões fundamentadas para distinguir epistemologicamente sua sociologia como indutiva. O que se pode constatar é que a "indução histórica", que Fernandes descobre em Marx, equivale apenas a traduzir a visão dialética de conhecimento para a linguagem veiculadora dos princípios e pressupostos do empirismo metodológico. O certo é que a obra de Marx está longe de poder ser metodologicamente inserida nas estreitas bitolas de qualquer tipo de indutivismo ávido apenas por captar regularidades de coexistência ou sequência:

> Essa tradição do pensamento dialético [...] opõe-se primeiramente ao empirismo que pretende dar ao conhecimento um ponto de partida

absoluto, um começo primeiro – os *dados sensíveis* – sem se dar conta de que os pretensos "fatos" iniciais sempre se apresentam impregnados de conceitos, carregados de uma teoria e prática antecedentes. (GARAUDY, 1964, p. 185)

Cohen (1978, p. 100) aponta as características que mais colocam o empirismo e a dialética em posições antagônicas: à soberania do dado, o marxismo opõe a crítica ao dado; contra a indução é proposta a construção; contra a razão estática e formal defende-se a razão dinâmica e concreta. Desatento a essas contraposições, Fernandes se sente autorizado não só a caracterizar muitas das conclusões marxianas como obtidas pela via da indução como também vislumbrar em ação uma modalidade de indução – a aplicável ao *in flux,* mais especificamente aos processos de mudança – ausente dos trabalhos de Durkheim e Weber. Os comentários feitos por Fernandes sobre as "primeiras soluções dadas ao problema da inferência indutiva em sociologia" comprometem-se com o ponto de vista questionável de que os pais fundadores elaboraram indutivamente suas explicações, com a diferença essencial de que Marx ter-se-ia devotado à produção de princípios gerais acerca dos processos históricos de mudança. Fernandes pensa como se Durkheim e Weber tivessem se empenhado teórica e empiricamente na fundamentação de algo como uma "sociologia (ou indução) sincrônica" e Marx se devotado ao projeto de uma "sociologia (ou indução) diacrônica". No caso de Durkheim e Weber, estaria em questão apreender as causas da integração/permanência, ao passo que no de Marx a preocupação primária seria com os fatores promotores do conflito/mudança.

Dahrendorf (1977, p. 255-6) chama a atenção para diferentes modelos de teoria social derivados de a sociedade ser vista como estrutura social concebida como um sistema funcionalmente integrado mantido em equilíbrio por processos recorrentes, ou de se é vista como palco de conflitos endêmicos. Contra a ideia de estabilidade, integração, é cabível destacar o latente e permanente dissenso. Para Marx, as tensões se mantêm no subsolo a maior parte do tempo, mas quando irrompem acabam se tornando o motor das grandes mudanças. Os elementos "contraditórios" de uma sociedade, caso da burguesa, contribuem para sua desintegração. Toda sociedade de classe funciona à base de coerção exercida por uma minúscula minoria sobre a maioria, de tal modo que a estrutura social corresponde a uma forma de organização que precisa se reproduzir pelos controles camuflados ou pela demonstração ostensiva, quando necessário, de força repressiva.

Ao investir a indução com a prerrogativa de lidar tanto com uniformidades de coexistência quanto de sequência, Fernandes considerou plenamente justificada sua tese de que Durkheim, Weber e Marx operam, no essencial, com o mesmo modelo explicativo da realidade social. Isso significa que, por detrás da diversidade de suas ópticas ontológicas e políticas, Durkheim, Weber e Marx perfilham a visão consensual de que o método *indutivo* é que confere cientificidade à sociologia:

> Em suma, suas teorias [as de Durkheim e Weber] não compreendiam todos os problemas que podem cair no campo da indução sociológica e são insuficientes para explicar os fenômenos de mudança nos seus aspectos concretos mais instáveis. (FERNANDES, 1972, p. 100)

Com base nesse tipo de avaliação se pode inferir que Durkheim e Weber só teorizam sobre uma forma de indução: a voltada para a reprodução, a recorrência, a equilibração sistêmica etc., ao passo que os fenômenos envolvendo mutação qualitativo-quantitativa seriam objeto do estilo de indução praticado por Marx. Disso se segue que a esfera *in flux* da vida social só recebe tratamento adequado na indução dialética supostamente introduzida por Marx. Mesmo obrigado a reconhecer alguma forma de descontinuidade entre Durkheim/Weber e Marx, Fernandes adota uma concepção de sociologia cuja cientificidade só pode ter natureza indutiva. As únicas variações relevantes decorrem de essa técnica poder ser construída e utilizada para lidar com regularidades de coexistência ou com uniformidades históricas ou de sequência.

Resta saber que teoria sociológica é capaz de prover um entendimento dos processos recorrentes sem estar minimamente habilitada a também apreender os fatores responsáveis pelas descontinuidades históricas, e vice-versa. O fato de alguns sociólogos terem insistido em dar a Marx o epíteto de teórico do conflito deixa a impressão de que o estudo dos embates sociais pode prescindir da investigação da ordem, da integração, do consenso ainda que temporário. Analisar a atuação dos fatores que fomentam as mudanças, ou mesmo rupturas, não justifica deixar de dar atenção às condições que respondem pela *reprodução* do sistema, e vice-versa. Visto que, em termos sistêmicos, a mudança altera, em maior ou menor escala, uma ordem de coisas depois de ter enfrentado algum grau de resistência, desponta complicado postular uma dicotomia entre uma suposta "indução sincrônica" e outra "diacrônica". É questionável a pretensão de se aplicar, de forma fundamentada, o método indutivo ao estudo dos processos históricos de mudança e ruptura. Isto porque é demasiado complicado elaborar generalizações sobre mutações (históricas) se os estados de coisas (ou os estados das coisas) que estão por emergir marcam, em importantes aspectos, uma ruptura com o que antes existia. Em um bom número de casos, o advento da novidade histórica representa uma irrupção *contra* as condições antecedentes durante algum tempo mantidas estáveis e aceitas como "naturais".

O fato de endossar o dualismo comteano entre uniformidades de coexistência e uniformidades de sequência e de tornar ubíquo o emprego de modelos indutivos de explicação em sociologia, compele Fernandes a reservar a Marx a colocação em prática de uma suposta "indução diacrônica". Além de ser problemática como técnica inferencial devotada à explicação da recorrência, a indução enfrenta complicações ainda maiores quando incumbida de lidar com a significatividade e historicidade dos "fatos sociais". Sem uma reelaboração empirista da metodologia de Marx, nada justifica forçar seu enquadramento na moldura do indutivismo:

> A nova base [de Marx] consistia em proceder de maneira empírica, quer na observação, quer na interpretação e verificação dos resultados. O critério básico de procedimento seria o de "elevar-se do particular ao geral". (FERNANDES, 1972, p. 105)

Apesar de Fernandes acreditar que essa transição do particular para o geral seja por Marx defendida na *Contribuição à Crítica da Economia Política*, a verdade é que ali Marx inverte o velho percurso empirista, que propunha caminharmos do concreto para o abstrato, com o objetivo de inaugurar uma nova via metodológica:

> Combatendo o emprego do método indutivo em economia política, Marx lhe opõe aquele que vai do abstrato ao concreto porque é o resumo (*Zusammentfassung*) de muitas determinações e, assim, unidade do múltiplo. É de notar este caráter sintético e unitário do real que descarta a indução. (GIANNOTTI, 1975, p. 89)

Althusser (1976, p. 154) também destaca que "contra o empirismo, Marx sustentava que o conhecimento não vai do concreto ao abstrato, mas do abstrato ao concreto, e tudo se passa, cito, "*no pensamento*", enquanto o objeto real, que dá lugar a todo o processo, existe fora do pensamento". Essa *démarche* nada encerra de indutivo porque, como ressalta Althusser, "o que me fascinava *é que se começasse pelo abstrato*". O empenho em identificar regularidades, quer sejam de coexistência ou de sequência, tem importância secundária porque para Marx o acatamento dos estados atuais do real – em especial da atualidade histórica que, sob a dominância da burguesia, é naturalizada como marco insuperável do ser social – desvincula artificialmente ciência de revolução. Para o materialismo histórico, não se trata de apreender com fidedignidade, à maneira de Bacon, o *dado* para explicá-lo e controlar seus modos de ocorrência, mas de criticá-lo de modo a fazer com que suas potencialidades históricas sejam liberadas para que assuma identidades sócio-existenciais supostamente libertárias. Marx rejeitava o vetor epistemológico do indutivismo que vai do concreto ao abstrato, do particular ao geral, não tanto pelas impugnações lógicas a que está sujeito, mas principalmente por ser de opinião que levava à "naturalização" do processo de conhecer e, em última instância, do próprio processo histórico.

Apesar de caracterizar o ambiente cultural alemão, à época do surgimento da sociologia, como filosoficamente *complicado*, Fernandes deixa de nele inserir Marx e assim fica sem ter como identificar alguns importantes fundamentos do materialismo histórico. Marx jamais teve a veleidade de apresentar sua obra como expressão de uma cientificidade indutivamente construída e expurgada de componentes filosóficos. Por acreditar que inexiste metodologia sem ontologia, fato fora da história, política sem axiologia, Marx assume francamente seu lugar político-filosófico, mesmo quando se dedica à confecção de explicações com pretensões de cientificidade. Carece de justificação a leitura que desconsidera o tratamento dialético que Marx pretende dispensar aos ingredientes genericamente classificáveis de empíricos:

> O aproveitamento construtivo das perspectivas abertas por Hegel às ciências da sociedade e da história dependia de uma inversão completa de sua orientação, através da qual se substituísse a especulação pela investigação empírica, o idealismo especulativo pela ciência. (FERNANDES, 1972, p. 104)

Também nesta passagem, Fernandes reitera a tese genérica de que a sociologia para ser ciência precisa se confinar ao plano estritamente empírico, de que a metodologia genuína é a que *compreende* a ciência como uma atividade autossubsistente na qual não se imiscuem pressupostos epistemológicos e ontológicos. Na avaliação de Lukács, esse tipo de visão se confunde com o velho empirismo:

> Portador de caráter ontológico muito ingênuo em virtude de tomar como ponto de partida a existência irredutível de fatos dados, permanecendo ingenuamente no plano dos dados diretos deixando de levar

> em conta as mediações sucessivas, que frequentemente são as relações ontológicas decisivas. (LUKÁCS, 1978, p. 13)

Chamar a atenção para o que é distintivo em Marx envolve ter presente, seguindo os passos reconstrutivos de Berlin (1949, p. 122), que o arcabouço geral de sua teoria é invariavelmente hegeliano. Na avaliação de Berlin, é essencial reconhecer que, para Marx, "a história da humanidade é um processo único e não repetitivo, que obedece a leis passíveis de descoberta, que são diferentes das leis da física ou da química que, sendo a-históricas, registram conjunções e sucessões invariáveis de fenômenos interligados, sempre que e onde quer que possam se repetir; são mais semelhantes às da geologia ou botânica, que incorporam princípios de acordo com os quais ocorre um processo de mudança contínua".

Kant ajuda a formar o ponto de vista epistemológico de Weber, Hegel e o de Marx, mas as sociologias de ambos fazem prevalecer, no entender de Fernandes, a imperiosidade e universalidade do componente *empírico* em suas teorias. Disso se segue que está sendo ignorado o que há de específico, filosoficamente motivado, nos diferentes modos com que cada *pai fundador* lida com os dados empíricos. A crítica ao idealismo (especulativo), como percebeu Marx, passa pela ciência, mas se apresenta, em sua negação dialética, como materialismo (histórico). Quando se fala em inversão do posicionamento da dialética, pela substituição do idealismo pelo materialismo, cumpre atentar de que modo isso afeta o entendimento que se passa a ter de empírico e o tipo de tratamento que será a ele dispensado. Se a dialética na versão idealista nada tem a ver com o empírico, é ingênuo acreditar que seu simples reposicionamento ontológico, que a transforma em materialismo histórico, será suficiente para torná-la capaz de explicar fatos.

Entendida como método e como movimento da realidade, a dialética só tem relevância epistemológica caso demonstre capacidade, mais que as alternativas, de apreender aspectos essenciais da vida social. A singularidade da dialética é mais que fruto de um novo modo de lidar com o empírico em virtude de também envolver recusá-lo na sua imediatidade, na sua atualidade histórica. Nesse caso, o que está em questão é mais que inversão da dialética, é a defesa de sua aplicação com base na crença de que seu peculiar *background* filosófico propicia um enfoque crítico do objeto de estudo. Por esse motivo, é pouco esclarecedora a proposta diuturnamente repetida por Fernandes – quando analisa os pais fundadores – de se deixar de lado a especulação para confinar a sociologia ao domínio da investigação empírica. A despreocupação em identificar as especificidades – muitas das quais derivadas de Marx, Durkheim e Weber abraçarem diferentes substratos filosóficos – permite a Fernandes fazer uma defesa genérica da indução. A visão de Fernandes de que Marx promove a substituição do idealismo especulativo pela ciência, confundida com o emprego da indução na versão dialética, é parcamente defensável. A fim de ilustrar sua tese da ruptura radical com a especulação, e a consequente introdução da óptica científica na versão dialética, Fernandes recorre a uma famosa passagem do *Das Kapital*:

> Em seus fundamentos, meu método dialético não é apenas diferente do de Hegel, mas exatamente seu oposto. Para Hegel, o processo de pensar – que ele chega a transformar em sujeito autônomo com o nome de Ideia – é o criador do mundo real e este é apenas a aparência externa da ideia. Para mim, o oposto disso é verdadeiro: o ideal nada mais é que o material refletido na mente do homem e traduzido em formas de pensamento [...] nas mãos de Hegel, a dialética é mistificada a ponto de impedi-lo de apresentar suas formas gerais de movimento de um modo compreensivo e consciente. Está de cabeça para baixo. É necessário repô-la na posição certa a fim de se descobrir o núcleo racional dentro do invólucro místico. (MARX, 1969, p. 102)

Mesmo nos momentos de sua obra em que ataca a maneira idealista de Hegel pensar o processo dialético, Marx deixa claro seu endosso ao método dialético. O idealismo hegeliano é rechaçado em razão de Marx negando proeminência às ideias passar a encará-las como condicionadas, ou melhor, determinadas pelos fatores da base material de produção. Quando sustenta que a dialética está de cabeça para baixo, que cumpre colocá-la na posição certa, Marx não questiona a validade do método dialético, apenas indica a necessidade de reposicionar ontologicamente a dialética para ajustá-la aos pressupostos "metafísicos" constitutivos do materialismo histórico. Sofrendo as múltiplas determinações da base material, os processos históricos não flutuam em uma esfera espiritual desenraizada, com vida própria e obediente a uma "lógica" imanente. A inversão marxiana, sendo de cunho ontológico, não equivale, como advoga Fernandes, a uma versão da dialética que a compatibiliza com a pesquisa empírica. A metodologia marxiana é funcionalmente "hegeliana" apesar de reestruturá-la com base em pilares ontológicos materialistas. Da dialetização do processo histórico depende a maneira peculiar com que Marx lida com o material *empírico*. Longe de resultar de simples inversões, o tratamento a ser dispensado a *empírico* é função do tipo de teoria construído cuja ambição é não só a de *reconstruir* os fatos como também *de criticá-los* em busca da superação de sua atual configuração histórica.

A tentativa de apartar *a ciência* de Marx do método dialético de Hegel está, para muitos importantes marxistas, fadada ao fracasso. Lenin (1961, p. 172) chega a defender que é "impossível compreender *O Capital* de Marx, especialmente o primeiro capítulo, sem ter estudado e compreendido a *Ciência da Lógica* de Hegel". Os processos históricos de interação entre construções ideacionais e fatores materiais são concebidos por Hegel e Marx de modos bastante diferentes – dado o abismo "metafísico" entre idealismo e materialismo – sem que deixem de se desenrolar de modo dialético. A operacionalidade filosófica do método dialético, com o destaque dado à ideia de *contradição material*, é compartilhada por ambos. Do contrário, Marx não reposicionaria a dialética, simplesmente abandoná-la-ia em nome da adesão, tal qual propalada por Fernandes, a um empirismo reiterativo, isto é, confinado a elaborar teorias apresentadas como indutivamente derivadas da ordem fatual dada. É tarefa das mais árduas tentar fazer da indução a marca distintiva do *ser ciência*, seguindo a proposta de Fernandes, quando está em questão a obra de Marx. Isso só é possível se as premissas epistemológicas fundamentais do materialismo histórico forem artificialmente compatibilizadas com o substrato fatualista do empirismo:

> Esse jovem chamava-se Karl Marx, e é em suas investigações que vamos encontrar a única teoria consistente, já elaborada no moderno pensamento sociológico, sobre a interpretação indutiva de uniformidades de sequência, encaradas historicamente. (FERNANDES, 1972, p. 105)

Tal visão promove a reestruturação da teoria marxiana do conhecimento a partir dos princípios e pressupostos da gnosiologia empirista. O estudo dialético da totalidade conflitiva dos processos históricos concretos acaba, a vingar essa óptica, por ser substituído pela investigação preocupada apenas com o mero registro de regularidades históricas de mudança. Com frisa Lukács (1960, p. 26-7), o método dialético é inseparável da predominância metodológica da totalidade sobre os momentos particulares. A verdade é que a atitude de *crítica* e *negação* do dado, fruto da alegação de que faz parte de um processo histórico a ser superado, singulariza a metodologia de Marx (1968, p. 121-30) a ponto de tornar injustificável vinculá-la ao estabelecimento de regularidades históricas de sequência. Cabe, além disso, ter presente que a busca de uniformidades empíricas desconectada da ontologia que separa essência de aparência é vista pela maioria dos marxistas como central ao projeto positivista de ciência. Encarar a tentativa de identificar regularidades empíricas como necessária e universal, como faz Fernandes, envolve deixar de lado o núcleo duro do método dialético.

Que Fernandes faz uma leitura empirista da metodologia marxiana fica claro quando "inventa" uma aplicação indutiva do método dialético. A preocupação em determinar como se dá essa simbiose leva à indagação de se a dialética está sendo indutivamente recodificada ou se a indução está recebendo revestimento dialético. Na verdade, indução e dialética se excluem enquanto vias de reconstrução teórica do real, uma vez que, como observa Garaudy (1964, p. 161), "o que caracteriza a economia política é o aspecto de se contentar em registrar os fatos do jeito que se apresentam na experiência imediata, à maneira proposta pelos empiristas, com o fito de estabelecer relações entre eles".

A proposta de Fernandes de detectar indutivismo em autores tão díspares como Durkheim, Weber e Marx acaba representando uma tentativa de unificação metodológica, que desponta compatível apenas com Durkheim, um indutivista assumido, mas contumaz violador das regras do método que propõe. A alternativa é encarar a unificação defendida por Fernandes como fruto de uma versão eclética que magnifica os poucos traços metodológicos compartilhados pelos pais fundadores. Nesse caso, o substrato filosófico de cada um é negligenciado ou reduzido a ornamento de valor apenas histórico:

> Iremos apreciar, brevemente, a parte mais característica da aplicação indutiva do método dialético, a qual consiste na formulação de *leis naturais* – assim chamadas por Marx porque são "necessárias" e "inevitáveis" – mas que são por ele concebidas como leis histórico-sociais. (FERNANDES, 1972, p. 114)

Tal passagem sugere que só se pode pensar em unir indução e dialética caso seja possível associar "naturalismo" empirista, próprio à maneira puramente generalizadora de se chegar às leis, com "historicismo", para o qual os processos se desenrolam "contraditoriamente". Fernandes carece de boas razões para identificar o "necessário" ao "natural" indutivamente obtido. O "natural" social se conserva nessa condição desde que sejam mantidos estáveis e inalterados os fatores que determinam sua ocorrência, desde que não aconteçam transformações suscetíveis de também serem desencadeadas pela práxis vinculada a um projeto revolucionário. Os modos de o dado social apresentar-se em sua história são mais que passíveis de generalização, são revolucionariamente tratáveis e superáveis. Indução e dialética são incompatíveis em razão de a primeira ocupar-se em *detectar* a reprodução regular e a segunda em desentranhar a "contraditoriedade" do real histórico a fim de tentar praxiologicamente *alterar* o funcionamento dos mecanismos responsáveis pela reiteração, considerada alienada, das relações sociais sob o capitalismo. Para a indução, o essencial é o que pode ser expresso por meio de uma generalização, não o que representa a dimensão recôndita do ente investigado. Os graus de difusão só são relevantes para Marx se apreendidos a partir da óptica que enseja o acesso à dimensão essencial da realidade. A dialética que intenta rastrear os determinantes essenciais latentes do *in flux* conjuntural, que explicam a reprodução do imediatamente dado como "aparência dissimuladora", é diferente da indução para a qual a presença recorrente dessa ou daquela propriedade nessa ou naquela entidade serve de base para a construção da teoria geral:

> Alguns teóricos certamente entendem que a ciência de Marx superou o dualismo tradicional entre a abordagem empírica e a "especulativa". Argumentam que a análise não começa com fatos brutos nem se satisfaz com simples generalizações indutivas, mas que estuda as estruturas em seu todo, as situações sociais tomadas em sua totalidade, concebendo cada forma existente em mudança, como estando em transição. (SMART, 2014, p. 67-8)

As análises que Fernandes faz dos roteiros metodológicos seguidos por Durkheim, Weber e Marx geram a impressão de que o tempo todo se coloca o mesmo dilema emprestado à teologia: *pro* empírico *aut contra* empírico. Por mais que se esforce em capturar as diferenças entre os modelos explicativos confeccionados pelos pais fundadores, Fernandes acaba por atribuir a Marx a "invenção" de uma modalidade de indução que, no fim das contas, pouco se distingue das de Durkheim e Weber:

> Daí a solução a que recorreu Marx: procurou estudar sempre o fenômeno que considerava típico, não no sentido de Durkheim nem no de Weber, mas aquele de cuja explicação se poderia concluir para outros da mesma natureza, independentemente dos graus possíveis e variáveis de "desenvolvimento" ou de "complexidade". O fundamento da

> generalização, no caso, reside nas peculiaridades empíricas do fenômeno investigado e dos fenômenos que tendem para ele, em seus caracteres essenciais, e na aceitação do princípio do determinismo como um postulado da explicação científica dos fenômenos sociais. O que é verdadeiro para o *fenômeno típico*, seria igualmente verdadeiro para os fenômenos análogos ou similares em aspectos essenciais assinaláveis e a própria formulação dos resultados da investigação em termos de *lei científica* permitiria estender a explicação descoberta a todos eles. (FERNANDES, 1972, 108)

Este trecho enquadra a proposta metodológica de Marx no campo indutivista de uma forma tão genérica que tudo que Fernandes aí afirma sobre a indução já tinha sido, no essencial, proposto para Durkheim e Weber. Malgrado as diferentes estratégias para se chegar ao geral, a meta sempre perseguida é, segundo Fernandes, a de se alcançar o *típico* com vistas a subsumir os membros ao conjunto no interior do qual se tornam explicáveis. Fernandes vê em ação, na obtenção dos principais resultados da sociologia de Marx, uma "indução dialética", que em nada de essencial se distingue da indução por enumeração simples:

> Quando a explicação pode ser formulada em termos de lei científica, ela se aplica tanto aos fenômenos investigados diretamente quanto às situações em que eles tendem a combinar-se de maneira idêntica ou similar [...] Daí, embora a explicação só convenha e seja legítima com referência a um universo empírico determinado, ela possui um caráter "geral" e não um caráter "particular". Ela não possui o caráter de uma *explicação histórica*, no sentido tradicional (explicação de acontecimentos e de ocorrências que não se repetem ou explicação do individual). (FERNANDES, 1972, p. 116-7)

Marx jamais se tornou adepto do tipo de justificação provido pela metodologia empirista porque era de opinião que o dado social, sempre que apropriado dialeticamente, carece de valor intrínseco e sua dissecação aponta na direção de sua superação. Por mais que seja fonte de informação, o fato tomado na sua aparência gera erros, ilusões e fetichizações. Sendo assim, é improcedente a observação de Fernandes (1972, p. 111) segundo a qual "o método explicativo apontado [em Marx] procura, portanto, ajustar a inteligência aos fatos de maneira a permitir a compreensão deles em sua complexidade, totalidade e instabilidade". Marx acreditava ser necessário diuturnamente cavar as determinações ocultas indo além da casca, da membrana especiosa do imediato. Afinado com o marxismo, Garaudy (1964, p. 161) afirma que "em economia política, a recusa positivista de ir além das aparências possui um significado de classe: as aparências, nesse campo, resultam do ponto de vista de classe adotado para observá-los".

Em *Das Kapital,* pode ser encontrada em ação uma metodologia que almeja *desvendar* os mecanismos efetivos de funcionamento do capitalismo não pela reunião de dados significativos elaborados em ordenações de coexistência e sequência, e sim pelo exercício "dialético" através do qual de uma ordem de coisas, geradora de explicação espontânea, se chega a outra representada pela dimensão essencial, oculta por trás das aparências. Atacada com a arma da crítica, a realidade imediatamente dada é negada em nome do acesso ao plano essencial da realidade social. O dado gera uma forma direta de apreensão incapaz de chegar aos determinantes capazes de explicar o que o faz ser como é, o processo que leva à sua constituição histórica. Em contraposição, o indutivismo se condena a ficar refém da superfície dos objetos sobre os quais as teorias generalizam. O marxismo ambiciona desvendar a trama oculta, identificar os mecanismos latentes que fazem com que o fenômeno faça parte de determinado enredo histórico:

> Trata-se, de um lado, de arrancar os fenômenos de sua forma imediatamente dada, de encontrar as mediações pelas quais eles podem ser relacionados ao seu núcleo e à sua essência e apreendidos em sua essência mesma. E, de outro lado, de alcançar a compreensão desse caráter fenomênico, dessa aparência fenômenica, considerada como sua forma de aparição *necessária*[...] É essa dupla determinação, esse

> reconhecimento e essa ultrapassagem simultânea do ser imediato que constituem precisamente a relação dialética. (LUKÁCS, 1960, p. 25-6)

A metodologia marxiana das duas instâncias de realidade – a da essência contraposta à aparência – ambiciona escavar os determinantes ocultos sob o dado, que faz parte de uma ordem de coisas atrelada a um processo histórico específico. Essa peculiaridade levou um número expressivo de marxistas, especialmente alguns expoentes da Escola de Frankfurt, a rejeitar, em suas investidas críticas contra os empirismos, o confinamento da metodologia e da ontologia ao domínio do *phainomenon*, isto é, do que se reproduz como conteúdo imediatamente dado apreensível pelos sentidos:

> Não é a menos significativa das diferenças, entre a concepção positivista e a dialética, a de que o positivismo, seguindo a máxima de Schlick, reconhece só a vigência da aparência, enquanto a dialética não abre mão da distinção entre essência e aparência. (ADORNO, 1977, p. 11)

Ao longo de *O Capital* são várias as passagens representativas em que Marx se vale da distinção metodológica entre essência e aparência para atacar o que chama de economia clássica burguesa. Mesmo nos escritos do "jovem Marx" – *Manuscritos, A Sagrada Família, Miséria da Filosofia, A ideologia Alemã* – há trechos importantes em que postula a existência da dimensão "latente", por oposição às racionalizações da consciência, como a que deve ser visada pelo conhecimento:

> Enquanto no cotidiano qualquer merceeiro se mostra sobejamente capaz de distinguir entre o que alguém professa ser e o que realmente é, nossos historiadores não se têm dado conta desse fato trivial. Tomam cada época ao pé da letra e acreditam que tudo que diz sobre si mesma é verdadeiro. (MARX & ENGELS, 1973, p. 55)

Sendo as ideias dominantes de uma época as da classe dominante, segue-se que as construções "teóricas", apesar de se apresentarem como autônomas, como intrinsecamente geradas e justificadas, nada mais são que veiculação reflexa de interesses. Sendo esse o caso, as ideias afloram em sua superfície expressiva com uma conotação histórica diferente da que realmente possuem. Com isso, Marx propõe que se estabeleça a distinção entre o que é *real* e o que se apresenta ideologicamente como tal. Discorrer sobre essências não significa, no contexto da teoria marxiana, recorrer a um plano da realidade que se situa fora do domínio histórico no qual as aparências teatralizam seus modos de ser.

Há situações de pesquisa em que se alcança o plano "essencial" do real pela constatação de que há uma dimensão "ontologicamente anterior" àquela a que se estava dando primazia epistêmica. É notório que o século XVII marca o início dos esforços teóricos tendentes a prover uma visão científica dos problemas econômicos. É uma época em que há nítida preponderância do capital comercial. Em conformidade com o espírito da época, Thomas Mun concebia a circulação de bens como a atividade econômica essencial e a acumulação de dinheiro sua principal finalidade. Para Marx, tal forma de conceber o processo econômico está longe de ser científica: só o deslocamento da ênfase do processo de circulação para o de produção inaugurará o enfoque científico:

> O primeiro tratamento teórico dispensado ao moderno modo de produção – o mercantilismo – partiu necessariamente dos fenômenos superficiais do processo de circulação, tais quais despontam autônomos no movimento do capital comercial. Essa a razão pela qual só conseguiu apreender a aparência das coisas. Em parte isso se deve ao fato de ser o capital comercial o primeiro modo independente de existência do capital em geral. Em parte, ao fato de o capital comercial ter exercido influência avassaladora na fase em que teve início a derrubada da produção feudal, o período de surgimento da produção moderna. A genuína ciência da economia moderna só começa quando a discussão teórica se desloca do processo de circulação para o de produção. (MARX, 1990, Livro III, p. 455)

O espírito científico assumirá contornos mais nítidos em economia principalmente com os trabalhos de Adam Smith e David Ricardo. A principal contribuição dada pela economia política clássica à constituição da ciência da economia reside, segundo Marx, na compreensão de que todo valor, incluindo a mais-valia, se origina do trabalho (dos operários). No entanto, a tarefa de fundar e fundamentar o método científico econômico ainda não se completara:

> A fórmula capital-lucro, ou melhor, capital-juro, terra-renda fundiária, trabalho-salário, essa trindade econômica, que procura estabelecer a conexão entre os componentes do valor, da riqueza em geral com suas respectivas fontes, completa a mistificação do modo capitalista de produção, a reificação das relações sociais, a total coalescência das condições materiais de produção com sua determinação histórico-social. É o mundo encantado, distorcido e de cabeça para baixo, assombrado por *Monsieur* le Capital e *Madame* la Terre, que são ao mesmo tempo personagens sociais e meras coisas. O grande mérito da economia clássica foi ter dissolvido essa falsa aparência e empulhação, essa autonomização e ossificação dos diversos elementos sociais da riqueza, a personificação das coisas e reificação das relações de produção, essa religião da vida cotidiana que reduz o juro a parte do lucro e a renda a excedente sobre o lucro, de modo a se identificarem ambos com a mais-valia. [...] Contudo, mesmo seus melhores representantes permanecem mais ou menos prisioneiros do mundo de ilusões que suas críticas tinham dissolvido; isso assim ocorre porque, do ponto de vista burguês, nada diferente é possível, o que faz com que se enredem em inconsistências, meias verdades e contradições não resolvidas [...] No entanto, é também natural que os agentes efetivos da produção se sintam à vontade com essas formas alienadas e irracionais, capital-juro, terra-renda, trabalho-salário, que são justamente as configurações das aparências em que se movem e com as quais estão cotidianamente envolvidos. Essa fórmula também corresponde aos interesses das classes dominantes, pois apregoa a necessidade natural e a legitimidade eterna, erigindo-as em dogma de suas fontes de renda. (MARX, 1990, Vol.III, p. 968-9)

Almejando ser científico, o estudo que Marx faz do capital tem início com uma análise da mercadoria. A característica mais visível do mundo da produção capitalista é a compra e venda de mercadoria. Contudo, uma análise mais acurada da mercadoria acaba por revelar que seu aspecto menos importante é justamente essa visibilidade, que várias capas ou invólucros recobrem sua efetiva natureza e que sua "lógica" só será conhecida se for, no entender de Marx, despida de todas as vestimentas fetichizadoras.

Os economistas clássicos reconheceram estar o trabalho no cerne do valor de troca e ser a medida do valor, isto é, é a forma "real" do que se apresenta no mercado como valor de troca. Tal constatação só se tornara possível porque os primeiros clássicos passaram a identificar a fonte da riqueza não no dinheiro, mas no trabalho comercial e industrial. Os fisiocratas fizeram do trabalho agrícola a fonte do valor. Smith e Ricardo teriam completado o quadro ao erigirem o trabalho em fundamento do valor e da riqueza das nações. Ainda estava por ser completamente superado, na perspectiva de Marx, o mundo das aparências. Cumpria denunciar o fetichismo da mercadoria, mostrando que *no mercado* tem-se a falsa impressão de que os bens são puramente intercambiados ou, o que é ainda pior, faz-se do dinheiro intermediário idealizado das trocas, gerando ainda mais confusão. Entretanto, os valores embutidos nos bens é que são corporificações do trabalho humano. É por isso que a aparente troca de bens é, no fundo, uma forma que camufla as relações sociais entre os produtores desses bens e os modos de *se perceberem.*

Como destacam Geras (1971, pp. 626-50) e Rosenthal (1959, pp. 260-94), entre outros, abundam os tópicos em que a dialética entre aparência e essência, dimensão manifesta e latente, se faz presente ao longo dos três livros do *Das Kapital.* Seguindo Goldway (1967, p. 445) podemos arrolar alguns dos principais momentos em que essa dialética é empregada:

1. É ilusão pensar que as mercadorias contêm valor independente das relações sociais cujos atributos expressam.

2. Não se trata de mera aparência dizer que um homem é pago por seu trabalho, mas de falsa aparência.
3. É ilusão pensar que os lucros advêm da venda de bens.
4. É ilusão pensar que a terra tem valor intrínseco.

Goldway enfatiza que a aparência, nesses casos, tem o estatuto de ilusão não apenas por veicular uma visão superficial dos fenômenos, mas por ser uma *explicação* que corresponde a um "modo ilusionista" de o próprio real social se apresentar e se manifestar. Isso fica claro quando Marx discute a transformação do valor ou do preço da força de trabalho em salário:

> Na superfície da sociedade burguesa, o salário do trabalhador aparece como preço do trabalho [...] determinada quantidade de dinheiro com que se paga determinada quantidade de trabalho. Nela se fala do valor do trabalho e chama-se sua expressão monetária de preço necessário ou natural [...] Mas que é valor de determinada mercadoria? Forma objetiva de trabalho socialmente despendido para produzi-la. E como podemos medir a magnitude de seu valor? Pela magnitude do trabalho que encerra [...] O que o possuidor de dinheiro encontra no mercado não é o trabalho, mas o trabalhador. O que ele vende é sua força de trabalho. Tão logo dá início a seu trabalho já deixa este de pertencer-lhe, não sendo mais possível vendê-lo. O trabalho é a substância e a medida imanente dos valores, ainda que ele próprio seja destituído de qualquer valor. Na expressão "valor do trabalho" o conceito de valor não só se desvanece inteiramente, mas se converte no oposto. Trata-se de expressão imaginária como, por exemplo, valor da terra. Essas expressões imaginárias têm sua origem nas próprias relações de produção. São categorias que correspondem a formas aparentes de relações essenciais. Todas as ciências, à exceção da economia política, reconhecem amiúde que as coisas apresentam uma aparência oposta à sua essência [...] O valor de 3 xelins em que se representa a parte paga da jornada de trabalho, isto é, 6 horas de trabalho, aparece como o valor ou o preço da jornada inteira de trabalho de 12 horas, que contém 6 horas não pagas. A forma trabalho

> assalariado apaga todo vestígio da divisão da jornada de trabalho em trabalho necessário e trabalho excedente, em trabalho pago e trabalho não pago. Todo trabalho aparece como trabalho pago. Na corveia, distinguem-se palpavelmente, no tempo e no espaço, o trabalho do servo para si mesmo e seu trabalho compulsório para o senhor da terra. No trabalho escravo, a parte da jornada de trabalho em que o escravo apenas compensa o valor necessário à provisão dos próprios meios de subsistência, trabalhando na realidade para si mesmo, aparece como trabalho para seu dono. Todo seu trabalho tem a aparência de trabalho não pago. No trabalho assalariado, ao contrário, mesmo o trabalho excedente ou não remunerado parece pago. No primeiro caso, a relação de propriedade oculta o trabalho do escravo para si; no segundo, a relação monetária dissimula o trabalho gratuito do assalariado. Apreende-se, desse modo, a importância decisiva da transmutação do valor e do preço da força de trabalho em trabalho assalariado ou em valor e preço do próprio trabalho. Nessa forma aparente que torna invisível a verdadeira relação ao exibir seu oposto, repousam todas as noções jurídicas de assalariado e de capitalista, todas as mistificações do modo de produção capitalista, todas as suas ilusões de liberdade, todos os embustes apologéticos da economia vulgar. A troca entre capital e trabalho apresenta-se de início à percepção como absolutamente igual ao mecanismo de compra e venda das outras mercadorias [...] A forma aparente, "valor e preço do trabalho" ou "salário", em contraste com a relação essencial que ela encerra, a saber, o valor e o preço da força de trabalho, dissimula todas as formas aparentes face a seu fundo oculto. As primeiras se reproduzem imediata e espontaneamente como formas correntes de pensamento; o segundo só é descoberto pela ciência. (MARX, 1990, Vol. 1, p. 675-8)

O modo de Marx enfocar seus principais objetos de investigação, de que a "questão salarial" é um exemplo eloquente, está longe de autorizar, como pretende Fernandes, seu enquadramento metacientífico no universo metodológico do indutivismo. Em suas mais importantes análises, é inapropriado *destacar* um tipo de inferência que nos conduza de particulares constatados para universais empíricos categóricos ou probabilísticos. A *essência* marxiana não tem como ser alcançada *por meio de generalização*, uma vez que não está em questão extrair da multiplicidade e diversidade dos casos particulares uma teoria que identifique a frequência com que um predicado aparece associado a um ente. Não é a quantidade, a recorrência, a similitude das condições básicas, decisivamente importantes na construção da tipicidade empírica, que diretamente interessam a Marx. Na verdade, o programa indutivista representa, em termos da constituição da economia como ciência, a plataforma metodológica da economia política clássica à qual Marx dirigiu suas principais críticas político-epistemológicas:

> Um dos postulados implícitos da economia política clássica na Inglaterra, a teoria empirista do conhecimento levou Adam Smith, por exemplo, a tomar como ponto de partida – como se fossem dados imediatos, eternos e naturais – representações que são as de uma classe social em determinado momento do desenvolvimento histórico. (GARAUDY, 1964, p. 185-6)

Se a obra de Marx pudesse ser distinguida pela aplicação do método indutivo, como sustenta Fernandes, não teria suscitado reações filosóficas tão hostis em redutos que concebem a ciência como indissociável da atividade de captação de regularidades empíricas. Anti-indutivista, Popper assesta suas baterias contra Marx, não por adotar o modelo indutivo de explicação, mas por perfilhar uma modalidade de *essencialismo metodológico.* Segundo Popper (1976, p. 26-34; 1989, p. 180; e 1976b, Vol. I, 46-71), o *nominalismo metodológico* almeja modestamente descrever como uma coisa se comporta em várias circunstâncias com a finalidade estrita de descobrir-lhe as eventuais regularidades funcionais. Consoante Popper, a prática de pesquisa das ciências naturais de há muito abraçou o ponto de vista nominalista, ao passo que as sociais não conseguem desvencilhar-se dos grilhões essencialistas que, à semelhança das velhas doutrinas metafísicas, ambicionam, alcançando a camada última do real, prover a explicação definitiva de alguma coisa. Segundo Popper, a busca de essências define atitudes interpretativas pré-científicas. Um dos principais críticos contemporâneos tanto do marxismo quanto da indução, Popper não desfere ataque ao indutivismo marxiano em virtude de saber que, por mais que Marx faça uso de inferências ampliativas, isso não tem como caracterizar a essência de sua metodologia.

O indutivismo é incompatível com qualquer distinção – tanto epistemológica quanto ontológica – entre essência e aparência, uma vez que suas teorias não pretendem marcar uma ruptura com o senso comum em virtude de ambicionarem apenas corrigi-lo ou retificá-lo. Sendo a experiência encarada pelo indutivismo como a única fonte confiável de conhecimento, é ontologicamente a mesma tanto para a ciência quanto para o senso comum. A rejeição do empirismo e do senso comum, modelarmente expressa no *Fenomenologia do Espírito* de Hegel, é endossada por Marx. Portanto, é um erro confundir a constante invocação que Marx faz da ciência com método empírico tal qual concebido por Fernandes:

> A economia vulgar nada mais faz do que interpretar, sistematizar e transformar em apologética as noções de agentes aprisionados nas relações de produção burguesas. Portanto, não deveria causar surpresa que precisamente na forma alienada de aparência das relações econômicas que envolve à primeira vista essas contradições absurdas e completas – e toda ciência seria supérflua se a forma de aparência das coisas coincidisse diretamente com sua essência – que precisamente aqui a economia vulgar se sinta completamente em casa, essas relações lhe parecendo tanto mais evidentes quanto mais suas conexões internas permanecem ocultas, embora sejam compreensíveis para a mente popular. Assim, ela não tem a menor suspeita de que a trindade da qual procede: renda da terra, juros do capital, salários do trabalho ou preço do trabalho, consiste em uma fusão de três coisas que é, de cara, ilegítima. (MARX, 1990, Vol. 3, p. 956)

A distinção entre essência e aparência envolve a dimensão ontológica e a epistemológica, uma vez que a ciência é vista por Marx como a única habilitada a atravessar diversas camadas de aparência para chegar, com suas explicações, à dimensão recôndita na qual são desvendadas as determinações ocultas dos fenômenos, insuscetíveis de ser apreendidas pelo senso comum e pela chamada economia vulgar. Ficar preso às aparências é ficar impedido de ter acesso ao que faz com que as coisas sejam vistas, para além de seus invólucros fantasiosos, como realmente são. Ainda que não represente um mundo à parte, metafisicamente apartado da história, a essência se localiza em uma esfera ontológica na qual as causas efetivas, os determinantes ocultos, coincidem com o que é tal qual é.

O essencialismo de Marx pode ser explicativamente inoperante sem que isso o faça perder seu potencial de ser instrumentalizado em termos políticos. A crença na apreensão da dimensão essencial – ainda que apenas histórica – dos fatos sociais, do modo de produção capitalista, leva a veredictos que se pretendem escorados em conhecimento. A denúncia do reino das aparências ao qual estão presas as teorias burguesas e a crença de que o modo de produção capitalista pode ser superado confiam ao materialismo histórico, confundido com a ciência, um projeto revolucionário, de tal modo que deixa de haver necessidade de prestar atenção nas visões alternativas. O próprio processo de busca de conhecimento poderá vir a ser descontinuado no caso de a teoria revolucionária *se realizar* na história. A conquista do Ideal baseada em conhecimento definitivo, apto a desvendar a dimensão essencial da realidade, torna desnecessária a aprendizagem por ensaio e erro. Chegar à Verdade dispensa a atividade voltada para a retificação de erros e refutação de teorias. Além de gerar entropia explicativa, de estar eivado de pressupostos metafísicos intraduzíveis para uma metodologia operacional, o essencialismo tem potencial autoritário. Ao se considerar dono da Verdade pode, caso venha a galgar o poder, perseguir os defensores de teorias alternativas e *o senso comum* acusando-os de fantasias alienadoras a serviço de malévolos interesses da classe dominante. Essas críticas também valem para a versão fraca de essencialismo, a que pretende se aplicar apenas a um segmento bem determinado da realidade social.

Mais que fonte de construção intelectual enganosa, mais que afastamento de *como é a realidade em si mesma,* o dado imediato, para Marx, só é entronizado pela teoria que, em busca de correspondência com uma *ordem histórica* geradora de visões ilusionistas, serve aos interesses da classe dominante. Por essa óptica, acatar o que existe como limite intransponível do pensar e agir é endossá-lo politicamente. À diferença da teoria tradicional do conhecimento, o erro, a ilusão e quejandos nem sempre correspondem a um "desrespeito" à realidade, a uma parcialidade da consciência. Os mais importantes decorrem da adesão da consciência a uma *existente* realidade que se revela, por meio da análise dialética, especiosa por ser tomada nas suas manifestações imediatas e aparentes. Por esse motivo, em trechos capitais do *Das Kapital* Marx discorre, de modo manifestamente conflitante com o realismo tradicional, sobre o misticismo (falsidade e similares) do modo de produção capitalista, quando o comum seria imputar o "misticismo" exclusivamente a determinadas teorias. Quando se assumem premissas realistas, não faz sentido aplicar o *vocabulário crítico* à própria realidade. Quem perfilha uma teoria do conhecimento realista não se sente autorizado a referir-se a um suposto "misticismo" incrustado no próprio objeto estudado. É importante ter presente que, para Marx, a realidade *dada* não é o Tribunal Supremo de nossas enunciações e ações em razão de nossas teorias e práxis poderem, alterando a ordem vigente, gerar *outras formas de realidade* sem as atuais disfunções sistêmicas.

Não se trata apenas de criticar este ou aquele autor por sua teoria ser infiel à realidade neste ou naquele aspecto crucial. Não está em questão apenas atacar as mistificadoras teorizações da economia vulgar ou os equívocos da economia política clássica, mas também, e principalmente, a própria *configuração* que a realidade assume sob o *capitalismo.* Isto porque a realidade só deixará de ser incorretamente interpretada quando ela mesma não for mais suscetível de se manifestar de forma mistificadora. O problema é que a realidade só pode ser vista como fetichizada e fetichizadora recorrendo-se a um modelo de sociedade do qual estariam ausentes os simulacros por terem deixado de ser funcionalmente necessários. A resposta de que a mistificação será inevitável enquanto o homem viver sob o jugo capitalista se protege de qualquer aferição metodológica em virtude de a mistificação só poder deixar de existir quando a sociedade for comunista. A crítica às alegações de conhecimento, por essa óptica, só faz sentido quando também se apresentar como crítica *à* realidade. Daí a correta interpretação envolver também práxis revolucionária contra os atuais modos mistificadores de manifestação – representados pelo Modo de Produção Capitalista – do ser social.

À diferença do empirismo, a peculiaridade epistemológica do marxismo reside em sua pretensão de explicar a realidade de um modo que justifique a negação de suas formas aparentes, imediatamente dadas. Isso permite ao marxismo ambicionar combinar ciência com revolução. Só isso já é suficiente para incompatibilizar o método dialético com o modelo indutivo de explicação. Mesmo porque só a adoção do nominalismo metodológico se prende ao que é tal qual é concedendo poder inferencial capital à indução na caracterização da cientificidade de uma disciplina. Esse o motivo pelo qual Marx enxerga a presença da metodologia indutiva na economia política britânica e a torna alvo constante de suas críticas.

É interessante assinalar que entre os pais fundadores da sociologia não brotou qualquer forma mais aprofundada de intercâmbio crítico. Durkheim e Weber se desconheceram solenemente, e o grave é que há indícios, como procura mostrar Tiryakian (1971, p. 428-34), de que um sabia da existência intelectual do outro. Durkheim só cita Marx explicitamente em três oportunidades e para dele discordar abertamente. Durkheim diz não ter sofrido qualquer influência de Marx e considera insuficientes as provas sobre as quais se apoia o materialismo histórico:

> Para falar com exatidão, o socialismo não tem como ser científico. Quando muito, pode utilizar certos dados, incompletos e fragmentários, da ciência para colocá-los a serviço de uma causa que ele defende por razões estranhas à ciência em virtude de ultrapassá-la. Por exemplo,

> quantas observações, comparações estatísticas, históricas, etnográficas, são supostas pela menor das teorias de *O Capital*! Esses estudos, Marx não só não os tinha feito como a maior parte ainda está por fazer. Não é que não haja, nesse livro, pontos de vista filosóficos muito sugestivos, mas não se devem confundir intuições, mesmo belas e fecundas, com leis definidas e metodicamente demonstradas. A obra do cientista não é a do filósofo. (DURKHEIM, 1987b, p. 243)

Esta passagem mostra, com clareza meridiana, como Durkheim confunde suas opções metodológicas empiristas com as da cientificidade *tout court*, depreciando as teses marxianas como filosóficas por terem sido supostamente obtidas e validadas pela via da intuição. Durkheim poderia ter-se dedicado à tarefa de identificar os pressupostos ontológicos/axiológicos/políticos etc. que subjazem à teoria marxiana, sem deixar de ter a consciência de que seu próprio teorizar estava eivado de *pressuposições absolutas* de natureza filosófica. Tentar detectar *filosofia* apenas na obra alheia equivale a fazer uso de uma estratégia que deprecia as teorias rivais – pondo sob suspeição a via metodológica por meio da qual foram alcançadas – para conceder aberta ou tacitamente o valorizado estatuto de *científicas* às próprias construções intelectuais. Esse tipo de ataque de Durkheim a Marx torna evidente a dificuldade de se atribuir, como faz Fernandes, o mesmo método explicativo (indutivo) aos dois sociólogos. As diferenças epistemológicas entre ambos são tão profundas que nem mesmo fazê-los adotar modalidades distintas de indução consegue justificar o intento de Fernandes de levá-los a endossar um mesmo modelo de ciência. A verdade é que a concepção de ciência de Durkheim, enraizada no solo da tradição filosófica empirista, nada tem, de essencial, a compartilhar com a dialética marxiana.

Em *Le socialisme*, Durkheim considerou *O Capital* o estudo mais forte, sistemático e rico da Escola Socialista, mas fez-lhe, a partir de sua plataforma metodológica empirista, pesadas restrições. Sublinhou, por exemplo, o fato de que as inúmeras hipóteses ali formuladas estavam a demandar a reunião de uma grande quantidade de dados estatísticos. Entendendo que esses dados não tinham sido coligidos em razão de Marx ter feito suas investigações com o propósito de dar sustentação teórica a uma doutrina prévia, Durkheim (1928, p. 6) advoga que "o socialismo não é uma ciência, uma sociologia em miniatura, é um grito de dor e, às vezes, de cólera dado pelos homens que sofrem na carne nosso mal-estar coletivo".

Quando denuncia nas formulações marxianas falta de embasamento empírico e fragilidade na justificação epistemológica, Durkheim indica que nelas há o predomínio tácito de móveis extracognitivos. Por não conceder ao polo teórico qualquer autonomia, ainda que relativa, Durkheim não tem como deixar de encarar as conclusões marxianas como completamente divorciadas dos fatos. Apesar de ter tentado justificar suas teorias como uma espécie de derivação *consequencial* de como os fatos se oferecem à observação, Durkheim elabora interpretações que, no fim das contas, são arrojadas teorizações passíveis de ser consideradas desprovidas de efetiva base empírica. Se Marx e Durkheim fossem ambos, como supõe Fernandes, indutivistas compartilhariam pressupostos epistemológicos basilares, e Durkheim jamais moveria críticas metodológicas tão candentes a Marx. A um espírito *programaticamente* empirista como o de Durkheim incomoda que na teoria de Marx os pressupostos filosóficos esposados sejam explicitados. A sociologia de Durkheim se empenha em banir a filosofia em geral do campo de produção da ciência, promovendo sua reintrodução clandestina na estrutura profunda de suas teorias.

Weber, por seu turno, não faz praticamente qualquer menção explícita a Marx, apesar de algumas de suas investigações parecerem levar em conta, com objetivo crítico, o que fora enunciado pelo materialismo histórico. Isso fica mais nítido quando se dispensa atenção especial às teses propaladas em *A Ética Protestante e o Espírito do Capitalismo,* que parece ter sido concebida para refutar uma das teses centrais do materialismo histórico, a do poder de determinação da base econômica (*Bau*) sobre a superestrutura (*Überbau*) político-jurídico-religiosa. Weber (2001, p. 20) reforça a suposição de diálogo oculto quando apresenta como "doutrina do mais ingênuo materialismo histórico, a de que tais ideias [as religiosas] se originam como um reflexo ou uma superestrutura das situações econômicas". Zeitlin (1981, p. 127-70) faz alusão a um debate de Weber com o fantasma de Marx, e Lowy (1975, p. 37-49) refere-se a um diálogo implícito.

Ainda que não despreze a busca dos encadeamentos causais relevantes, Weber está primacialmente interessado em determinar o quanto as ideias religiosas contribuíram para o advento do sistema capitalista de produção. Seu objetivo é construir uma modalidade de explicação contrária ao modelo monocausal, que opera sempre em uma só direção, do plano econômico para o ideacional. No último parágrafo da *Ética,* Weber (2001, p. 152) enfatiza a necessidade de as explicações transitarem nas duas direções – do plano ideacional para o material e vice-versa – a fim de se "investigar como o Ascetismo Protestante foi por sua vez influenciado, em seu caráter e em seu desenvolvimento, pela totalidade das condições sociais, em particular das econômicas". Acreditando na possibilidade de o fato condicionado se converter em fator condicionante, Weber busca a identificação das *interdependências históricas de sentido,* e não a simples detecção da articulação indutiva entre as variáveis, dependente e independente, cujas variações concomitantes em seus modos de ocorrência vinculariam o ser de ocorrência de uma ao da outra. Weber assim arremata sua tese de que diferentes reconstruções teóricas são aceitáveis quando se debruçam sobre material histórico: "o homem moderno é incapaz de dar às idéias religiosas a importância que têm para a cultura e o caráter nacional. Mas é claro que não foi meu objetivo substituir um materialismo unilateral por uma interpretação causal espiritualista, igualmente unilateral, da cultura e da história".

As flagrantes divergências explicativas entre as teorias substantivas dos pais fundadores, o desinteresse pelo diálogo que levou Durkheim e Weber a se ignorarem, a acerba a crítica ao doutrinarismo econômico feita por Durkheim a Marx e o velado ataque desferido por Weber aos pilares do materialismo histórico, indicam que as diferenças entre eles começam na metodologia e chegam à ontologia e à axiologia. A questão a que se deve dar prioridade ontológica no vasto domínio da realidade social é enfrentada com base na adesão a pressupostos filosóficos que, se materialistas, levam a dar primazia à *Bau* econômica, ao passo que se voltados para a identificação de sentidos subjetivamente atribuídos concedem relativa autonomia a *Überbau*. Outhwaite (1975, p. 56) sublinha que a corrente marxista tem insistentemente ressaltado suas divergências para com a sociologia compreensiva atacando especialmente o pretenso caráter contemplativo, compartilhado com o historicismo e seu suposto idealismo responsabilizado pela redução da História à história do pensamento.

As divergências entre os pais fundadores têm um lado mais visível – o metodológico – pouco problematizado por Fernandes. Menos nítido, o substrato filosófico é tratado de modo superficial e sumário por Fernandes. Ainda que as diferenças relativas a *como* explicam os fenômenos sejam metodologicamente esquadrinháveis, o fundamento dessas diferenças está localizado no campo de suas dissensões filosóficas. A escolha do fator causal considerado determinante leva à construção de um tipo de explicação. As grandes divergências ostentadas por Durkheim, Weber e Marx, em suas produções teóricas substantivas, tornam manifesto o fato de que trilharam distintas vias metodológicas estribadas em diferentes tradições filosóficas. Não cabe de modo algum colocá-los, à maneira de Fernandes, sob a batuta de um mesmo modelo explicativo, por mais que sejam ressaltadas as diferenças funcionais em seus modos de lidar com a inferência indutiva. No máximo, pode-se dizer que os três se esforçaram para construir uma ciência do social que não perdesse de vista a vocação nomotética exibida pelas ciências naturais. Entretanto, os modos de entenderem o universal, seu relacionamento com os particulares, são tão discrepantes que resulta improfícuo pensá-los como aderindo a um mesmo modelo explicativo apenas porque não desprezam a parte da atividade científica que visa a identificar o típico, o padrão, em meio à multiplicidade fragmentária dos particulares.

Quando Durkheim desfere críticas a Marx por não ter apoiado suas principais teses em dados estatísticos, vale-se de uma concepção de ciência de inspiração empirista recusada em *A Contribuição à*

Crítica da Economia Política. Marx não concede ao dado empírico o papel crucial, de formar e validar teorias, que desempenha no indutivismo durkheimiano. Para Marx, isso equivale a imobilizar o *dado* para nele encontrar uma verdade atemporal e a-histórica, ao passo que a leitura crítica ambiciona colocar sob suspeição o próprio fato na sua atualidade social com o fito de fazer com que, via práxis, venha assumir uma nova identidade histórica. Por esse motivo, o dado é dado de uma (em uma) história cuja dinâmica das forças contrapositivas faz com que sua atualidade não se confunda com o ser social enquanto totalidade que abarca os reais e potenciais modos (contrários) de ser. A ênfase é assim deslocada do ser, "fato positivo", para ser colocada no dever-ser negativo.

A partir de motivação filosófica diferente – kantiana – Weber dá primazia à inventividade teórica no processo de produção intelectual ressaltando o papel ativo que as ideias desempenham tanto nos rituais de investigação científica como nos cursos de ação adotados. À diferença de Marx, a materialidade da racionalidade econômica se faz sempre *acompanhar* de correlatos ideacionais que se mostram essenciais à identificação de sua natureza histórica singular. Sendo assim, ideias são forças que afetam os rumos da história. A recusa de Weber de se confinar à imediatidade do dado sensível equivale ao empenho de tentar interpretar um acontecimento levando em conta sua singularidade e não apenas sua subsunção a leis:

> Para que se note a oposição com a filosofia de Durkheim ressalte-se que, graças a compreensão, o mundo da história deixa de ser uma natureza, um conjunto de coisas, para se tornar o devenir de vidas humanas. (ARON, 1953, p. 90)

Resulta artificial fazer Durkheim, Weber e Marx compartilharem o mesmo modelo explicativo caso se levem em conta os pressupostos epistemológicos abraçados por cada um e caso se atente para as formas como afetam suas teses substantivas. Sendo assim, proclamar que os três sociólogos são seguidores do método indutivo, como faz

Fernandes, não encontra respaldo em seus trabalhos empíricos e, à exceção de Durkheim, nem mesmo em suas formulações metodológicas. As notáveis diferenças explicativas encontradas em suas obras são motivadas principalmente por preferirem conflitantes sistemas metodológicos e excludentes quadros ontológicos. Só a pretensão de tentar tornar universal determinada vertente metodológica pode dar sentido à tentativa de colocar os pais fundadores sob o mesmo guarda-chuva indutivista. Universalizando a metodologia programática de Durkheim, Fernandes se limita a reconhecer em Marx e Weber apenas variantes do indutivismo. O compartilhamento residual de uma ou outra técnica de pesquisa é insuficiente para vê-los operando com o mesmo modelo explicativo:

> É de se lamentar apenas que Florestan Fernandes não tenha examinado mais detidamente também as implicações filosóficas subjacentes ao dilema da "síntese" das perspectivas na sociologia [...] Evidentemente a discussão dos fundamentos filosóficos de uma teoria do conhecimento sociológico implica diversas questões de extrema importância, além daquelas postas pela própria disciplina, como a das condições empíricas da formulação da hipótese, da observação analítica, da extensão da explanação, etc. (IANNI, 1971, p. 124-5)

Este livro procurou chamar a atenção para o fato de que Fernandes descurou do substrato filosófico das próprias posições metodológicas e do das sociologias de Durkheim, Weber e Marx. A desatenção aos pilares filosóficos foi também causada pelo fato de Fernandes perfilhar a tese de que a autêntica metodologia, a indutivista, nada mais faz que espelhar a razão operacional colocada em prática pela ciência. Isso fez prevalecer, ainda que de modo sub-reptício, uma filosofia da ciência, a do empirismo clássico, confundida com *o* método científico:

> Não vemos com otimismo a possibilidade de uma integração pura e simples dos métodos *dialético*, *compreensivo* e *funcionalista*. De um lado, são incompatíveis no plano estrito da caracterização da realidade, já que

o conteúdo das observações bem como os modos de manipulação das evidências empíricas são distintos. Eles se interessam, claramente, por níveis diferentes da realidade social, o que os leva a abstrair diversamente os fatores significativos para a descrição e a explicação dos fenômenos sociais. Por outro lado, os supostos epistemológicos dos métodos estão apoiados em concepções distintas do conhecimento. A própria concepção do homem como ser social e ser cognoscente é distinta. (IANNI, 1971, p. 126)

As teses metodológicas professadas nas primeiras etapas de sua carreira não foram abandonadas ou submetidas à revisão crítica depois de Fernandes ter ingressado na fase pós-funcionalista. Além disso, em momentos importantes de sua obra, Fernandes mostra tendência ao ecletismo. Isso fica particularmente claro quando enfatiza a necessidade de associar e integrar as respectivas contribuições explicativas dadas por Durkheim, Weber e Marx na construção, por exemplo, de uma "teoria das classes sociais":

Três modelos de explicação macrossociológica das classes sociais merecem menção especial: são os modelos explorados por Max Weber, Marx e Durkheim no estudo da moderna sociedade de classes no Ocidente. A definição de classe, adotada por Weber, é demasiado ampla. No entanto, sua caracterização formal da "situação de classe" representa um marco na história da sociologia [...] Além disso, entre todos os sociólogos clássicos, Weber é o que oferece a explicação mais límpida e simples da ordem social inerente ao capitalismo e à estratificação em classes como uma ordem social de "possuidores" e "não-possuidores" fundada em interesses univocamente econômicos [...] De todos os sociólogos clássicos Marx é o que apresenta maior interesse para os estudiosos das sociedades subdesenvolvidas [...] O modelo explicativo de Durkheim, no que ele possui de mais importante (uma análise comparativa sistemática e rigorosa, como diria Marcel Mauss, fundada em dados empíricos precisos), é de difícil exploração [...] Apesar disso, vistas à luz do precário conhecimento dispersivo que temos do "mundo subdesenvolvido", as

> sugestões metodológicas de Durkheim bastam para indicar que a *sociedade capitalista subdesenvolvida* não é uma redução patológica daquele tipo social considerado em determinado estágio de seu desenvolvimento [...] Todavia, o ponto mais importante da contribuição de Durkheim não reside aí, mas em sua teoria sobre as causas e as funções da solidariedade orgânica. (FERNANDES, 1975a, pp. 26-42)

Descurando dos diferentes fundamentos epistemológicos, Fernandes pode negligenciar as pronunciadas divergências substantivas, explicativas, entre os pais fundadores. A suposição de que compartilham a metodologia indutivista é crucial para fazer sentido a postulação de que suas explicações podem ser vistas como complementares. Na verdade, a opção por uma mesma metodologia essencial é indispensável para viabilizar a *comensurabilidade* de seus resultados teóricos. Mesmo porque se o método é o mesmo, com diferenças que geram complementaridade, então os resultados explicativos podem ser submetidos a *parâmetros comuns* de avaliação. A contribuição de cada um é o que falta no outro. O ecletismo seria justificável porque o adequado emprego do mesmo método, com variações complementares, faz com que um tipo de resultado se junte a outros. O fundamental é que as aferições são feitas segundo os mesmos critérios – o do método indutivo. Abandonado o pressuposto de que há unidade metodológica entre os pais fundadores, as manifestas divergências tornam inevitável a incomensurabilidade teórico-explicativa.

Considerando o método indutivo traço distintivo da cientificidade, restringindo o método dedutivo ao simples processo de invenção de hipóteses, Fernandes se vê obrigado a levar Marx, Durkheim e Weber a empregarem o mesmo método. Aceito o indutivismo, mais defensável teria sido caracterizar a sociologia de Durkheim como científica e as outras duas como "mais distantes" da cientificidade. Fernandes força o enquadramento genérico, desconsidera os fossos epistemológicos, para poder detectar formas complementares de indução entre os pais fundadores. Chama a atenção que, sem jamais ter renegado o indutivismo inicialmente professado com entusiasmo, Fernandes tenha se apresentado, em entrevista ao *Caderno Mais* da *Folha de São Paulo* (22/01/95), mais próximo das ideias de Marx que das de Durkheim:

> Fui mais influenciado por Marx, mas tive que estudar Weber. Também fui muito influenciado por Durkheim. Nunca li tudo que devia ler deles, isso exigiria três vidas. Mas aprendi alguma coisa e me foi útil. Li outros autores, que tentam, como Freyer, cruzar Marx com Weber.

Perguntado se achava viável a empreitada eclética de Freyer, Fernandes afirma que sim: "O próprio Lenin citava Weber, não muito, mas Gramsci, que era socialista, citava muito Weber". Fernandes dificulta o levantamento das peculiaridades epistemológicas das sociologias de Durkheim, Weber e Marx por cingir o impacto das correntes filosóficas ao período que antecede à adesão ao Método Científico.

É importante ressaltar que este trabalho não pretendeu fazer a apologia da filosofia *contra* o tipo de cientificidade atribuído por Fernandes à sociologia. O que fez foi mostrar que as pressuposições filosóficas, especificamente epistemológicas, acompanham as argumentações de Fernandes que, postulando fazer ciência, as desconsidera. O dilema ciência *ou* filosofia desponta artificial quando estão em cena as disciplinas sociais nas quais as divergências entre suas teorias possuem também uma origem filosófica. Nas ciências sociais, a discussão dos fundamentos dos sistemas explicativos não tem como ser apartada das opções ontológicas que levam, por exemplo, a dar prioridade ao indivíduo, ao grupo ou à classe. A concessão de primazia ontológica à classe faz com que a consciência individual *represente* o real a partir de sua posição e situação de classe. Transformada em protagonista da vida social, a classe é a entidade na qual se encontra o *fator* determinante, de tal maneira que a explicação é sempre construída para revelar como as ações individuais são coletivamente programadas. Sendo assim, a cada opção ontológica fundamental corresponde determinado tipo de projeto explicativo.

Em uma ciência como a sociologia é inegável que a adoção de um modelo explicativo também depende das respostas que se podem dar às questões ontológicas preliminares. As pressuposições filosóficas que permeiam as explicações construídas por Durkheim, Weber e Marx definem traços essenciais de sua identidade. Justamente por estar mais próximo do indutivismo, Durkheim se vê compelido a negar o substrato filosófico de sua obra. Mais distantes do indutivismo, Marx e Weber assumem mais abertamente os pressupostos filosóficos que conferem identidade explicativa às suas teorias. Com base nessa óptica, este capítulo se empenhou em demonstrar que a argumenta*ção* de Fernandes é falha não só pelas dificuldades enfrentadas para justificar racionalmente a indução como também inapropriada quando aplicada às ciências sociais e, em particular, aos pais fundadores da sociologia.

CONCLUSÃO

Procuramos demonstrar que o programa metodológico de Fernandes, que se proclama expressão normativa da racionalidade operacional da ciência, gera o "efeito ideológico" de ocultar seu enraizamento no solo de uma tradição filosófica – a empirista. O projeto de Fernandes de cientificização das disciplinas sociais se apresenta como universal e afilosófico de uma forma que o impede de reconhecer os pilares gnosiológicos específicos sobre os quais está assentado. A metodologia indutivista é erigida em traço distintivo da cientificidade sem que Fernandes examine as dificuldades envolvidas em sua justificação epistêmica e sem que sejam levadas em conta concepções alternativas embasadas em outros pressupostos filosóficos. Encarada como reflexo das práticas da pesquisa científica, a metodologia nutre a ambição de ser uma espécie de *ciência da ciência*. Isso faz com que Fernandes negligencie que as teorias *sobre* a ciência se alimentam tanto do que se pode observar na ciência quanto de categorias filosóficas. Mais que mero retrato da ciência, a teoria *sobre* a ciência se defronta o tempo todo com a complicada tarefa de justificar os procedimentos e os critérios de justificação com os quais opera.

No fundo, a teoria da ciência que Fernandes aplica às disciplinas sociais é uma versão adaptada da teoria do conhecimento empirista cujas principais formulações remontam a Bacon. Sendo ao indutivismo concedido o privilegiado estatuto de *ciência da ciência* fica dispensado de enfrentar as espinhosas questões epistemológicas suscitadas pela inferência indutiva. Abraçado de modo "dogmático", o indutivismo é formulado por meio de versões ingênuas que, em alguns momentos, se confundem com a defesa da depreciada *indução por enumeração simples*, sempre sujeita a incorrer na falácia da distribuição ilícita. A teoria de segunda ordem – *sobre* a ciência – de Fernandes sustenta estarem as teorias de primeira ordem – as da ciência – calcadas no emprego de técnicas de observação e na aplicação do modelo indutivo de explicação. Para evitar a querela do método , endêmica nas disciplinas sociais, Fernandes apresenta sua teoria da ciência, normatizada como metodologia, como imagem especular das práticas de pesquisa consagradas. A crítica à metodologia indutivista feita neste livro em nada pode ser confundida com um ataque "metafísico" à ciência. Considerando o indutivismo o único caminho possível para se produzir genuína ciência, Fernandes identifica sua adoção em pensadores metodologicamente tão dessemelhantes quanto Durkheim, Weber e Marx.

Fernandes acredita que sendo a teoria *sobre* a ciência diretamente derivada das práticas científicas dispensa qualquer envolvimento com discussões de natureza filosófica. Sendo a ciência legitimada exclusivamente por suas práticas, a metodologia autêntica se reduz a uma espécie de normatização reflexa. O problema é que só se logra definir o que é a ciência – o que faz e como faz – reconstruindo-a por meio de teorias de segunda ordem que envolvem aberta ou veladamente o recurso a conceitos filosóficos. A despeito de sua forma normativa, as metodologias se baseiam em teorias de segunda ordem, que definem o que a ciência faz ou o que *deveria* fazer.

A circularidade do indutivismo de Fernandes resulta de a metodologia se pretender respaldada pela ciência, e a ciência ser vista como se legitimando do modo que a metodologia apregoa que o faz. Essa forma de caracterizar a metodologia impediu que Fernandes reconhecesse a natureza controversa da maioria dos procedimentos com que distinguiu a cientificidade das disciplinas sociais. Ao apregoar que a cientificidade precisa ser observacional e indutiva, adotando o pressuposto de que a metodologia é expressão normativa da razão operacional da ciência, Fernandes tenta legitimar o que afirma *sobre* a ciência como se também fosse científico.

Por recusar a visão de que a metodologia não passa de uma versão normativa da razão operacional da ciência, este trabalho se devotou ao desvelamento do substrato filosófico do programa de Fernandes de cientificizar as disciplinas sociais. Demonstrou que Fernandes intentou legitimar como derivado diretamente da ciência um programa metacientífico escorado essencialmente nos alicerces do indutivismo proposto por Bacon. Por esse motivo, nem mesmo as revisões promovidas no âmbito do próprio empirismo contemporâneo são levadas em consideração por Fernandes. Os duros questionamentos feitos por vários insignes empiristas do século passado ao *indutivismo* e ao observacionalismo foram ignorados. Propostas alternativas de modelos de explicação, como o nomológico-dedutivo, reforçam ainda mais a crítica à tentativa de Fernandes de fazer passar por universal a óptica particular do indutivismo atrelada à gnosiologia empirista. O surgimento de teorias alternativas *sobre* a ciência evidenciou ser problemático o tripé que as disciplinas sociais precisam ostentar – ser *empíricas, observacionais e indutivas* – para granjearem a cientificidade tal qual concebida por Fernandes.

Dada a impossibilidade de uma metodologia legitimar-se como expressão normativa da racionalidade operacional da ciência, o que acaba acontecendo é a adoção dos pressupostos de certa vertente metacientífica inescapavelmente portadores de identidade filosófica. Com isso, produz-se o efeito ideológico de se perfilhar uma metodologia que deixa de reconhecer que se apoia em uma via de reconstrução da cognitividade das teorias científicas que recorre a categorias filosóficas. A naturalização da teoria *sobre* a ciência leva Fernandes a definir a cientificidade das disciplinas sociais como resultante de se tornarem *empíricas, observacionais e indutivas* sem preocupação em enfrentar as questões de fundamentação epistêmica suscitadas por esse tripé.

Visto que o tipo de oposição mais firme às modalidades beletristas de estudo dos fenômenos da vida associativa começou de forma incisiva quando da fundação da Escola Livre de Sociologia e Política de São Paulo (27/5/1933), Fernandes apresentou-se como herdeiro e continuador desse legado. O que este livro mostrou é que o projeto de infundir cientificidade ao estudo dos fatos da vida associativa foi desenvolvido por Fernandes com base em uma estrita e estreita epistemologia empirista. No fundo, Fernandes rejeita a "sociologia literária" se valendo da moldura epistemológica fornecida pelo empirismo. Durante muito tempo, a sociologia foi praticada, em especial na América Latina, por meio de abordagens impregnadas de componentes filosóficos e literários sem qualquer preocupação com o acompanhamento meticuloso dos fatos. O desafio de identificar e fundamentar os requisitos metodológicos imprescindíveis à realização da pesquisa de excelência raramente era enfrentado pelos construtores de teorias que, a despeito de imaginativas, eram especulativas.

A reação de Fernandes consistiu em erigir, seguindo o credo epistemológico empirista, a observação e a indução em traços distintivos da pesquisa aspirante a ser qualificada de científica. O questionável foi se colocar contra as teorizações fatualmente vazias por meio da proposição de elaboração de teorias sociais escoradas diretamente nos fatos sem a mediação de pressupostos como, por exemplo, os ontológicos e os axiológicos. Com isso, Fernandes ambicionou decretar suspeita qualquer forma de teoria que deixasse de se enquadrar no figurino empirista. É pouco profícuo destronar um teorismo fatualmente vazio para só aceitar teorias sociais que se provem diretamente derivadas dos fatos. O fatualismo dá origem apenas a teorias explicativamente toscas. Fernandes recrimina o beletrismo bacharelesco para recair na defesa de um empirismo que, confundido com a racionalidade científica, se presta a condenar vias metodológicas alternativas. O efeito ideológico é consequência do fato de Fernandes defender a substituição do cultivo especulativo-impressionista das disciplinas sociais por procedimentos insuscetíveis de ser legitimados como expressão do Método Científico Universal.

Este livro evidenciou que além de a autonomia da atividade observacional vir sendo cada vez mais questionada, as disciplinas sociais se destacam por lidar com fatos que se oferecem pré-interpretados à observação. É infrutífero abordar os fenômenos da vida associativa ignorando a peculiaridade de que são fatos que vêm acompanhados de significatividade intrínseca a demandar operações metodológicas aptas a forjar profícuas metateorias, teorias sobre "teorias". São metateorias no sentido de que as teorias do pesquisador se debruçam sobre as "teorias" espontâneas, de senso comum, do *sujeito* estudado, indivíduo ou grupo. Fatos que ocorrem acompanhados de compreensão elaborada por aqueles que os vivenciam são pouco permeáveis aos tratamentos providos pela metodologia de tipo indutivo. Sendo assim, cumpre reconhecer que o cientista social não estuda normalmente fatos, mas "fatos com teorias", o que dificulta enormemente a avaliação empírica de suas teorias.

Diante da realidade de os agentes, derivadamente os grupos, forjarem *compreensões* sobre o que são e sobre suas ações, o cientista social não tem como promover um confronto direto entre enunciados e estados de coisas, e sim estabelecer uma complexa relação entre sua teoria e as "interpretações espontâneas" criadas pelos "objetos/sujeitos" estudados. Isso permite pensar que nas disciplinas sociais uma explicação pode envolver o estabelecimento de um relacionamento crítico, complementar, entre a teoria reconstrutiva do pesquisador e a "teoria" que acompanha os fenômenos investigados. Por conseguinte, não cabe encarar a teoria social como derivada de observações suscetíveis de serem indutivamente expressas sob a forma de leis estatísticas ou probabilísticas, mas sim como metateoria, isto é, como teoria sobre a "teoria" incrustada nos fatos estudados.

O efeito ideológico gerado pelo programa de Fernandes de *cientificizar* as disciplinas sociais resulta de propor uma metodologia que, a despeito de apresentada como extraída da razão operacional das ciências consagradas, é essencialmente um subproduto do empirismo tradicional. Além do mais, malogra o esforço de Fernandes de unificar as metodologias de Durkheim, Weber e Marx sob a égide de um genérico indutivismo, que descura das matrizes filosóficas, que levaram os *pais fundadores* a elaborar teorias pouco compatíveis e explicativamente incomensuráveis. Levando em conta os tratamentos metodológicos discrepantes que dispensaram aos "mesmos fatos", é discutível que o funcionalismo, a sociologia compreensiva e o materialismo histórico operem com o mesmo modelo explicativo – o indutivo. Os diferentes "estilos" de indução que Fernandes detecta em Durkheim, Weber e Marx estão condenados a fazer inferências frágeis. O que procuramos comprovar é que, a rigor, nenhum dos três é indutivista, apesar de Durkheim em suas obras metodológicas defender as teses básicas do empirismo e fazer uso, em *Le Suicide,* do método milliano das variações concomitantes.

A busca da cientificização é muito mais complexa que a mera contraposição proposta por Fernandes entre os que se propõem a respeitar os fatos, falando em seu nome, e aqueles que se deixam arrastar por interpretativismos e especulativismos. Até porque teorias são livremente criadas mesmo quando o pesquisador tem a preocupação de se manter firmemente atrelado aos fatos. Em razão de Fernandes introduzir o debate fundamental relativo a como viabilizar o cultivo científico das disciplinas sociais no Brasil, nosso objetivo foi mostrar que seu projeto de cientificização contém ingredientes filosóficos fundamentais que deixam de ser reconhecidos na defesa de uma versão de indutivismo ilusoriamente apresentada como única forma admissível de caracterização e operacionalização da racionalidade científica. A avaliação crítica em nada empana a relevância da obra de Fernandes no cenário da pesquisa social no Brasil.

REFERÊNCIAS

ABEL, Theodore. "The operation called Verstehen". *American journal of sociology*, v. 54, n. 3, p. 211-218, 1948.

ADORNO, Theodor W. "Sociology and empirical research". In: *The positivist dispute in german sociology.* Trad. de Glyn Adey & David Frisby. In: Adorno, T.; Albert, H.; Dahrendorf, R.; Habermas, J.; Pilot, H.; Popper, K. Londres: Heinemann, 1977. pp. 68-86.

ALBERT, Hans. "The myth of total reason". In: *The positivist dispute in german sociology.* Trad. de Glyn Adey & David Frisby. In: Adorno, T.; Albert, H.; Dahrendorf, R.; Habermas, J.; Pilot, H.; Popper, K. Londres: Heinemann, 1977, 1977. pp. 163-197.

ALTHUSSER, Louis. *Philosophie et philosophie spontanée des savants.* Paris: François Maspero, 1967.

______. *Positions (1964-1975).* Paris: Éditions Sociales, 1976

ARISTÓTELES. *Gli analitici primi.* Trad. de Mario Mignucci. Nápoles: Luigi Loffredo Editore, 1969.

______. *Secondi analitici.* Trad. de Marcello Gigante & Giorgio Colli. Roma/ Bari: Laterza, 1982.

ARON, Raymond. *La philosophie critique de l'histoire: essais sur une théorie allemande de l'histoire.* Paris: Librairie J. Vrin, 1950

______. *La sociologia alemana contemporanea.* Trad. de Carlos Fayard. Buenos Aires: Paidós, 1953.

ARON, Raymond. "*The logic of the social sciences*". In: *Wrong, D. (org.) Max Weber.* Nova Jersei: Prentice-Hall, 1970

AUSTIN, J. Langshaw. *Sense and sensibilia.* Oxford: Oxford University Press, 1964.

BACON, Francis. *Novum organum.* Chicago: Encyclopedia Britannica, 1955.

BENDIX, Reinhard. *Max Weber. An intellectual portrait.* Nova Iorque: Anchor Books, 1962.

BENDIX, Reinhard. & ROTH, Guenther. *Scholarship and partisanship: essays on Max Weber.* Berkeley: University of California Press, 1971.

BENOIT-SMULLYAN, Emile. "The sociologism of Émile Durkeim and his school". In: BARNES, Harry. (org.) *An introduction to the history of sociology.* Chicago: The University of Chicago Press, 1967. pp. 499–537

BERGER, Peter. *Invitation to sociology.* Nova Iorque: Anchor Books: 1963.

BERLIN, Isaiah. *Karl Marx: his life and environment.* Londres: Oxford University Press, 1949.

BIRNBAUM, Norman. *Toward a critical sociology.* Nova Iorque: Oxford University Press. 1974

BOBBIO, Norberto. "La dialéctica en Marx". Trad. de Francisco Moll Camps. In: *La evolucion de la dialectica.* Barcelona. Ediciones Martinez Roca. 1971. pp. 253-275.

BOHNEN, A. "On the critique of modern empiricism". In: *Ratio.* No. 11. 1969, p. 38-57.

BOURDIEU, Pierre. *O campo científico.* In: Pierre Bourdieu. São Paulo. Ática. 1983

BOTTOMORE, Tom. B. *Sociology: A guide to problems and literature.* Nova Iorque. Vintage Books. 1972.

______. *Sociologia como crítica social.* Trad. de Carlos Alberto M. Pereira. Rio de Janeiro. Zahar Editores. 1976.

______. & Nisbet, Robert. (orgs.) *A History of sociological analysis.* Nova Iorque. Basic Books. 1978.

BRAMSON, Leon. *O conteúdo político da sociologia.* Trad. de Luzia M. da Costa. Rio/SP. Fundo de Cultura. 1963.

BROWN, Richard. H. *A poetic for sociology.* Cambridge University Press. 1977

BUNGE, Mario. La investigación científica. Trad. de Manuel Sacristan. Barcelona. Ediciones Ariel. 1969.

BURTT, Edwin. A. *The metaphysical foundations of modern science.* Londres. Routledge and Kegan Paul. 1980.

BUTTERFIELD, Herbert. *The origins of modern science, 1300 – 1800.* Londres. G. Bells and sons. 1958.

CHACON, Vamireh. *História das ideias sociológicas no Brasil.* São Paulo. Edusp/Grijalbo. 1977.

CARNAP, Rudolf. "Testability and Meaning". In: Philosophy of Science. No. 3, Vol. 4. Outubro de 1936. 1936.

______. "The methodological character of theoretical concepts". In: Feigl, H. & Scriven, M. (orgs.) Minnesota Studies in the philosophy of science. Vol. 1. Minnesota. University of Minnesota Press. 1956.

______. *The Logical Structure of the World.* Trad. de Rolf George. Berkeley. University of California Press. 1967

______. "Intellectual Autobiography". In: *The philosophy of Rudolf Carnap.* The Library of living philosophers. Illinois. Open Court Publishing. 1978.

CATLIN, George, E. "Introduction". In: Durkheim, E. *The rules of sociological method.* Nova Iorque. The Free Press. 1938.

CICOUREL, A. V. Method and measurement in sociology. New York: The Free Press. 1964.

COHEN, Morris. & Nagel, Ernest. *An introduction to logic and scientific method.* Londres. Routledge and Kegan Paul, 1949

COHEN, Robert. 'Dialectical Materialism and Carnap's Logical Empiricism'. In: *The Philosophy of Rudolf Carnap.* La Salle. Open Court. 1978

COHN, Gabriel. *Crítica e resignação: fundamentos da sociologia de Max Weber.* São Paulo. TAQ Editor. 1979.

COLLETTI, Lucio.'Marxism: science or revolution?' In: BLACKBURN, Robin. (org.) *Ideology and social sciences.* Glasgow: Fontana/Colins, 1975.

COMTE, Auguste. *Cours de philosophie positive.* Paris: Schleicher Frères Editeurs, 1908.

______. *Discours sur l'esprit positif.* Paris: Librairie Philosophique J. Vrin, 1974.

COSER, Lewis A. *Continuities in the study of social conflict.* Nova Iorque: The Free Press, 1967.

______. *Masters of sociological thought. Ideas in historical and social context.* Nova Iorque: Harcourt Brace, 1977.

CROMBIE, Alistair C. *Robert Grosseteste and the origins of experimental Science 1100-1700.* Oxford: Clarendon Press, 1953.

DAHRENDORF, Ralf. *Classi e conflitto di classe nella societá industriale.* Trad. de Luciano Cappelletti. Roma/Bari: Editori Laterza, 1977.

DOUGLAS, Jack. *The social meanings of suicide.* Londres: Routledge and Kegan Paul, 1967.

______. "The rhetoric of science and the origins of statistical social thought: the case of Durkheim's Suicide". In: TIRYAKIAN, Edward. (org.) *The phenomenon of sociology.* Nova Iorque: Appleton-Century-Crofts, 1971.

DUHEM, Pierre. *La Theorie physique: son objet et sa structure.* Paris: Librairie J. Vrin, 1981.

DURKHEIM, Émile. *Le socialisme: sa definition, ses debuts. La doctrine saint-simonienne.* Paris: Felix Alcan, 1928.

______. *Les règles de la méthode sociologique.* Paris: Librarie Felix Alcan, 1949.

______. *Montesquieu et Rousseau. Précurseurs de la sociologie.* Paris: Librairie Marcel Rivière et Cie, 1953.

______. *Le suicide.* Paris: Presses Universitaires de France, 1967.

______. *Les formes élementaires de la vie religieuse.* Paris: Presses Universitaires de France, 1968.

______. *Leçons de sociologie.* Paris: Presses Universitaires de France, 1969.

______. *De la division du travail social.* Paris: Presses Universitaires de France, 1973.

______. "La science positive de la morale en Allemagne". Textes. 1. *Eléments d'une théorie sociale.* Paris: Les Editions de Minuit, 1975.

______. "La conception materialiste de l'histoire"'. In: *La science sociale et l'action.* Paris: Presses Universitaires de France, 1987a.

______. "Socialisme et science sociale". In: *La science sociale et L'action. Paris:* Presses Universitaires de France, 1987b.

ECHAVARRIA, José. M. *Sociologia: teoria y tecnica.* México: Fondo de Cultura Economica, 1941.

EINSTEIN, Albert. "Remarks on Bertrand Russell's theory of knowledge" In: SCHILPP, Paul. A. (org.) *The philosophy of Bertrand Russell.* Nova Iorque: Tudor Publishing Co, 1951.

EINSTEIN, Albert. & INFELD, Leopold. *The evolution of physics.* Nova Iorque: Simon and Schuster, 1966.

ENGELS, Friedrich. *The condition of the working class in England.* Trad. de W. O. Henderson. Londres: Basil Blackwell, 1958.

EVANS-PRITCHARD, Edward. *Theories of Primitive Religion*. Oxford: At the Clarendon Press, 1965.

FERNANDES, Florestan. *Organização social dos Tupinambá*. São Paulo: Difel, 1963.

______. *A função social da guerra na sociedade Tupinambá*. São Paulo: Pioneira/Edusp, 1970.

______. *Fundamentos empíricos da explicação sociológica*. São Paulo. Companhia Editora Nacional, 1972.

______. *Elementos de Sociologia*. São Paulo: Companhia Editoria Nacional, 1974.

______. *Sociedade de Classes e Subdesenvolvimento*. Rio de Janeiro: Zahar, 1975a.

______. *Investigação etnológica no Brasil e outros ensaios*. Petrópolis: Editora Vozes, 1975b.

______. *Ensaios de Sociologia Geral e Aplicada*. São Paulo: Livraria Pioneira Editora, 1976a.

______. *A sociologia numa era de revolução social*. Rio de Janeiro: Zahar, 1976b.

______. "Em busca de uma sociologia crítica e militante". In: *A sociologia no Brasil*. Petrópolis: Vozes, 1977.

______. *O folclore em questão*. São Paulo: Hucitec, 1978a.

______. *A condição de sociólogo*. São Paulo. Hucitec, 1978b.

______. *Capitalismo dependente e classes sociais na América Latina*. Rio de Janeiro: Zahar Editores, 1981.

FEYERABEND, Paul K. 'How to be a Good Empiricist – A Plea for Tolerance in Matters Epistemological'. In: NIDDITCH, Peter. H. (org.) *The Philosophy of Science*. Oxford: Oxford University Press, 1977.

______. *Against Method*. Nova Iorque: Verso, 1993.

CARDOSO, Ciro Flamarion S. 'Sociólogos no domínio de Clio'. In: *Tempo e Sociedade*. Niterói: ICHF-UFF, V. 01, n.01, 1982, pp. 67-104.

FLETCHER, Ronald. *The making of sociology*. Londres: Vol. 2. Thomas Nelson & Sons, 1972.

FRAZER, J. *Le Ramaeu d'or*. Trad. de Lady Frazer. Paris: Paul Geuther, 1923.

GARAUDY, R. *Karl Marx*. Paris: Editions Seghers, 1964.

GEHLKE, Charles. *Emile Durkheim's contributions to sociological theory*. Nova Iorque: Longmans, Green and Co., 1915

GERAS, Norman. "Essence et apparence: aspect du fetichisme chez Marx". Trad. de Denis Berger. In: *Les Temps Modernes*. nº 304, 1971

GIANNOTTI, Arthur. 'Contra Althusser'. In: Seleções Cebrap 2. *Exercícios de Filosofia*. São Paulo: Brasiliense, 1975.

GIDDENS, Anthony. *Capitalism and modern social theory. An analysis of the writings of Marx, Durkheim and Max Weber.* Cambridge: Cambridge University Press, 1971.

______. *Politics and sociology in the thought of Max Weber.* Londres: Macmillan, 1972.

GODELIER, M. *Racionalidade e irracionalidade na economia*. Trad. de Maura Sardinha. Rio de Janeiro: Tempo Brasileiro, 1978.

GOLDMANN, Lucien. *Sciences humaines et philosophie*. Paris: Éditions Gonthier, 1966.

______. Epistemologia e Filosofia política. Trad.de Conceição Jardim e Eduardo Nogueira. Lisboa: Editorial Presença, 1984.

GOLDWAY, David. "Appearance and reality in Marx's Capital". In: *Science and society*. Vol. XXXI. No. 4, 1967.

GOODMAN, Nelson. *Fact, fiction and forecast*. Indianopolis: The Bobbs--Merrill Company, 1965.

GOUDSBLOM, Johan. *Sociology in the balance. A critical essay*. New York: Columbia University Press, 1977.

GOULDNER, Alvin. *The coming crisis of western sociology*. Nova Iorque: Basic Books, 1970.

______. For Sociology. Renewal and Critíque in Sociology Today. Nova Iorque: Basic Books, 1973.

GURVITCH, George. & MOORE, Wilbert. *La sociologie au XXe. siècle*. Paris: Presses Universitaires de France, 1947.

HABERMAS, Jurgen. Conoscenza e interesse. Trad. de Gian Enrico Rusconi. Bari: Laterza, 1973.

______. "A positivistically bisected rationalism". In: *The positivist dispute in german sociology*. Trad. de Glyn Adey & David Frisby. Londres: Heinemann, 1977.

HANSON, Russell. *Patterns of discovery: an inquiry into the conceptual foundations of science*. Cambridge: Cambridge University Press, 1958.

HEINTZ, Peter. "Research Models for Latin America". Second Interamerican Meeting of Sociologists. Princeton: Setembro, 10-2, 1962..

HEMPEL, Carl. "Problems and changes in the empiricist criterion of meaning". In: *Revue Internationale de Philosophie.* IV, 1950.

______. *Aspects of scientific explanation.* Nova Iorque: The Free Press, 1970.

HEMPEL, Carl. & OPPENHEIM, Paul. "Studies in the logic of explanation". In: MADDEN, Edward. (org.) *The structure of scientific thought.* Boston: Houghton Mifflin Co, 1960.

HESSE, Mary. "Theory and value in the social sciences". In: Hookway & Pettit (orgs.) *Action & interpretation. Studies in the philosophy of the social sciences.* Cambridge: Cambridge University Press. 1978.

______. *Revolutions and reconstructions in the philosophy of science.* Indiana: University Press. 1980.

HINDESS, Barry. *The use of official statistics in sociology.* Londres: Macmillan. 1973.

HIRST, Paul. *Durkheim, Bernard and epistemology.* Londres: Routledge and Kegan Paul. 1975.

______. *Social Evolution and Sociological Categories.* Londres: Routledge. 2010.

HOMANS, George. *The nature of social science.* Nova Iorque: Harcourt & Brace & World. 1967.

HORKEIMER, Max. & ADORNO, Theodor. *Lezioni de sociologia.* Trad. de Alessandro Mazzone. Turim: Einaudi Editore. 1966.

HORKHEIMER, Max. "Notes on Institute Activities". In: *Studies in philosophy of social sciences.* XIX, I. 1941.

______. "Notes on science and the crisis". In: *Critical theory.* Trad. de Mathew O'Connel. Nova Iorque: The Seabury Press. 1972a.

______. "Postscript". In: *Critical theory.* Trad. de Mathew O'Connel. Nova Iorque: The Seabury Press. 1972b.

______. "The latest atack on metaphysics". In: *Critical theory.* Trad. de Mathew O'Connel. Nova Iorque: The Seabury Press. 1972c.

______. *Eclipse of Reason.* Londres: Continuum. 2004.

HUME, David. *An enquiry concerning human understanding.* Chicago: Encyclopedia Britannica. 1952.

______. *A treatise of human nature.* Londres: Penguin Books. 1969.

IANNI, Otavio. *Sociologia da Sociologia Latino-Americana.* Rio de Janeiro: Editora Civilização Brasileira. 1971.

______. "Florestan Fernandes e a Formação da Sociologia Brasileira". In: *Florestan Fernandes.* São Paulo: Editora Ática. 1986.

______. *Sociologia da sociologia.* São Paulo: Editora Ática. 1989.

JAY, Martin. *The Dialectical imagination. A history of the Frankfurt School and the Institute of Social Research,* 1923-1950. Boston: Little Brown & Company. 1973.

KNEALE, William. *Probability and induction.* Oxford: Oxford University Press. 1952.

______. "The demarcation of science". In: *The philosophy of Karl Popper.* The Library of living philosophers. Illinois: The Open Court Publishing Co. 1974.

KOYRÉ, Alexander. *From the closed world to the infinite universe.* Baltimore. The Johns Hopkins Press. 1957.

KUHN, Thomas. *The structure of scientific revolutions.* In: *Foundations of the unity of science* Vol.2. Chicago: The University of Chicago Press. 1970.

______. "Logic of discovery or psychology of research". In: Lakatos, I. & Musgrave, A. (orgs.) *Criticism and the growth of knowledge.* Nova Iorque: Cambridge University Press. 1977.

LAKATOS, Imre. *The problem of inductive logic.* Amsterdã: North-Holland Publishing Company. 1968.

______. "Falsification and the methodology of scientific research programmes". In: Lakatos, I. & Musgrave, A. (orgs.) *Criticism and the growth of knowledge.* Nova Iorque: Cambridge University Press, 1977.

LAZARSFELD, P. & OBERSCHALL, A. "Max Weber and empirical social research". In: *American sociological review.* Abril. nº 2. Vol. XXX. 1965.

LEIBNIZ, Gottfried. *Nouveaux essais sur l'entendement humain.* Paris: Ernest Flammarion Editeur. 1949.

LENIN, Vladimir. I. "Cuadernos filosóficos". In: *Obras Completas,* TOMO XLII. Mexico. Editorial Cartago, 1961.

LE PLAY, P.G. F. *Les ouvriers européens.* Vol. I. *La méthode d'observation.* Tours. Alfred Mame et Fils *Libraires Editeurs. 1879.*

LOWIE, Robert. *The history of ethnological theory.* Nova Iorque. Farrar & Rinehart Publishers. 1937.

LOWY, Michael. (1975) *Método Dialético e Teoria Política.* Trad. de Reginaldo Di Piero. Rio de Janeiro: Paz e Terra. 1957.

LUKÁCS, Georg. *Histoire et conscience de classe.* Trad. de K. Axelos & J. Bois. Paris: Les Editions de Minuit. 1960.

______. *The Ontology of Social Being 2. Marx.* Trad de David Fernbach. Londres. Merlin Press. 1978.

______. *The destruction of reason.* Trad. de Peter Palmer. Nova Jérsi: Humanities Press. 1981.

LUKES, S. *Emile Durkheim. His life and work: a historical and critical study.* Middlesex. Penguin Books. 1977.

MACINTYRE, A. "The idea of a social science". In: Ryan, Alan. (org.) *The philosophy of social explanation.* London: Oxford University Press. 1978.

MALINOWSKI, Bronislaw. *Magic, science and religion.* Nova Iorque: Anchor Books. 1954.

MANNHEIM, Karl. *Ideology and utopia.* Trad. de Louis Wirth e Edward Shils. Nova Iorque: Harcourt, Brace & Company. 1940.

______. *Essays on the sociology and social psychology.* Londres: Routledge and Kegan Paul. 1953.

______. "Conservative thought". In: *Essays on sociology and social psychology.* Londres: Routledge and Kegan Paul. 1966.

______. *Structures of thinking.* Trad. de Jeremy Shapiro & Shierry Weber. Londres: Routledge and Kegan Paul. 1982.

MARCUSE, Herbert. *Reason and revolution: Hegel and the Rise of Social Theory.* Boston: Beacon Press. 1960.

______. *One dimensional man. The ideology of industrial society.* Londres: Sphere Books. 1965.

______. *Negations. Essays in critical theory.* Trad. de J. J. Shapiro: Penguin Books. Middlesex. 1972.

MARTINDALE, Don. *The nature and types of sociological theory.* Boston: Houghton Mifflin. 1960.

MARX, K. & ENGELS, F. *La ideología alemana.* Trad. de Wenceslao Roces. Buenos Aires: Ediciones Pueblos Unidos. 1973.

MARX, K. *Misère de la philosophie.* Paris: Editions Sociales. 1968.

______. *Grundrisse. Foundations of the critique of political economy.* Trad. de Martin Nicolaus. Middlesex: Penguin Books. 1977.

______. *Critique of Hegel's Philosophy of Right.* Trad. de Anete Jolin & J. O' Malley. Cambridge. Cambridge University Press. 1982.

______. *The Capital. A Critique of Political Economy.* 3 Volumes. Trad. de Ben Fowkes. Londres: Penguin Books. 1990.

MERTON, Robert. *Social theory and social structure.* Londres: The Free Press. 1964.

MILL, J. S. *A system of logic.* Londres: Longmans Green & Co. 1949.

MILLS WRIGHT, C. "Methodological Consequences of the Sociology of Knowledge". In: *Power, Politics and People.* The Collected Essays of C. Wright Mills. Nova Iorque: Oxford University Press. 1963.

MITCHELL, Duncan. *A hundred years of sociology.* Chicago: Aldine Publishing. 1968.

NAGEL, Ernest. (org.) *Observation and theory in science.* Baltimore: The Johns Hopkins Press. 1971.

NEURATH, Otto. "Sociology and physicalism". Trad.de Morton Magnus & Ralph Raice. In: Ayer, A. J. (org). *Logical Positivism.* Illinois. The Free Press. 1960.

______. *Empiricism and sociology.* Editado por Marie Neurath e R. Cohen. Boston: D. Reidel Publishing Company. 1973.

NISBET, Robert. *Émile Durkheim.* Nova Jersei: Prentice-Hall. 1965.

______. *Sociology as an art form.* Londres: Oxford University Press. 1967.

______. "Conservantism and sociology". In: *Tradition and revolt.* Nova Iorque: Vintage Books. 1970.

______. "The french revolution and the rise of sociology". In: Tiryakian, E. (org.) *The Phenomenon of sociology.* Nova Iorque: Apleton-Century-Crofts. 1971.

OLIVA, Alberto. "Critério de demarcação, recodificação empírica do extra-científico e teoria relacional da racionalidade". In: Maringon, M. C. (org.) *Paradigmas filosóficos da atualidade.* Campinas: Papirus. 1989.

______. "Verificacionismo: critério de cientificidade ou crítica à ideologia?". In: Oliva, A (org.) *Epistemologia: a cientificidade em questão.* Campinas. Papirus. 1990.

______. "É a filosofia da ciência de Comte "positivista"?" In: Évora, F. (org.) *Século XIX: O nascimento da ciência contemporânea.* Campinas: Editora do CLE da Unicamp. 1992.

______. Ciência e sociedade. Do Consenso à revolução. EDIPUCRS. Porto Alegre. 1999.

______. "Discurso e metadiscurso: a questão da cientificidade nas ciências sociais". In: Branco, G. C. (org) *Saber, verdade e impasse.* Rio de Janeiro: Nau Editora. 1995.

______. A. *Anarquismo e Conhecimento.* Rio de Janeiro: Jorge Zahar Editor. 2005.

OLIVEIRA, Cardoso, R. de 'O ensino antropológico de Florestan Fernanes: recordações de um ex-aluno'. In: *Dossiê Florestan Fernandes.* Revista USP, [S. l.], n. 29, p. 66-71, 1996. DOI: 10.11606/issn.2316-9036.v0i29p66-71. Disponível em: https://www.revistas.usp.br/revusp/article/view/25613. Acesso em: 28 fev. 2023.

OUTHWAITE, William. *Understanding social life. The method called Verstehen.* Londres: George Allen & Unwin. 1975.

PARSONS, Talcott. *The structure of social action.* Nova Iorque: The Free Press. 1968.

______. "Evaluación y objetividad en el ámbito de las ciencias sociales: una interpretación de los trabajos de Max Weber". In: Parsons, T. et alii. *Presencia de Max Weber.* Buenos Aires: Nueva Visión. 1971.

PEIRANO, Mariza "Mergulho no ponto zero da história do Brasil". In: *Revista do Pensamento Brasileiro.* Ano 1, no. 3, novembro de 1992.

PINTO, Luiz. & Carneiro, Edson. *As ciências sociais no Brasil.* Rio de Janeiro: Capes. 1955.

PIRANDELO, Luigi *Sei personaggi in cerca d'autore.* Milão: Mondadori. 1978.

POLANYI, Michael. *Personal knowledge. Toward a pos-critical philosophy.* Chicago: The University of Chicago Press. 1962.

POPOVICH, M. "What American sociologists think about their science and its problems". In: *American sociologist.* Maio, Vol. I. 1966.

POPPER, Karl. *The Logic of Scientific Discovery.* Londres: Hutchinson. 1959.

______. *The open society and its enemies.* Vol. 2. Nova Jersei: Princenton University Press. 1971.

______. *The poverty of historicism.* Londres: Routledge and Kegan Paul. 1976.

______. "The logic of the social sciences". In: *The positivist dispute in german sociology.* Trad. de Glyn Adey & David Frisby. Londres: Heinemann. 1977.

______. "The demarcation between science and metaphysics". In: *The philosophy of Rudolf Carnap.* Illinois: The Open Court Publishing. 1978.

______. *Objective Knowledge: An evolutionary approach.* Oxford. Clarendon Press. 1986.

______. *Conjectures and refutations. The growth of scientific knowledge.* Londres: Routledge and Kegan Paul. 1989.

______. *Realism and the Aim of Science.* Londres: Routledge. 1994.

POINCARÉ, Henri. *La science et l'hypothèse.* Paris: Ernest Flammarion Editeur. 1917.

QUINE, William.*From a logical point of view.* Nova Iorque: Harper and Row. 1963.

______. *Ontological relativity and others essays.* Nova Iorque: Columbia University Press. 1969.

______. "On Popper's negative methodology". In: *The philosophy of Karl Popper.* The Library of living philosophers. Illinois: The Open Court Publishing Co. 1974.

QUINTON, Anthony. *Francis Bacon.* Oxford: Oxford University Press. 1980.

RADCLIFFE-BROWN. A. R. *Method in social anthropology.* Chicago: The University of Chicago Press. 1958.

RADNITZKY, Gerard. *Contemporary schools of metascience.* Chicago: Henry Regnery Co. 1973.

______. "Methodologie popperienne et recherche scientifique". In: *Archives de Philosophie.* Janeiro-março. 1979.

RAMOS, G. (1957) "Cartilha Brasileira do Aprendiz de Sociólogo". In: *Introdução crítica à sociologia brasileira.* Rio de Janeiro: Editorial Andes. 1957.

______. *A redução sociológica.* Rio de Janeiro. Tempo Brasileiro.

REX, John. (1961) *Key* problems *of sociological theory.* Londres: Routledge and Kegan Paul. 1965.

RICKERT, Heinrich. *Il fondamento delle scienze della cultura.* Trad. de L. Rosseti & M. Signore. Ravenna: Longo Editora. 1979.

RILEY, M. & NELSON, E. (orgs.) *A observação sociológica. Uma estratégia para um novo conhecimento social.* Trad. de Luis Duarte. Rio de Janeiro. Zahar Editores. 1976.

ROSENTHAL, M. *Les problemes de la dialectique dans "Le Capital" de Marx.* Paris: Edition Sociales. 1959.

RUDNER,Richard.*Philosophyofsocialscience.*NovaJersei:Prentice-Hall.1966.

RUNCIMAN, W. G. *Social Science and Political Theory.* Cambridge: Cambridge University Press. 1969.

______. *A critique of Max Weber's philosophy of social science*. Cambridge: Cambridge University Press. 1972.

RUSSELL, Bertrand. *An outline of philosophy*. Londres: Allen & Unwin. 1956.

RYAN, Alan. *Filosofia das ciências sociais*. Trad. de Alberto Oliva e L. A. Cerqueira. Rio de Janeiro: Francisco Alves. 1977.

______. (org.) *The philosophy of social explanation*. Oxford: Oxford University Press. 1978.

SACCHETTA, Vladimir. "Florestan Fernandes: o sociólogo militante". In: *Estudos avançados*. No. 26. São Paulo: IEA da USP. 1996.

SAINT-PIERRE, Hector. *Max Weber. Entre a paixão e a razão*. Campinas: Editora da Unicamp. 1991.

SALOMON, Albert. *The tyranny of progress*. Nova Iorque: The Noonday Press. 1955.

SANTOS, Boaventura de Souza "Florestan: um sociólogo comprometido com seu tempo". In: *Presença de Florestan Fernandes. Estudos Avançados* 10 (26) São Paulo: IEA da USP. 1996.

SCHEFFLER, Israel. Anatomie de la science: étude philosophique de l'explication et de la confirmation. Trad. de Pierre Thuillier. Paris: Éditions du Seuil. 1966.

SHAPERE, Dudley. "Meaning and scientific change". In: Colodny, R. (org.) *Mind and cosmos*. Pittsburgh: Universityof Pittsburgh Press. 1966.

SCHMAUS, Warren. *Durkheim's Philosophy of Science and the Sociology of Knowledge*. Chicago: University of Chicago Press. 1994.

SCHUTZ, Alfred. *The phenomenology of the social world*. Trad. de George Walsh & F. Lehnert. Illinois: North Western University Press. 1967.

SKIDMORE, William. *Pensamento teórico em sociologia*. Trad. de Alberto Oliva & L. A. Cerqueira. Rio de Janeiro: Zahar Editores. 1976.

SLATER, Petere. *Origem e significado da Escola de Frankfurt*. Trad. de Alberto Oliva. Rio de Janeiro: Zahar Editores. 1978.

SMART, Barry *Sociology, phenomenology and marxian analysis*. Londres: Routledge.

SMELSER, Neil. J. & WARNER, Robert. *Sociological theory: historical and formal*. Nova Jersei: General Learning Press. 1974.

SMELSER, Neil. *Comparative methods in the social sciences*. Nova Jersei: Prentice-Hall. 1976.

SOROKIN, Pitirim. *Contemporary sociological theories*. Nova Iorque: Harper & Brothers. 1928.

SOTELO, Ignácio. *Sociologia da América Latina.* Trad. de José F. Dias. Rio de Janeiro: Pallas Editora. 1975.

SWEEZY, Paul. *Teoria do desenvolvimento capitalista.* Trad. de Waltensir Dutra. Rio de Janeiro. Zahar Editores. 1978.

SWINBURNE, Richard. *The justification of induction.* Oxford: Oxford University Press. 1974.

TAYLOR, Steve. *Durkheim and the study of suicide.* Nova Iorque: St. Martin's Press. 1982.

THEODORSON, George & THEODORSON Achilles. *Diccionario de sociologia.* Trad. de Ernesto Dannenberg. Buenos Aires. Paidós. 1978.

TIRYAKIAN, Edward. *Sociologismo y existencialismo.* Trad. de Anibal Leal. Buenos Aires: Amorrortu Editores. 1969.

______. "A problem for the sociology of knowledge: the mutual unawareness of Émile Durkheim and Max Weber". In: Tiryakian, E. (org.) *The phenomenon of sociology.* Nova Iorque: Appleton-Century-Crofts. 1971.

VICO, Giambattista. *La Scienza Nuova.* Bari: Laterza & Figli. 1928.

VON WRIGHT, Georg. *A treatise on induction and probability.* Londres: Routledge and Kegan Paul. 1951.

______. *Explanation and understanding.* Nova Iorque. Cornell University Press. 1971.

WEBER, Max. "Science as a vocation". In: Gerth, H. & Wight Mills, C. (orgs.) *From Max Weber. Essays in Sociology.* Londres: Routledge and Kegan Paul. 1952.

______. *The protestant ethic and the spirit of capitalism.* Trad. de Talcott Parsons. Londres: Routledge. 2001.

______. "Briefe 1918-1920". In: Max Weber-Gesamtausgabe: Band II/10. Tübingen: Mohr Siebeck, 2012.

______. "The 'objectivity' of knowledge in social science and social policy". In: *Max Weber Collected methodological writings.* Trad. De Hans Henrik Bruun. Londres: Routledge. 2012.

______. *Economy and society.* Trad. De Keith Tribe. Cambridge: Harvard University Press. 2019.

WEFFORT, Francisco. "Lembranças de Florestan". In: *Estudos avançados.* No. 26. São Paulo: IEA da USP. 1996.

WHITEHEAD, Alfred. *Adventures of ideas.* Nova Iorque: Macmillan. 1933.

WHORF, Benjamim. *Language, thought and reality.* The Mit Press. 14ª ed. 1979.

WINCH, Peter. *The idea of a social science and its relation to philosophy.* Londres: Routledge and Kegan Paul. 1976.

WITTGENSTEIN, Ludwig. *Philosophical Investigations.* Trad. de G. Anscombe. Nova Iorque: The Macmillan Co. 1968.

ZETTERBERG, Hans. *On theory and verification in sociology.* Nova Jersey: Berdminster Press. 1965.

ZEITLIN, Irving. *Ideology and the development of sociological theory.* Nova JerseY: Prentice-Hall. 1981.

ZNANIECK, Florian. *The method of sociology.* Nova Iorque: Farrar & Rinehart. 1934.